仙女老師的有溫度課堂

讓學生不想下課的教學和班級經營心法

余懷瑾 著

〈推薦專文〉

讓課堂充滿活力與動力的仙女老師

頂尖上市公司簡報教練&講師教練／王永福

如果不是親眼所見，很難想像仙女老師（余懷瑾老師的外號）教的課程是「國文課」！因為現場學生的氣氛及參與程度，絕對比許多精心設計的企業內訓課程還更活潑，參與度更高。而這些學生，都是高中生……。要這些高中生在課堂上專心，配合老師的教學活動，全心參與，這絕對不是一件簡單的事！但是仙女老師做到了！透過分組活動、小組討論、小白板、寫站傳舉、文字圖像化、詩詞排序……，以及許多生動有趣的討論活動。仙女老師完全活化了學生的參與，也讓國文課活了起來！

你一定很難想像：一篇〈岳陽樓記〉，竟然可以變成生動有趣的手繪圖像！而這些圖像，又可變成串起記憶輔助的工具，讓聽眾在不到十分鐘的時間，真的把這些優美但很難背的古文，牢牢的印在腦海中。當我第一次看到仙女老師教學時，我也訝異萬分！所以在《教學的技術》新書出版時，第一場演講的第一位共同教學示範者，我邀的就是仙女老師！她也果然讓台下二百多位參與演講的聽眾，現場馬上記起來這些詩詞古文……這實在太厲害了！

而這本書，將為你揭開其中的秘訣，讓你知道、也讓你學會，仙女老師的教學設計，以及背後的秘密。當然，教學只是老師工作的一部分。這本書還會跟大家分享，仙女老師是怎麼帶領著一群高中生？怎麼做好班級經營？讓整個班級變成一個學習團隊！

我都還記得：很少去校園演講的我，當初就是因為被仙女任教班級的同學們所感動，才專程去萬芳高中，為同學們演講！同學們不只在事先用心的手做了卡片及海報，當天還極為投入及參與。我曾跟仙女老師說：「不用這麼麻煩啊！」想不到她告訴我：「就是因為透過這些過程，同學們在聽演講之前，必須開始做功課。而這些功課，也是學習的一部分……。」沒錯，這就是仙女老師，一切的動作，都是為了學生們的學習！

書裡也會跟大家分享，除了教學外，仙女老師是如何關心學生，給予學生們更多未來需要的能力。書裡面有很多上課實境的照片，讓你不用進到仙女老師的教室中，也能感受到仙女老師真實上課的樣子。

我不知道有多少高中老師，是會像仙女老師這樣，為了教好自己的學生們，而不斷進修，持續成長，甚至有許多商業課程都是自費的！身為她的簡報及教學教練，我曾經在一開始對她有很多要求，而現在看著她……角度已經變成仰視了！仙女老師真的超棒的啊！希望透過這本書，你也能更深的認識「人美心更美的」，總是「慢慢來」在等著學生的——仙女老師！

我誠摯推薦仙女老師的這本新書！

〈推薦專文〉

讓學生樂在學習的仙女老師

連續創業家暨財報講師／林明樟

認識仙女老師前就知道她是教育部連續獲獎多年的SUPER老師，後來看著她不斷的自我要求持續成長，向多位頂尖職業講師友人學習，也成為令人驚豔的TED講者，非常令人感動，因為台灣教育界又多了一位認真教學生「如何學習」的好老師。

漸漸熟識後，才了解她的兩個寶貝女兒平平、安安一出生就罹患腦性麻痺，一般人在這種家庭狀況下，通常已經忙到焦頭爛額，身心俱疲，沒想到……仙女老師不改初心持續十多年，不論學校安排什麼班級給她，學生的學習程度為何，她都保持著無私又熱情洋溢的態度，帶領著自己的學生突破各項學習困境持續學習。這種老師，真的是難能可貴，因為她對教育一直保持著熱情無比的偉大情操。

這本書是仙女老師十多年的班級經營與教學武功秘笈，在書中可以看到她如何將學生視為團隊成員，透過團隊的建立、共讀、創意教學法與各種不設限的嘗試，將課堂打造成有趣、有料、有用的學習環境，最後將一班又一班不喜歡學習的學生轉變成熱愛學習的共學夥伴，這真是對一個不愛讀書的孩子一輩子最大的禮物！因為孩子們在仙女老師的班級裡：學會了

「如何學習」，這種自發的學習能力，能夠讓孩子長大後，即使面對快速變遷的真實社會，也能自我學習建立各種所需的生存技能。

這是一本從事教育工作者必讀的好書；也是當了爸媽的職場高手們應該讀的一本書：因為您也可以活用書中的核心觀念，用在家庭親子經營上：把孩子當成團隊的一份子，共同創造屬於您的家庭共學成長經驗。

持續學習是上帝留給每個人最公平的一個追求成功的後門，不管小朋友的出身家庭背景如何，終身學習永遠是一條最靠近成功的康莊大道。

MJ五顆星推薦您閱讀這本書，打造屬於您的親子終身學習習慣的一本好書。

〈推薦專文〉

有溫度的仙女老師，引領台灣教育大躍進

諮商心理師、知名作家／陳志恆

其實，我和仙女老師一直保持著臉友的關係。

幾年前，偶然間觀賞仙女老師二〇一六年在 TED×Taipei 中的演講〈一堂由老師以身作則的生命教育〉，感動萬分，便開始在臉書上追蹤仙女老師的動態。

仙女老師總是不吝在社群媒體中分享自己的教育理念、教學技巧，以及班級經營的策略，時常令我既佩服又羨慕。當時，我正從學校離職，即將出版第二本作品《受傷的孩子和壞掉的大人》，正苦思該找誰寫推薦序。有一次，發現仙女老師竟到我臉書的一則貼文中留言，喜出望外之下，心想，何不鼓起勇氣邀請仙女老師為我提筆撰文？承蒙仙女老師豪爽應允，至今感激萬分。

最近，我又再一次觀賞〈一堂由老師以身作則的生命教育〉的演講影片，竟淚流滿面。我深刻感受到，仙女老師的分享，一針見血地說中了現今教育，甚至整個社會上的問題——大人怎麼做，孩子就怎麼學；如果大人不願意尊重弱勢，孩子之間出現霸凌問題，也只是剛好。

每當我與友人談起教育現狀，對方露出對現今教育的不信任與失望時，我總會想起仙女

老師這位不斷在教育現場持續精進、轉化、提昇，嘗試為課室帶來新風貌的教育家——就是有優秀的老師做得到，為什麼其他人不能見賢思齊、起身跟進？

難道仙女老師有魔法嗎？沒有！她那出神入化的教學能力與爐火純青的班級經營技巧，是來自於多年來花費大量的時間與金錢，自行進修、反覆實驗及改良而來，她那不斷自我精進的態度，始終是我望塵莫及的地方。

二〇一七年，我從服務近十年的彰化高商離職，從學校走向社區，服務對象從校園師生擴及社會大眾，比以往有更多的機會從事演講及教育訓練。因為自身具備青少年諮商與輔導專長，時常應邀至各校向老師們分享輔導知能。

「圈內人」都知道，這類校內研習對講師而言，是最吃力不討好的任務。一方面，學員通常並非自願前來，手中又有好多待辦工作，當然學習意願低落。每場演講的風貌都是，學員從最後一排坐起，每人手上不是考卷、作業，就是聯絡簿，還有人帶電腦前來。

面對這樣的光景，身為講師的我，還沒開講，心就涼了一半。再加上開講後，學員交頭接耳、進進出出，又不時傳來閱卷的翻頁聲，管你準備得再豐富，當下也只想趕快結束走人，你我都輕鬆。

有好幾次，我多麼想破口大罵：

「你們這些老師，上課是這副德性，如何為人師表？」

「要求學生上課認真聽講，但最不認真的就是你們！」

可是，我忍住了。因為，老師也是人，被強迫做自己不喜歡的事情，誰會有那雅致細細品味你的分享呢？我總會想起一句話：「沒有學不會的學生，只有不會教的老師」，今天我既然是研習場合中的分享者，就得琢磨出有效的教學技巧，引起學生的學習動機，強化學生的學習效果。

這一點都不容易，但我看到，仙女老師做到了！

仙女老師的演講是有口皆碑的，所到之處，聽眾無不拜倒在她的風采之下；現場沒人滑手機、沒人改考卷、專注凝神，跟著仙女老師精心策劃的教學節奏動起來。她的親身示範，為有心成為講師的人帶來了希望，更樹立了榜樣——誰說教師研習就一定死氣沉沉？誰說老師就是最難搞的一群學生？

只要台上的講師願意用心，學習氛圍肯定可以不一樣。

我也時常透過仙女老師的臉書分享，向她偷學好幾招；於是，現在我的演講或教學，與過去有很大的不同。雖然無法如她一般出神入化，但我發現，在教師研習中，老師們抬頭的頻率增加了，回應與分享的意願提高了，同時，低頭改作業的時間也縮短了。

這讓我更加求知若渴，更想一窺有效教學的究竟。好在，仙女老師總是樂於分享，把她多年在教學與班級經營中的策略、方法與原理，毫不藏私地寫在這本書。你不只知其然，更知其所以然；除了依樣畫葫蘆，還能學到眉角在哪裡。更令人期待的是，你也會在這本書中學到「素養」導向的教學究竟如何進行。

師父已經引進門，而各位老師們，你願意跟上嗎？

如果每一位在第一線服務的教育工作者，都能閱讀到這本書，那麼，肯定是莘莘學子們的福氣，也是台灣教育大躍進的契機！

〈推薦專文〉

知行合一，我眼中的仙女老師：余懷瑾

企業講師、作家、主持人／謝文憲

第三次幫仙女寫新書推薦序，我想寫寫不一樣的東西。

我認識她不過四、五年的時間，比起她的老友，我不見得更了解她，但我親身見證了她的蛻變歷程，故事從二〇一五年六月開始說起。

我在台北的一場收費演講中遇見她，她如一般觀眾在台下仔細聆聽我的精彩演說，一個月後，她出現在憲福花蓮的公益演講場，我們多聊了兩句，拍了首張合影。

當時我不清楚她的家庭與工作狀況，後來才得知。直到她走進我的課堂：「說出影響力」，我們的關係才正式昇華。

大家看我這樣輕描淡寫地，訴說著我們認識的過程，這不跟其他人認識我的過程都相似嗎？

為何她後續會有驚天動地的驚人表現？而其他人卻不見得有。

我想像的是：「改變的動機」，也就是黃金圈裡的「Why」。

長年在高中的教學環境裡，加上家中孩子的狀況，卻完全封鎖不了想要改變的靈魂。走出來後，她見識到了企業職場的教學環境與引導思維，同時也讓我們看見到她的美麗身影與教學溫暖。

這是若干次靈魂與視野的碰撞，就好像天雷勾動地火那種，需要能量與緣份。

我不希望學員喊我老師，是我不認為我真的能成為學生的老師，頂多就只是在我的專業領域上，強了那麼一丁點而已；另一個原因是，我不想用師生關係延伸或定義上下從屬，取而代之的是想用平行關係保持朋友間的互動，畢竟大家都是大人了。

於是，我們私下約了幾次喝咖啡與吃飯，就像好朋友般，互動自然，知無不言，言無不盡。

第一次跟她私下約喝咖啡是在京華城喜滿客一樓的星巴克，她問了我一些企業教學的實例探討，以及演講技術的發揮，更重要的是我鼓勵她參加 TED 選拔。

第二次是仙女跟皓雲一起，我們在松山車站樓上的茶館，聊了教學課程的規劃與定位，這是我第一次近距離跟仙女的女兒：安安聊天。

第三、四次是她與為民到桃園高鐵站和我家來聊聊，認識我的朋友都知道，我把家庭與事業關係切割得很清楚，鮮少帶朋友到家裡來，她開口，我當然非常歡迎。

第五次是今年下半年，她的學校工作有些許變動時，我主動約她吃飯，看看是不是需要我幫忙，這也是我第二次跟安安一起吃飯，時間雖然短暫，我們一面聊重點，一面近距離觀察她與安安互動的點滴。

我喜歡以上幾位老師的原因是：他們都低調認真、謙遜有禮、都知道自己要什麼。

聊天內容不外乎課程規劃、個人品牌定位與延伸，當然也包含職涯規劃，但我卻額外發現了幾件事：

仙女的主動積極，來自她不安於室、力圖衝出束縛的動能；
仙女的優秀智慧，來自她不為人知，被環境所逼迫的決心；
仙女的教學技巧，來自她擅長觀察，理解學生需求的同理；
仙女的鋒芒展現，來自她捨我其誰，為身障者發聲的勇氣。

她前兩場的簽書會我都有親自參加，她很照顧她的學生，也很願意給他們新的機會，最重要的是：「她可以因材施教」。

她來參加我的現場節目錄影，她無償來代班我的廣播節目推廣她的理念，她義務到我的企業課堂擔任輔導長，她在憲福的示範講堂提攜後輩……，每一次她在現場的身影總是光鮮亮麗，衣著顯眼，笑臉迎人，貼心照顧後輩與學習者的需要，但卻把一次次的辛苦往肚裡吞，實際生活裡，可能還須面對比你我更多的挫折與無奈。

有時她是委屈的，但委屈不說出口才是偉大，我認識一位偉大的國文老師，仙女老師，余懷瑾。

教學與班級經營心法與技巧的這類書籍，不只要看她怎麼寫，或聽她怎麼說，一定要看她每回處理教學現場的難題怎麼做，才能定義她是不是一位偉大的老師，我想；余懷瑾，仙女老師，她就是。

誠摯推薦這本書。

〈作者序〉

在AI時代做個無可取代，有溫度的人

運動是重要且必要的。以前，除了講課，能坐我絕不站著。兩年前聽了徐慶玶醫師談「肌少症」，才意識到我必須有強健的身體才能照顧好平平安安。於是，我走進了健身房，惟晴是我的一對一教練。我擺明跟他說我不喜歡運動，不喜歡跑步，不想要重訓，但是我想要健康。

第一次在健身房練心肺，心裡想「我家就有跑步機了，還來你這裡跑！」嘴裡說的是：「身體會發熱，皮膚會起紅疹，會癢。跑步會流汗，身體黏膩不舒服。」走三十秒，休息三十秒，三分鐘一個循環，五組。姊妹們說，「你的教練太扯了，跑跑步機還需要花時間教嗎？」

偶爾我會期待站上跑步機，因為惟晴是個很好的教學者，他帶我到距離冷氣出風口最近的跑步機，舒適的溫度削弱我對黏膩的厭惡；將電視轉到我喜歡的《TLC旅遊生活頻道節目》，跟我聊節目內容，降低排斥感；「不錯喔」、「今天有進步耶」、「腳再抬高一點」、「你看吧！你做得到。」正面話語增強我的動機。

現在，惟晴改以其他方式讓我練習心肺，他會在下課時說：「等等記得去跑步喔。」跟我眾多熱愛跑半馬和全馬的神人朋友比起來，我遠遠落後許多，然而，學習是跟自己比較，我很享受這樣的成長經驗。

點燃學習熱情，讓天賦發光

換個場景，從健身房到學校，學習是重要而且必要的，多數學生敬而遠之（其實很多家長老師也是如此），家裡有書不會主動翻閱，手機用來聽音樂聊天，上課只會喊無聊，翻開書本就想睡，跟初始不運動的我有什麼差別呢？我想改變長久以來被動的學習常態，從我能做的開始做起，無所不用其極的點燃學生參與課堂的火花，當然也經歷過「你的教練太扯了，跑跑步機還需要花時間教嗎？」這樣的歷程。

張弘在開學的學習單上寫著，「**我覺得你這個老師太不負責，明明就是你的工作，卻一直叫我們回答問題，我甚至覺得，難道傳說中的仙女就只有這樣嗎？根本就是坐領乾薪的老師。**」我看著學習單哭笑不得。後頭他寫著，「**但是，我發現我錯了，仙女為了讓我們對國文有興趣，做了許多的努力。**」興趣點燃熱情，興趣是最不花錢的老師，就算月入十萬的老師也不一定能成功點燃學生的熱情，然而，我做到了。

「請問范仲淹在《岳陽樓記》中想要呈現什麼樣的想法？」對課文有印象的學生迅速的低著頭翻書，有些學生直接將答案寫在白板上，更有學生舉起手，問我「仙女，可以用手機查嗎？」全班就像自動化系統進入學習狀態，有強烈的動機，同儕互助合作，課室秩序良好，有效表達意見，善用手機查詢，具備自學能力。

高三下學期，學測前一個月，班上連著兩堂國文課，學生無心上課，吵著要去打球，「要打球全班一起去。下課十分鐘討論，等等上課告訴我結果。」第二堂課的最後二十分鐘，我們酣暢淋漓的打了場躲避球，下課後圍成一圈，每個人簡短兩句話為這堂課劃上感性的句號，當週的學習單題目「為什麼能在下課十分鐘擺平異議，凝聚共識，締造史上三〇一由學生主導的班級團結。請就當天狀況分析出關鍵的三個成因。」有經歷，有體會，這篇文章人人有自己的見解，我帶的班級有我的風格，更濃烈的是學生們同舟共濟的革命情感和師生情誼。

我欣賞我的學生各有才華，多希望他們珍視自己的天賦，父母看到孩子散發的光芒，焦慮會少許多。每次演講，我總會詢問學生要不要跟我一同前往，不只是觀摩，而是上台實戰，展現專長。每一次出場都要準備，都要演練，不只代表自己，也代表學校，甚至是為這一代的年輕人發聲，讓大人們看看台灣的年輕人是如此的有才、有希望。

淯騰和睿宸在台灣最大教育平台「雜學校」以吉他與BBox搭檔演出；明岫參加中廣吳若權《媒事來哈啦》談校園大小事；奕融和敏瑄到「兒童福利聯盟」跟社工們分享「校園霸凌現況」；家崴和書宇在新光醫院晨會跟醫生們講講他們眼中的仙女，〈有溫度的教學——如何讓學生從跟隨到追隨〉；《故事力》的簽書會上，愛唱歌的彤宇和昀庭自在的自彈自唱；瑀婕和思又在國教院對著「故事軸線與感動力」課程的校長說著他們對課堂的觀察；二〇一八年在南京舉辦的第五屆創新教育年會，現場參與人數四千人，線上直播人數兩百多萬人觀看的開幕式七分鐘影片，承祐是唯一的台灣學生，手繪他對未來的期許；今年第六屆創新教育年會在成都舉行，心愉以動畫呈現「如果我是校長」的議題，靖瑄將以她在高二「Go愛台灣」的作業為基底，跟大家分享她開出應對手機冷漠的處方箋；這本書斷斷續續寫了一年多，我一直希望有個懂我的學生繪製插圖，晉瑄答應與我合力完成這本書，我們師生用文字，用圖畫，努力讓讀者感受到真實的仙女課堂，充滿生命力。

這本書適合哪些人看呢？給想學習的人，給想教學的人，給關心教育的人，給不清楚現在學校裡到底在做什麼的人。學習是一輩子的課題，有效的策略能夠快速進入學習狀態，不容易走回頭路；核心價值讓教學教到學生心坎裡，產生認同；能力來自於長期培養，不需要額外補習，要在日常練習，就能在生活中跨單元和跨科目運用知識，發揮同理，展現素養，傳遞溫度。

AI時代來臨，做個有溫度的人，無可取代。

目錄

〈推薦專文〉讓課堂充滿活力與動力的仙女老師 王永福 2
〈推薦專文〉讓學生樂在學習的仙女老師 林明樟 4
〈推薦專文〉有溫度的仙女老師，引領台灣教育大躍進 陳志恆 6
〈推薦專文〉知知行合一，我眼中的仙女老師：余懷瑾 謝文憲 10
〈作者序〉AI時代做個無可取代有溫度的人 14

第一部 課前課後：教學基本功

單元① 教學技巧——

1. 培養面對108課綱的硬實力與軟實力 24
2. 擊破各個教學關卡，設計師生共享的教案 31
3. 我的班級我定義——從A到A^+的班級課程設計 38
4. 好提問能讓學生從被動聽講轉而主動求知 45
5. 讓課堂像益智節目，學習變得有趣又有效率 49
6. 透過說故事學習文言文，激發編劇力與理解力 54
7. 以「故事力」解析〈陳情表〉如何傳達打動人心的溝通術 60

重點小提示 打造叫好又叫座課堂的要訣 69

♥仙女老師這樣用♥ 說出影響力的小技巧 70
8. 學習就像尋寶，教室處處皆寶物 72
重點小提示 「尋寶」注意事項 78
9. 「大家來找碴」讓彼此建言變成進步的禮物 79
10. 併桌分組討論讓學習的心更靠近 85
11. 系統化加分激發學生主動出擊 90
重點小提示 系統化加分的操作要點 95
12. 范仲淹、五月天、朴寶劍同聚一堂上課囉 96
13. 創造讓學生勇於提問的友善氛圍 102
重點小提示 如何打造友善的互動氛圍？ 107
14. 學生活用知識解決問題，比成績更能彰顯教學成果 108
15. 學生回饋讓老師教學產生複利效應 115

單元② 教學工具——

16. 溝通神器小白板的多元妙用 123
17. 運用二維表格讓學生思考力更升級 128
18. 黃金圈讓核心價值透過行動達標 134

課堂討論

重點小提示 運用黃金圈的原則 139
19. 圈叉牌驗收學生個人學習成果 140
20. 以唱歌代替罰寫，強化學習氛圍與表達力 146
重點小提示 強化學習氛圍的方法 151
21. 自說自畫確定學習是否正確無誤 152

第二部 帶班帶心：柔性經營

1. 六頂思考帽代替懲處，找出成長之道 160
♥仙女老師這樣用♥ 六頂思考帽的應用訣竅 171
2. 樹立制度與溫度並行的班級規範 173
3. 運用扣分與加分機制，培養學習的素養 179
4. 白板答題看出個人所知，還能培養團隊互助 185
5. 不須聲嘶力竭，也能優雅管理上課秩序 190
6. 回饋，是感動與進步的正能量超連結 195
重點小提示 透過回饋培養學生感受他人付出的方法 202
7. 從錯誤中培養道德勇氣，做個不鄉愿的人 203
8. 突破傳統，創新親師生真實交流的學校日 212

個別學習 圖像教學 預習複習 管理秩序

♥仙女老師這樣用♥ 一分鐘班級經營術 218

第三部
增能：培養學生的競爭力

1. 一帖曼陀羅思考法助你解除各種疑難雜症 222
重點小提示 三面向活用曼陀羅思考法 228
2. 得分巧計鼓勵學生勇於自在發言 229
重點小提示 增強學生表達意願的方法
3. 學生擔任講師展現口語表達超能力 235
4. 登上TED舞台前的表達力練習題 240
♥仙女老師這樣用♥ 讓表達力更具影響力的公眾表達技巧 246
5. 以簡報發揮影響力（上）：學習力×簡報力＝影響力 248
重點小提示 好簡報的條件 254
6. 以簡報發揮影響力（下）：練習×風格×回饋＝抓得住聽眾的精彩演說 255
重點小提示 簡報口語表達注意要點 262
♥仙女老師這樣用♥ 專業簡報力的小技巧 264
7. 學會鍛鍊心理肌力，突破挫折的束縛 266

目錄

8. 打造峰終課堂，激發學生全神貫注的鬥志 273
重點小提示 峰終定律三大地雷 279
9. 揮灑創意的學習單成為備審資料亮點 280
10. 六格漫畫表情達意超展開 286
重點小提示 用六格漫畫培養創意 292
11. 問題導向學習訓練學生解決問題的實力 294
12. 訓練學生點評能力，自利利他同步升級 303
13. 將優勢累積成骨牌效應，讓天賦持續發光 311
〈結語〉用媽媽的心情做老師的事情 319
〈附錄〉
1. 以學生的創意與心意為核心，舉辦賓主盡歡的講座 327
2. 跨領域教學讓學習視野更立體又開闊 335

第一部

課前課後：教學基本功

01

單元①教學技巧

培養面對108課綱的硬實力與軟實力

一〇四年，我做了前所未有的嘗試，週六、日休假二日，自費上知名企業講師公開班。學簡報、說故事、創造力、溝通表達、演講技巧、團隊帶領、TTT講師培訓……等課程，這趟跨界學習的旅程開啟我對於教學更高層次的想像與改變。

很多朋友好奇我怎麼會跨出校園學習？怎麼樣挑選公開班課程？怎麼本來只能對三、五十人演講到面對三千人也神態自如？我在一〇三年得到全國SUPER教師獎之後，感受到高中校園的教學對我來說是相對的舒適圈，我的進步幅度很有限；再加上那時候有許多學校找我演講，我經常在網路上看TED影片學表達，無奈總像是隔靴搔癢，有些技法不是光看影片就能學會的，如果能跟健身一樣有教練一對一指導，會更適合我的學習需求。於是，我在網路上「谷歌」課程，假日進修學習，把週一到週五的教學生活變成我課後的複習，一邊教學，一邊應用，一舉兩得。如今一〇八課綱對我來說，正好能小試牛刀。

一〇八課綱希望學生將知識與能力，展現為生活中的「素養」。課程除了教師本身的學科專業之外，更強調了實做與探究，老師們面臨的壓力除了課程設計曠日費時，需要不斷測試，還必須增能所謂的硬實力（Hard Skill）❶和軟實力（Soft Power）❷，以因應新課綱的需求。從無到有，部分教師選擇觀望與排斥，也有許多朋友看到我的改變，詢問我如何選擇課程，我現在把選擇課程的方法跟大家分享。

精準選對課程打通任督二脈

一、**了解自己的需求**：先要知道自己花錢自費上課的目的是什麼？是學習知識、教學方法，擴大社交圈，找尋同溫層……。以我自己學「簡報」為例，因為獲得全國SUPER獎，演講邀約紛來沓至，對於學校教師多數研習時對講師不抱期望，我希望自己除了能讓高中生喜歡上國文課之外，也能讓研習時段來聽我演講的老師有互動，有參與，就像享受一場盛宴，能順利傳遞我的教學理念。就跟我的教學一樣，學生不願意學習，我會努力精進自己讓他們想學習，而不是抱怨學生不學習；就像我會設法調整演講內容，而不是抱怨老師們在台下改作業和滑手機，課程與演講講師都得負全責，我是這麼期許自己的。

❶ 舉凡學科專業、簡報技能、口語表達，這些可以靠後天努力習得，而且容易量化的稱為硬實力。
❷ 溝通、領導、創造力、團隊合作、解決問題等難以量化的能力，與人際互動有關者，稱為軟實力。

二、上網查課程心得：用關鍵字搜尋「簡報課程」，網路上一千五百元到三萬六千元不等的價格都有。怎麼知道這些課程適不適合我呢？我會先看學員們寫的心得，這些心得有學員的名字、工作單位，證實不是虛擬人物。一般來說，課程簡介下方的心得多是一百字左右，稱許老師教得非常好，這些對我而言幫助不大。我會找篇幅長的心得來看，少則八百字，多則千字文，學員愈是用心付出，愈是經歷煎熬的學習，才會想要用文字好好梳理，心得才會愈寫愈多。會提到老師的教學法，會提到學習的過程，會反思自己昔日的盲點，看到自己的變化，甚至看到同期學員的轉變，他們的成長會變成我渴望的學習指標。

三、獨霸一方的專業講師：十年磨一劍，專業講師能夠明確而具體地點出學員的癥結，而不是說我覺得你哪裡哪裡要改進這麼簡單，這是我選擇高價課程的關鍵原因。平常要上班，假日要帶小孩，如果只是花時間上課，回來還要花許多時間消化，不如直接選擇該領域的專業講師直接打通任督二脈，縮短學習時間。**蔡依橙醫師與楊斯棓醫師**的「演講與溝通工作坊」是我演講的啟蒙，帶我看到演講的不同層次；**謝文憲（憲哥）**的「說出影響力」讓我能不需要投影片就能順利演講；**王永福（福哥）**的「專業簡報力」教我簡報的核心是演講內容，而不是投影片；**林明樟（MJ）老師**的「TTT頂級教具教材設計」讓我在課程驗收當天產出〈岳陽樓記〉教具；**MJ老師**「超級數字力」教的不僅僅是財務報表，更將教具應用得淋漓盡致，如果教材報能教得這麼的親民，這麼的易懂，我們學校的課程內容為什麼做不到呢？**劉恭甫老師**「超級創新力」教我如何用創意牌卡思考；**憲哥和福哥**合開的「憲福講師塾」開啟我企業講師之路，開立公開班課程。此外，**楊田林**老師「有效有趣的教學心法」也讓我更堅定自己「教書教人」的信念；**周碩倫老師**「創新小學堂」邀請企業界創新龍頭與我們面對面分享，感受創新從無到有的歷程。這些老師在專業領域受人敬重，樂於幫助學員成長，欣喜於學員的進步。

這四年來，高昂的時間成本，高機會成本，為我自己也為學生打開了一扇窗，一扇與外界聯繫的窗，我們的世界不再只有課本。我之所以在教學與生活上能有重大的突破，都是來自於這些課程的養分與提煉。

課程中的觀察重點

公開班課程學員程度不一，有些學員基底豐厚，有些學員是零基礎的，上課該學習什麼呢？對於身為教師的我來說，我期望在課程內容學習之外，還能夠思考如何融合國文學科專業、班級經營氛圍營造、教學技巧提昇學習成效，而不是純然的把自己歸零。所以，選課前我會先做以下十點觀察：

一、老師如何運課：運課手法百百種，讓學員吸收愈好，做得愈好，才能顯現教學成效。例如看完千萬講師福哥怎麼教開場的建議書，會期望自己能做到他那般爐火純青的境界。

二、老師授課風格與魅力：同樣教簡報，**張怡婷**（EVA）氣場超強，冷面笑匠**劉滄碩**，**楊坤仁**循循善誘，**呼吸貓**優雅自在，這也是每位講師各自迷人之處。

三、老師溝通能力：把專業建立在通俗的溝通上，讓不同領域的學員都能聽得懂，都能比照辦理，都能跨界應用，而不是讓學員產生更多的疑惑，或者只是覺得講師很厲害。真正厲害的老師，是讓學員努力學習之後，覺得自己好厲害。

四、老師課程規劃與安排：嚴謹的課程可分為三個部分，課前、課中和課後。課前作業有助於講師了解學員的起點行為，課前規劃做得好，課中就愈容易有驚喜感，覺得課程是量身打造的。上課中對於教學內容的深入教授，靈活應用，讓學員實地演練，感受變身前後的落差會是很棒的享受。有的講師會在課後提供自主練習題或者親自回饋，都能讓學員更加感受到自己進化。

五、老師如何操作實作與討論：講述最長不會超過二十分鐘，伴隨而來的是緊湊的演練，討論時間加上音樂能夠加速討論，也讓教室裡面不會這麼的「乾」，講師會就近走到各組觀察，了解各組討論的情形，聽到學員耳語卡關的狀況，也能在收束時加以補充說明。

六、老師如何提問與互動：課堂提問通常帶著目的性，便於了解學員的學習狀況，除了一般講師慣用的疑問句提問之外，還伴隨著搶答、小組討論、遊戲競賽等不同方式，增加學員的參與度，學員與學員之間的互動。

七、老師如何回饋、給建議：這一項馬上看出教學功力，回饋不是只有說你哪裡好，哪裡不好，批評人人都會，沒什麼稀奇的。能講出具體的作法，講出為什麼需要修正，講出哪裡應該怎麼修可以更好，讓學員像鍍了金身一樣。

八、老師對於時間的拿捏：專業講師對於課堂時間計算精準，有些人會放著計時器在眼前，不耽誤下課時間，方便學員準時趕赴高鐵。不拖泥帶水，懂得剪裁，精準扼要傳遞課程內容，準時下課也是專業能力的展現。

九、聲音表情的重要：說話的方式決定了學員專注力的穩定度。語調平和初始上課會覺得舒適自在，隨著授課時間愈久，平穩的語調會讓學員太過放鬆，漸入睡眠狀態，能有抑揚頓挫的高低起伏對學員而言反而是天籟之音。

十、教具的設計與使用：教具絕對是課程的亮點之一，每次只要教具一發下，學員們沒有不眼睛睜大，沒有不驚呼連連，大家爭相聚在一起看是到底是什麼神奇的寶物能夠在這個單元中殺出重圍，在有限的時間內讓我們以為學會更多內容。

課程的週邊服務

假日學習的時間成本很高，放下家務小孩，匆匆忙忙趕著一早九點的課程，我沒事先想到的細節，最好主辦單位都能先換位思考幫我想過一輪，例如上課地點的說明、地圖指引、公車怎麼坐、捷運怎麼搭、停車位哪裡找，這些細瑣會造成我極大的負擔。前面提到的主辦方都能想到這些細節，我只需要照著主辦單位給我的指示就能優雅地出現在課堂上，不需要在一上課之初就耗掉我大半的能量。

對學員頗有助益的優秀行政團隊，我有以下三點觀察提供參考：

一、講義：有筆記欄可抄寫筆記，有空白可填上講師的重點，封面上還印著學員的名字，講義不再是講義，而是有我自己名字的專屬筆記本，怎麼能不珍惜這本獨特的課程精華呢？

二、餐點：中午便當不油膩，中午若須作業討論，便當處理也方便快速。下午點心是為了讓學員補充體力，下午茶讓燒腦的課程從食物得到了滿足，腦袋才能更給力的產出。

三、獨家禮：什麼樣的課程禮物能送到心坎裡呢？結合課程，強化課後學習，例如明信片、撲克牌、咖啡包、筆記本、桌布等等，不只是炫目，更是將抽象概念化為實體的禮物。

自從上過公開班課程之後，我在學校裡辦了許多演講都盡可能比照公開班的行政模式辦理，也跟我的助理**黃鈺淨**學到對於細節的處理。**邦訓企管的負責人** Tracy 跟我說過：「好的行政是讓學員感受不到他們的存在」，而我們在校園裡大部分的研習，常輕忽了行政的魅力，實在可惜。

課程之後才是學習的起點

上完課才是學習的開始。我以福哥「專業簡報力」課程為例，說明我上完課之後練習簡報的過程。練習，練習，再練習，練習簡報跟減重很像，痛苦是成長的開始，不能只靠節食，還得配合運動、肌耐力訓練，沒有毅力肯定不會成功；沒有堅持就停滯不前；一旦鬆懈就前功盡棄，種種的煎熬與掙扎隨著體重計數字的減少獲得成就感，心情變好，連健康都隨之而來。

福哥的「專業簡報力」的課程就像減肥，絕對不能只有單方面的注意簡報，還要會自我介紹、暖場、金句、鋪哏、三分割、結尾再回顧這些「上台的技術」，準備有多少，效果有多好，才能在外面從花錢學習的學生進化成在學校課堂教學的老師，成為一〇八課綱中需要的教師。

02

單元①教學技巧

擊破各個教學關卡，設計師生共享的教案

九十七學年度，我帶了一類組和三類組各一個班級，初次嘗試課堂討論。一類組沒有學生願意說一句話；三類組具有領導力的凱軍會號召同學聚在一起討論。為了解決一類組學生不願意討論的困境，我曾經對這兩個班級的學生說，「每一組組員坐在一起，有助於討論。」、「把桌子搬一下，比較好討論。」三催四請下，學生才勉為其難地站起身搬桌子；三類組學生問，「桌椅該怎麼搬？一組應該要多少人？可以自己找組員嗎？」我發現分組必須要有方法，不然學生會無所適從。搬好桌椅之後的一類組只有三、五個人說話，其他人自顧自的翻書，開口對他們而言，就像打破傳統那麼的困難。三類組的討論出現了笑聲，那種狂放無法克制的笑，我想是因為討論變得有趣了，學習的氛圍變得自在了。

從卡關中脫困

我從九十七到九十八學年度嘗試分組上課，期間經歷許多血淚辛酸。我會視課文的需要決定分組與否，便於讓學生交流討論。三類組是個活潑的班級，領袖人物凱軍比我更能帶動班級的討論氣氛，課堂上經常能觀察到小幅度的進步和令人讚嘆的答案。一類組是我的導師班，始終只有個位數學生配合討論，多數人彷彿事不關己，嘗試愈多，愈覺得無助，直到學生畢業，我都還在想為什麼無法成功分組教學？

九十九學年度，我終於找到方法了，它讓講台上的我重新有了自信與光芒，連帶的也獲得許多獎項的肯定。

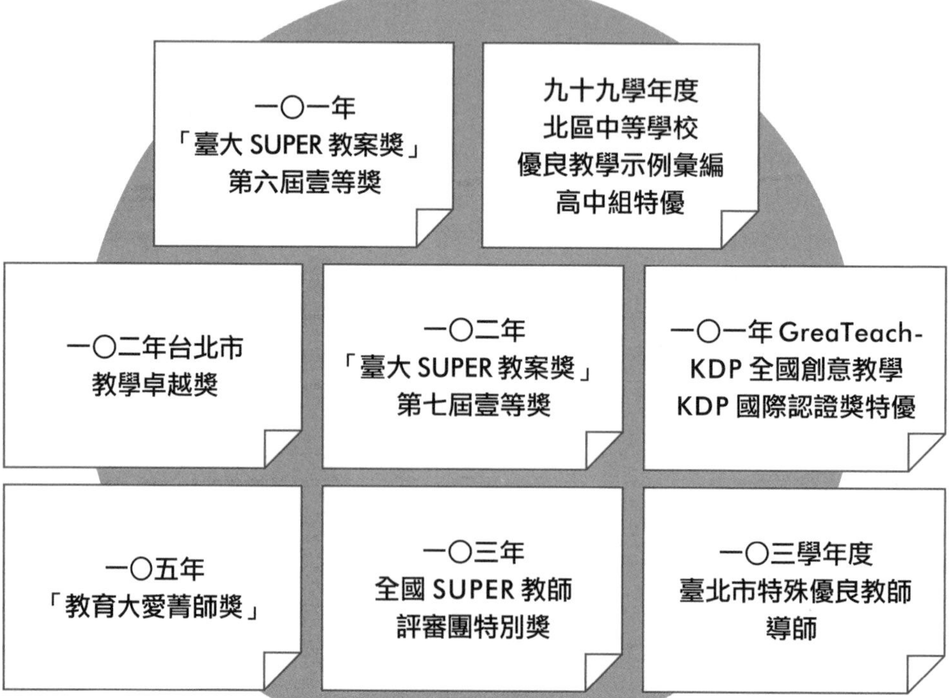

▍各種獎項的肯定證明我找到了正確的教學方法。

從解決問題的角度設計教案

得獎後，不斷有人問我如何設計師生有感的教案？正確來說，應該要問教學者想要解決哪些問題。想要讓教學設計更符合課堂需求的老師可以思考以下五個問題，肯定大有斬獲。我以九十七與九十八學年度剛開始嘗試分組教學為例，示範如何思索這五個問題。

一、最迫切想要解決的問題？

我一直在想，學生不討論是不是我哪裡做錯了？哪裡做得不夠好？哪裡可以做得更好？教學轉型的那兩年，學生的冰冷讓我極度厭世，脫口而出「人家三類組就是比一類組討論得好」那種令我自己生厭的話。失敗的老師只會責怪學生，只會心生比較，愈是怨懟，師生關係愈糟糕，我每天期待學生趕快畢業，眼不見為淨。然而，我明確知道，只有解決學生分組，卻不討論的窘境，我的教學才有可能往前跨一步。

第一步是聚焦在最迫切想要解決的問題，不要貪心想要一次解決很多問題。

二、這個問題的痛點有哪些？

我列出學生分組卻不討論的十大原因：

1. 學生擔心講錯會被批評，再無翻身之地。
2. 學生擔心表現太好成為焦點，從此會被要求指定回答。
3. 學生害怕老師有標準答案。
4. 補習很累，上課只想休息。

5. 個性害羞，只想聽別人講什麼。
6. 對這個議題沒有研究，也不想了解。
7. 不說不會有事，說了也沒有好處。
8. 學生彼此不熟識，沒有感情的基礎。
9. 跟老師不熟，只想聊天不想討論。
10. 不足以讓人安心的氛圍，無法引起討論的動機。

第二步是列出問題背後的十大痛點，便於各個擊破。

三、解決痛點的方法是什麼？

一類組正巧是我的導師班，畢業後，班上學生才跟我說，「班上同學會互相攻擊」、「在網路上留言某某人是垃圾」、「不想跟誰誰誰同組」，這些問題我當時都不知情，班上分崩離析，討論難以打開心房，不如三緘其口。而三類組的班只要一到國文課就氣氛熱絡，是個能包容異己的班級，大家不用擔心說錯話會被批評。

良性互動的課堂應該是尊重包容的，害羞的人會被鼓勵，因而願意嘗試發言；表現優異的人會被視為典範，因而影響他人，這需要重塑班級氛圍。班級氛圍的打造則要靠班級經營。

第三步是找到解決痛點的方法，才能對症下藥。

四、教師如何評估教學成效？

教師可以就教學現場看到、聽到、觀察到的學生狀況進行現場檢核，檢核痛點是否逐一消失。

1. 組員講錯答案，同學們說「沒關係」。
2. 組員表現得太好，同學們掌聲熱烈。
3. 學生言之成理就能說服老師。
4. 即使補習很累，仍配合分組活動。
5. 個性害羞，依舊有表現的機會。
6. 對這個議題沒有研究但願意投入。
7. 回答有好處，不回答會有事。
8. 學生有了感情基礎，討論增加溫度。
9. 老師讓討論成為課堂的日常。
10. 師生安心的氛圍，互動多了樂趣。

第四步是教師現場檢核，關注個別學生與團體互動的變化。

五、學生如何意識到自己的改變？

學生課後自我評估，記下看到、聽到、觀察到同儕與自己的轉變。

以子賢為例，他的學習單寫著：「本來以為上高中之後，我對上國文課的感覺會比較好一點，事實上是改善了很多，雖然成績似乎沒有進步多少，但那是其次。首先已經除了以前上國文那種不好的感覺，有了好的開始，不過直到十一月六日星期三那天，我的惡夢彷彿又回來了，惡夢就是指國文課。在小學一、二年級時，我的班導師就批評過我的國文很差，也說過我的字很醜，還被要求中午十二點放學不能回家，要留到四點練習寫字，我想我是從那時開始討厭國文的吧！

「到了國中時，討厭國文課的感覺加深了，因正值青春期，我的想法有了極大的改變，當時我對國文是這麼想的：『無聊』，除了要學習國文辭語和文法，其它像是文言文這些東西真的毫無意義，現代人寫文章和說話都不會用到文言文，然而文章的內容盡是古人的感情抒發。說真的，古人的事跟我一點關係都沒有，我沒興趣知道他發生了什麼事，還不如多學一點英文和數學，這些對生活比較有幫助的東西，我以前就是這麼想的。加上我的國文老師是班級導師，我對她的不滿一言難盡，一想到要上國文課就會想到她的名字，不禁覺得厭

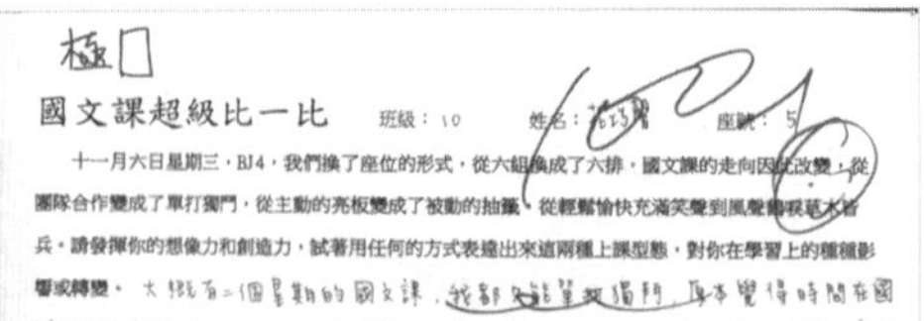
國文課超級比一比 班級： 姓名： 座號：

十一月六日星期三，BJ4，我們換了座位的形式，從六組換成了六排，國文課的走向因此改變，從團隊合作變成了單打獨鬥，從主動的亮板變成了被動的抽籤，從輕鬆愉快充滿笑聲到風聲鶴唳草木皆兵。請發揮你的想像力和創造力，試著用任何的方式表達出來這兩種上課型態，對你在學習上的種種影響或轉變。

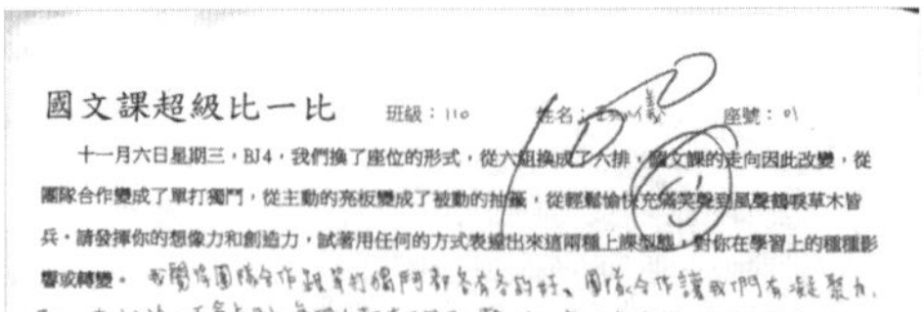
國文課超級比一比 班級： 姓名： 座號：

十一月六日星期三，BJ4，我們換了座位的形式，從六組換成了六排，國文課的走向因此改變，從團隊合作變成了單打獨鬥，從主動的亮板變成了被動的抽籤，從輕鬆愉快充滿笑聲到風聲鶴唳草木皆兵。請發揮你的想像力和創造力，試著用任何的方式表達出來這兩種上課型態，對你在學習上的種種影響或轉變。

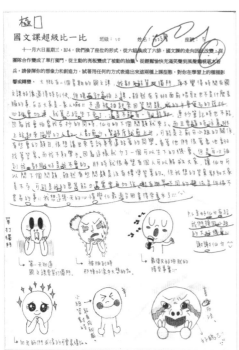

學生對於分組與單打獨鬥的想法，文圖並茂。

煩。

「到了高中，我很擔心國文課會不會像以前一樣，不過我的擔心是多餘的，有別於從前，現在上仙女的課有種說不出來的好，直到那天開始討厭的感覺回來了，上課方式從原本小組討論變成了抽籤單獨打鬥，對於國文不拿手的我來說是一大折磨，仙女丟出的問題我幾乎都不會，就算知道答案，反應卻總是比別人慢半拍，發言權也被搶走，之後這種討厭的感覺變成了我上國文課的感受，原本想貢獻一份心力的想法卻成了心中的恐懼，在那段日子裡過得十分難受。

「還好，現在上課方式恢復為原本的小組討論，自己也很訝異竟然會喜歡用這種方式上課，甚至還請教同學有關國文的問題，明明本質是不變的，卻沒有那種無聊的感覺，說不定我只是單純討厭上課方式而討厭國文。對我來說，不討厭國文是個好的開始，相信我的國文成績會蒸蒸日上。」

巧馨索性用表情畫出「單獨打鬥」與「小組討論」的巨大反差。學生自我評估成為教師整合學生成果的最佳佐證。

第五步是學生課後自我評估，彌補教師現場檢核之不足，讓痛點的消失成為學生意識到的改變。

與其空泛的問如何設計教學活動？不如思考設計教案的初衷是什麼？想要解決那些問題？一旦問題被解決，學生的視野提昇了，老師的成就感就提高了。千萬不要為了活動而設計活動，反而失去了教育的意義。

03

單元①教學技巧
我的班級我定義——從A到A+的班級課程設計

二〇〇九年李斌總裁創立大陸蒲公英智庫，這是個以校長、老師為對象，進行創新的諮詢平台，推出各種線上與線下的師培課程。「蒲公英大學線上直播課程」希望我用實際的方法解決兩岸教師可能面對的教學困境，於是我先歸納出老師們在教學現場最常遇到的五種困境：

一、做牛做馬，卻只有自己知道。

二、期望改變，卻愁苦無影響力。

三、看到問題，卻擔心沒有良方。

四、個別差異，卻難以因材施教。

五、熱誠十足，卻經常坐困愁城。

根據注意力相關研究顯示，人能維持專注的時間約在十到十八分鐘，十八分鐘後，身體能量耗盡，容易感覺疲憊，需要提供更多營養才能讓大腦維持專注。這也是為什麼TED演講通常約十八分鐘或少於十八分鐘的原因。同樣的，課堂上過於依賴講述法，不僅學生容易分心，學習效率也無法提昇，若能在課程設計中加上四個「有」，就能讓課程活起來，解決學生被動學習的外顯行為，強化學習動機，可以幫助學生維持專注力，他們才能學習到更多，展現老師們耗費心力的備課成果，師生雙贏。

我的學生羿廷和恩玄與我一同直播，為對岸老師們示範了一堂課程設計的課。

四有的課程設計讓課堂從A到A^+

重視學習者的需求，滿足學習者對課程的期待，可以從以下四個「有」為課程設計的核心，讓學習者如願的樂在學習。

一、有伴：打造黃金團隊，讓學生為了共同的學習目標而努力。

二、有趣：導入遊戲化元素，帶動同儕互動有溫度，有活力。

三、有料：在授課當中，加上新的學習元素讓學生耳目一新。

四、有用：學生能夠在學習階段有感的運用，產出作品。

這四個「有」讓原本在學生心目中索然無味的課程一下子躍升成A^+等級的課程，接下來，我們來看看細部設計應該注意哪些事項。

一、有伴：一加一大於二

動輒被3C產品吸引的時代，只有人的溫度能凌駕電子產品之上，拉近距離，優先創造安心的學習氛圍就成了重要課題。

班級裡或多或少有害羞，膽小，不善交際的學生，老師必須扮演制度的執行者，藉由座位安排協助學生找到同伴，避免有人落單。我並非以學科表現，而是以是否勇於表達意見，作為分組依據。為什麼是勇於表達而不是成績表現呢？勇於表達的學生能夠在第一時間反應真實的情緒與想法，即時給予課堂回饋。舉例來說，有人沒預習，這個學生會面露難色，會提醒同學要爭取全組榮譽；當組內分數落後的時候能夠激勵士氣；當白板高舉卻不小心被我遺忘的時候，這個學生會爭取，「仙女，請看我們的白板」，然而一般成績優異的學生不一定有勇氣做這些事。再加上白板這個表達神器，能夠讓學生自在的表達意見，藉由書寫白板讓百家爭鳴，捍衛每個學生的發言權。

「獨學而無友，則孤陋而寡聞。」、「以文會友，以友輔仁。」有伴能帶動學習，團隊產生一加一大於二的學習效果。

二、有趣：吸引學生主動參與又高度專注

將遊戲中的元素和機制應用在課堂，採用「遊戲化」教學，就能吸引學生主動參與，忘卻時間的流逝，保持高度專注，促進腦力激盪，建立組員間的信任。

課程設計上，除了關卡須與文本連結，還要提供學生情境與線索，才能延長遊戲的生命週期。我推薦大家學生百玩不膩的「排排看」，門檻低，又容易上手。以國文課為例，將課本同一段落的文句視為一個整體，每一句做成一張排卡，讓學生在有限的時間裡，循著文章

脈絡，理解主題內容，文句邏輯關係，辨識文法結構，將句子重新排列組合，藉以了解學生語言組織能力，考查考生掌握構組文段完整意義的能力。學生一方面思考如何排卡，一方面發揮團隊合作力量，一方面期待與老師對答案，在挑戰中享受學習的樂趣。

透過討論排卡，學生各自發展出對於文本的詮釋觀點，文本重組是一種既有趣，又能有效增加課堂教學內容與品質的方法。

三、有料：有效解決問題並舉一反三

在教學過程中教導學生觀察事物與解決問題的方法，為什麼要用這種方法？解決什麼問題？有助於解決未來所遭遇到的問題，明白如何舉一反三。

以〈與陳伯之書〉為例，思考勸降陳伯之該用什麼方法？說服陳伯之需要哪些理由？是不是該為目不識丁的一代武將陳伯之做個重點整理？為陳伯之做一份簡報是不是更容易幫助他理解？簡報的目的是說服，做簡報說服陳伯之是不是就能勸降他？有了方法，過程就變得格外重要而且具體，例如：簡報需要呈現哪些重點？投影片要不要做得很精美？簡報時目光該望向那一邊？

一般來說，老師即使教了方法，多數學生並不知道如何應用，也因此案例搭配方法就更加重要，當學生讀到〈諫太宗十思疏〉、〈燭之武退秦師〉這類說服型的文本，都可以用簡報製作的方式思考，建立起自己的知識系統，提高個人的核心競爭力。

四、有用：文本不只是文本，更是學習指南

知道與做到往往有著極大的落差，既然剛剛提到了簡報思考的方向與技巧，讓學生親手做一份簡報，付諸行動，才能真正讓學生具備簡報的實戰能力。

讓學生先做架構頁，從文本中歸納能打動陳伯之的三個論點，重點太多，陳伯之記不住；重點越少，陳伯之記得牢。再做標題提示頁，在論點與論點間插入區隔用的投影片，讓陳伯之知道現在進行到哪個環節，也更能清楚掌握目前簡報的進度。

台大電機系葉丙成教授說：「很多人以為同理心跟換位思考只是美德。但我認為，它們不只是美德，更是在現代職場上決定你是否能成功的關鍵能力。一個沒有辦法掌握別人如何看待自己工作、產品、服務的人，是很難成功的。」簡報不只是簡報，更重要的是培養了換位思考與同理心的核心能力。

讓文本從作者的觀點出發，融合文本與實踐，透過聽講、思辨、討論、動手做，落實到學生的生命經驗，轉化為具體的學習產出，一份貨真價實的簡報，讓學生真切的感受成就達成的痛快。

四有公式匯聚成巨大的授課能量

設計課程有一套，學生自然學得好，我將「四有」寫成公式，更具體化的體現課程設計的精妙。

一、有伴：打造黃金團隊，讓學生為了共同的學習目標而努力。

分組×工具＝黃金團隊

二、有趣：導入遊戲化元素，帶動同儕互動有溫度，有活力。

互動×排卡＝觀點聚焦

三、有料：在授課當中，加上新的學習元素讓學生耳目一新。

案例×方法＝知識系統

四、有用：學生能夠在學習階段有感的運用，產出作品。

實作×輸出＝成就達成

線上課程結束，有位老師問羿廷，「跟好朋友坐在同一組，會不會想要聊天？跟不熟悉的同學如何進行討論？」這是分組教學中，老師亟需待解決的問題：如何管理上課

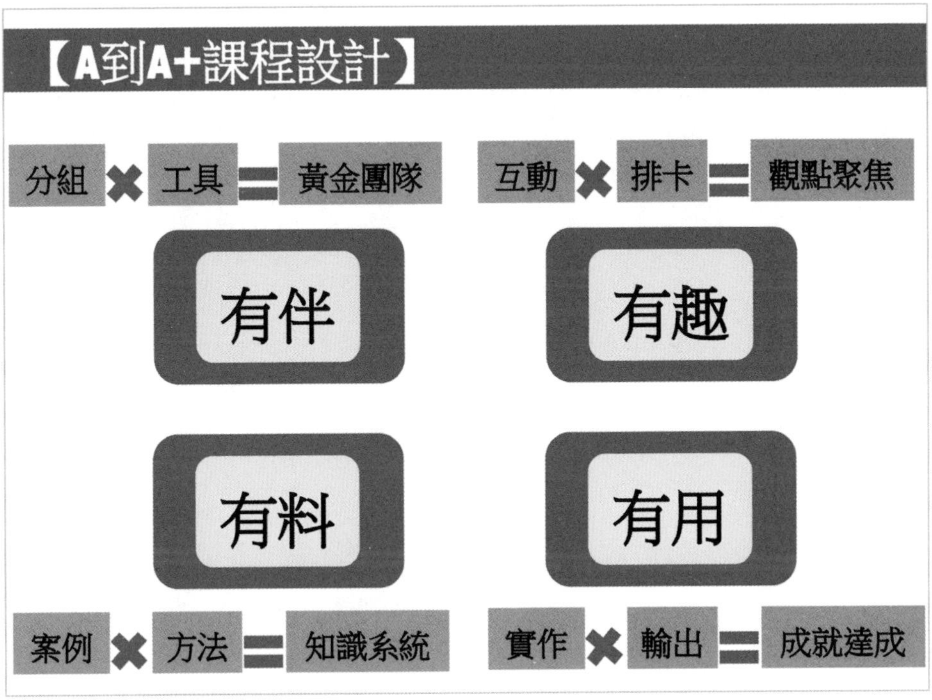

從 A 到 A⁺ 的課程設計之「四有」公式。

秩序與活絡學習氛圍？

羿廷的回答讓我驚喜，她說：「課堂的節奏很快，就算跟好朋友同組也沒時間聊天。就算組員不熟悉也不覺得尷尬，因為同一組就是一個團隊，團隊會為了共同目標而努力。我們會希望自己這一組能夠完成任務，大家一起努力，上課時會討論，反而因為這樣才變得熟悉，下了課才會聊天。」這就是為什麼「有伴」被放在第一順位的原因。

「四有」依照課程設計的重要性依序排列是「有用→有料→有趣→有伴」，然而在課程進行的順序上則是「有伴→有趣→有料→有用」，先幫學生找到「學伴」，感受到學習的「趣味」，才能品味感受到「有料」的滋味，在生活中「學以致用」。

04

單元①教學技巧

好提問能讓學生從被動聽講轉而主動求知

我在教歸有光〈項脊軒志〉時，問了學生這麼個問題，「在課文中找出歸有光對於母親和祖母各是什麼樣的情感？請用二維表格填入原文。」各組學生翻著課本，不約而同寫出一模一樣的答案，如下表所示。

母親的部分是「余泣，嫗亦泣。」解釋是：「我感動地哭了，老婆婆也流下了激動的眼淚」。祖母部分則是「長號」，意思是「放聲大哭」。關於母親的部分沒有問題，但關於祖母的答案還能夠更好。

我把課文附在下一段，大家可以思考一下，為什麼學生對於祖母只填上「長號」二字。

母親	余泣，嫗亦泣
祖母	長號

▍學生的二維表格答案。

嫗，先大母婢也，乳二世，先妣撫之甚厚。室西連於中閨，先妣嘗一至。嫗每謂余曰：「某所而母立於茲。」嫗又曰：「汝姊在吾懷，呱呱而泣；娘以指扣門扉曰：『兒寒乎？欲食乎？』吾從板外相為應答。」語未畢，余泣，嫗亦泣。余自束髮讀書軒中，一日，大母過余曰：「吾兒，久不見若影，何竟日默默在此，大類女郎也？」比去，以手闔門，自語曰：「吾家讀書久不效，兒之成，則可待乎！」頃之，持一象笏至，曰：「此吾祖太常公宣德間執此以朝，他日汝當用之。」瞻顧遺跡，如在昨日，令人長號不自禁。——〈項脊軒志〉

課本上白紙黑字的「**長號不自禁**」，學生的課文旁邊都親手寫上了翻譯，為什麼就是沒寫上「不自禁」呢？我不打算告訴學生正解，應該讓他們自己找出答案，接下來，我用了十個提問技巧讓學生覺察自己的盲點。

一、問句開頭：當白板貼在黑板上，我問了「只有長號而已嗎？」學生看著我，期望我揭曉答案。這句話在學生聽來不像是我在問問題，像是我準備自問自答的前哨，所以得再加上後面的步驟。

二、借力使力：我站在黑板前方，問完題目，手握拳敲擊黑板，喚起學生注意力，對於聽覺型的學生尤其好用，透過重擊黑板聲響的吸引學生將目光投向黑板，並打開耳朵聆聽題目。

三、重複提問：敲擊黑板之後，再問一次，「只有長號而已嗎？」讓學生聽清楚題目就是這簡單的幾個字，老師提問，是期望他們回答，他們應該要自己找出答案，老師在等著他們的答案。

四、增長候答：只有「重複提問」還不夠，要讓學生意識到老師正等著他們的答案，還得搭配「增長候答時間」，一旦沉默的時間夠久，敏感的學生感受到氛圍的轉變，便會主動出擊，從課本上找答案，不再被動等待老師餵食。

五、重點提示：問題本身就是最好的提醒，「只有長號而已嗎？」學生要琢磨這七個字具有哪些提示作用。此時，會有些學生想起課本的功能，主動翻書找答案。

六、適時停頓：每問一次「只有長號而已嗎？」中間都要刻意停頓，學生思考之餘，看著旁邊的同學翻書，有些學生會受到影響跟著翻書，也有些學生會興起「想」翻書的念頭，只欠缺行動。

七、語速放慢：提問的時候語速要比平常慢，讓學生一個字一個字的從耳朵聽到腦中，進到心裡。語速放慢在平時是和緩的，溫馨的，但在提問時恰好相反，空氣中瀰漫著緊張的氣氛，迥異於平日老師催促答案的生成，讓學生自己成為主角，擔心自己怎麼還沒找到答案。

八、語氣堅定：要讓學生從被動的聽講到具備改變的動力，提問時不要用娃娃音，不要用很可愛的聲音，不要過多的提醒，也不要罵學生平常都不念書，就是堅定地說出：「只有長號而已嗎？」學生會因著老師的語氣而識趣地繼續尋找答案。

九、目視全班：老師提問時，不要看著課本，不要做其他事情，就只要站在講台上，居高臨下看著全班，學生為了不想跟老師四目相接，再被動的學生此時也會翻起課本，於是集體把課文相關處看過一次，翻譯再看一次，找出適切的答案。

十、反問作結：正解出現之後，要反問學生：「為什麼都沒寫不自禁？」讓學生思考「長號不自禁」五個字，中間沒有標點，為什麼沒寫「不自禁」？是因為覺得寫「長號」就足夠了？覺得沒寫「不自禁」也不會怎樣？或是學生不懂「不自禁」的意思，怕多寫多錯？這些思考有助於學生下次答題更為縝密。

這十個步驟的提問不超過兩分鐘，第五組的心形直覺說出「長號不自禁」，全班都鬆了口氣，也納悶自己怎麼就是不寫出「不自禁」三個字。這時候我再來解釋「不自禁」，強化祖母過世時，歸有光的悲痛就是一直哭，一直哭，哭到沒有辦法承受還是不斷的哭，反倒能讓學生留下深刻印象。

大家不妨思考，在課堂上提問的目的是什麼呢？**最基本的當然是希望了解學生學習到什麼。如果能夠藉由提問技巧把學習的主動權交還給學生，提高學習層次，豈不是一大樂事。**

運用提問技巧，把學習主動權交還給學生。

05

單元①教學技巧

讓課堂像益智節目，學習變得有趣又有效率

勇名在高中任教十年，教得很喪氣，他私訊問我，「仙女老師，為什麼你上課學生不會睡成一片？更誇張的是還不會滑手機？甚至最後幾排的學生居然站著上課，簡直不可思議。」

對學習者來說，愈容易得到的愈不容易珍惜，愈沒有動力，愈容易感到厭煩。老師善用投影片，學生就無暇睡覺，沒空滑手機，老師們做投影片的苦心也才能被學生珍視，尤其像我習慣凌晨四點埋首電腦前備課。

老酒新裝，只要把投影片挖空，拉高獲得知

把投影片挖空讓學生作答，就連後排學生都起立爭相看投影幕。

識的難度，讓學生填空，上課就會像益智節目闖關，勝利的快感成為驅動力，課堂絕無冷場。

洩露答案是最高段的吸睛術

每當投影機一接上電腦，學生無不躍躍欲試，呈現備戰狀態。尤其是擔心看不到投影片的學生，要不站上窗台，要不蹲在講台前，只求找到最佳視野，站上自己專屬的答題位置。以下這張投影片是〈宋詩選〉的課外補充，要填空的是「詩名」。

我背對著投影幕這麼問學生：「〈登飛來峰〉是什麼人的作品？」學生在台下一陣騷動，一邊笑一邊整齊的在白板上飛快寫著：「王安石。」

我讚美學生回答無誤之後，他們終於鬆口氣得意的放聲大笑，「仙女，妳把答案打在投影片上了啦！」

我內心狂喜，嘴裡保持鎮定地說：「哎呀！我真是太大意了！」

「那也得你們願意看投影片才能看得到答案，接下來要更認真的看投影片喔！」我用答案當誘餌讓學生享受投入課堂的喜悅。隨即，再來個回馬槍問學生，剛才那首王安石的詩，詩名是什麼？有些學生早先預習過，會趕忙翻課本找答案；有些學生企圖在投影片中看出個端倪；有些學生記得我

王安石

飛來峰上千尋塔，
聞說雞鳴見日升。
不畏浮雲遮望眼，
自緣身在最高層。

剛才提問時曾經問過，會抓著旁邊的同學拼拼湊湊擠出答案；學生像失憶的人痛苦的回想我剛才怎麼介紹這首詩？當〈登飛來峰〉這四個字一出現，有孤注一擲答對的歡呼聲；也有悔不當初答錯的扼腕聲。**再放一次誘餌讓學生了解傾聽，也是學習中必要的修鍊功夫。**

微笑面對學生突發的學習狀況

〈蘭亭集序〉第一段開宗明義交代了蘭亭集會的時間、地點和事由，「永和九年，歲在癸丑，暮春之初，會於會稽山陰之蘭亭，修禊事也。」所謂的「修禊（ㄒㄧˋ）」指的是每年農曆三月三日，到水邊洗濯，以消除災禍。」

三類組全班都答對「修禊」，我便直接播放下一張投影片；一類組延伸思考太多，答對的學生反而不多，我就讓學生翻開課本重新看一次第一段王羲之寫作〈蘭亭集序〉的事由。

「仙女，我有特別觀察妳喔，我們答錯問題，妳都不會罵人，我們才會努力地想要表現得更好。」畢業前夕，我教了三年的瀅瀅曾經這麼跟我說過。

「錯誤」與「挫折」，對學生來說都是很好的學習養分，不批評，不責備，他們便學會昂首闊步，挺進下一關。

席慕蓉　　夜讀蘭亭
千年前，曲水流觴，＿＿盛事，
是你一飲而醉的理由，
是你恃醉而寫的靈感，
你說 -
「每覽昔人興感之由，
若合一契，未嘗不臨文嗟悼!」
啊!今夜的心情,竟早讓你說了 -
「後之視今，亦由今之視昔」

創造學生想聽課的渴望

我的任課班，只有兩個學生知道下方投影片空白處的正解是「鼓盆而歌」，這時候就可以推斷大部分學生是不懂的。填空有趣，因而學生參與度高；又因為霧煞煞才願意聽老師解說，莊子〈鼓盆而歌〉典故得以攫取學生們的專注力。

「莊子的妻子死了，他的朋友惠子得到消息後，怕他過分憂傷，便跑去安慰他，誰知一進門就見莊子蹲坐在院子裡，手捧瓦盆，還邊敲邊唱，看起來也不怎麼難過。

「惠子生氣的說：『你們夫妻共同生活了幾十年，生兒育女的，總該有些感情吧！怎麼她死，你一點也不悲傷？你不哭也就罷了，竟然還唱歌，實在是太超過了。』

「莊子說：『老婆走了，我當然難過！可是我們要學會轉念啊！生生死死，循環變化，就像春夏秋冬的季節更換一樣。既然如此，為什麼還要悲傷呢？所以我不再哭泣，而是捧著瓦盆、和著節拍幫我老婆歌唱。』」

故事說完了，我隨即反問學生「何謂鼓盆」？

學生都能回答出「喪妻」，瞬間解除了如臨深淵，如履薄冰的不確定感。

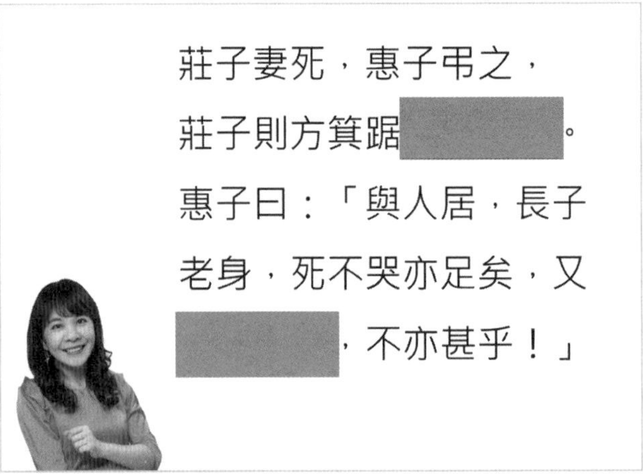

莊子妻死，惠子弔之，
莊子則方箕踞。
惠子曰：「與人居，長子
老身，死不哭亦足矣，又
，不亦甚乎！」

三大原則掌握投影片教學精髓

投影片填空教學設計首重「三先三再」的原則，才能確實掌握益智節目要言不繁、節奏明快的特色：

一、先摘要，再詳述：將教學重點做成投影片，而不是鉅細靡遺的文字檔。前者容易攫取學習者的目光，便於理解吸收，一目十行；後者字數過多，字體過小，容易嚇跑學習者。細節可以用講述法或故事法補全。

二、先作答，再反問：嘗試是學習者的本能，教師不宜剝奪學生的好奇心。讓學生先行判斷與思考，臨危不亂才能拔得頭籌，勝過直接餵食答案給學生，反問則像紅線牽起學生過去與現在學習的緊密性。

三、先團體，再個人：小組腦力激盪，凝聚共識，集體作答，再開放學生各自表述，英雄都是在此時誕生的。反之，發言權將會集中在少數人手裡，小組功能不彰，主秀成為眾矢之的，這就是老師之過了。

投影片填空可溫故，可釋疑，可知新，就像即時回饋系統能馬上揭曉答案，通過層層考驗，穩固個人知識體系。它不像考試單調又孤軍奮戰，非得寫完整張考卷才能知曉謎底。再搭配上加分機制，學生就像參加益智節目，下課鐘響還意猶未盡呢！

06

單元①教學技巧

透過說故事學習文言文，激發編劇力與理解力

高三，就算學測當前，文言文對學生依舊沒有吸引力，反而更覺得無力。尤其荀子〈勸學篇〉篇幅長，更讓學生頭皮發麻。

「南方有鳥焉，名曰蒙鳩，以羽為巢，而編之以髮，系之葦苕，風至苕折，卵破子死。巢非不完也，所繫者然也。西方有木焉，名曰射干，莖長四寸，生於高山之上，而臨百仞之淵，木莖非能長也，所立者然也。蓬生麻中，不扶而直；白沙在涅，與之俱黑。蘭槐之根是為芷，其漸之滫，君子不近，庶人不服。其質非不美也，所漸者然也。故君子居必擇鄉，遊必就士，所以防邪闢而近中正也。」[1]

學生將這五個例證——蒙鳩之巢、射干之莖、蓬生麻中、白沙在涅、蘭芷漸滫做成二維表格，運用故事元素各自改編成第一人稱的故事。

對白勾勒人物形象

我：「睿宸，你挑個例子來說吧！」

睿宸挑了「蘭芷漸滫」。

他說：「就是有一個人……」台下噪動的打斷他的話，提醒他，「要說你自己的故事啦！」

睿宸轉個身代表重新來過。他說：「我本來是不抽煙的，到了高二，有個朋友看我練團壓力很大，中午在科學樓遞給我一根煙，我們就走到司令台吞雲吐霧，我要回教室之前，他把口香糖給

正例	射干看起來莖很長，是因為長在高山上。
	蓬草生長在麻稈中間，不用扶它自然長得很直。
反例	蒙鳩把巢繫在蘆葦花穗上，鳥蛋摔破了，小鳥也死了。
	白沙放在黑泥巴裡，會一齊變黑。
	蘭槐的根浸泡在臭水中沒有人想靠近。

▌用二維表格剖析課文正反例。

❶ 譯釋：南方有種鳥，叫做「蒙鳩」，用羽毛築巢，用草木編紮，繫在蘆葦的花穗上。大風吹來葦穗折斷，鳥蛋摔破了，小鳥也死了。蒙鳩的巢並非不堅固，是因為所繫的地方不恰當使它如此。西方有種植物，叫做「射干」，莖長四寸，長在高山上，面臨百丈深淵。射干的莖並沒有加長，是因為所處的地方使它如此。蓬草生長在麻稈中間，不用扶它自然長得很直；白沙放在黑泥巴裡，會一齊變黑。蘭槐的根就是芷，如果把它浸泡在臭水中，做官的人不肯接近它，平民百姓也不會佩帶它。它的本質不是不美，是因為所泡的臭水使它如此。所以君子居家一定要選擇好的鄉里，交遊一定要接近賢士，為了防止邪惡誘惑而接近中道！

我，還提醒我：『去洗手，會有煙味。』這一年來，從來也沒被教官抓到過。因為仙女在，我就不說他是誰了。」他向全班眨眼，像是不准全班向我洩密這個人是誰。

我連忙問睿宸：「你抽煙喔？」

睿宸：「沒有啊！可是『蘭芷漸滫』就只能舉反面的例子啊！」

睿宸善用對白刻意營造真實人物的存在，令我誤以為他沾染了壞習慣。

五感運用身歷其境

睿恩講的是「射干之莖」。

「二〇一八年的暑假，我跟爸爸媽媽去爬山，走了一個多小時，幾乎都能聞到擦身而過的登山客身上淡淡的酸臭味。山很高，路很陡，邊走邊往下看還滿恐怖的，最扯的是我還聽見自己的心跳聲。從山下看有一種植物看起來很高大，到了山上一看才發現，竟然只有短短的四寸，爸爸跟我說這是『射干』，因為它生長在高山上，我們才會覺得它特別的高大。」

睿恩透過五感讓我們隨著他登高山，認識「射干」這樣的植物。

加強想像營造畫面

應嘉則挑了「蒙鳩之巢」。

應嘉說：「蒙鳩用羽毛築巢，把巢綁在那個……那個……細細的植物上面。」他用手比劃著，思索著是哪一種植物？猛地想到後，他接續說：「就是葦啦！風一吹來，蘆葦搖搖晃晃幾下就斷掉了，鳥巢就這樣從高處摔下來，我伸出雙手想接住鳥巢，根本來不及，鳥蛋就直接全部摔爛在碎石子路上，鳥窩裡的小鳥也死掉了，怎麼會有這麼白痴的鳥？怎麼會把巢築在這種地方？這個故事告訴我們要慎選環境。」

應嘉以畫面取代說教，我們彷彿看到蒙鳩家園殘破的景象。

虛實比例要三七分

恩玄講的是「**白沙在涅**」。

恩玄說：「我家裡很窮，住在貧民窟，爸爸媽媽都吸毒，賺的錢根本不夠用，品行很好的我，有樣學樣，也學著偷拿同學的東西，這就是白沙在涅，與之俱黑。」故事內容雖符合題意，但完全背離恩玄的日常。第一句才說出口，台下哈哈哈的笑聲沒有停過，荒誕呈現喜感，搭配恩玄忠厚的外表，高反差很難讓人不捧腹大笑。

恩玄驗證了故事固然可以改寫，但要掌握：「三分改編，七分真實的原則」，不然就成了笑話。

鮮明對比充分說服

最後一個例子「蓬生麻中」，我讓一臉聰明相的孟霖表現，但他一站上台卻嗯嗯嗯的開不了口。

孟霖：「等我一分鐘，我看一下課本。」他低頭直盯著我放在講桌上的課本。

孟霖捨不得離開講台，一本正經的說：「我家裡很窮，住在貧民窟，爸爸媽媽都沒有錢。賺的錢都不夠用，我只好偷拿同學的東西。」分明就是剛才恩玄的例子，我笑到眼淚都流了下來，他氣定神閒繼續說，「所以我就跟著走偏了，上梁不正下梁歪，就是蓬生麻中的意思。」全班笑得東倒西歪。

我說：「剛給你時間討論，你現在胡言亂語，你們這組先扣一百分。」其他組止不住笑，跟孟霖同組的組員們霎時間臉上結冰。

心榆舉了手，「我想說**蓬生麻中**的故事。

「孟霖以前國文課都不預習，自從來到我們第二組，現在都會預習了。這就是蓬生麻中，不扶而直。」

心榆精準的形容孟霖，形象鮮活，我們再度笑彎了腰，可依直說笑得肚子好痛。

我反問心榆：「真的嗎？孟霖把課文翻譯抄在課本上？」

孟霖大喊著「有」，趕忙把課本翻開到第二十九頁，他的課本有著藍色原子筆寫的翻譯。

我把一百分加回第二組。

學生們用五段故事說明了環境對人的影響。

把自己置身故事當中

學生最清楚彼此的狀況，藉由「我」的現身說法，觀眾很快就能「知道」台上學生的「知道」，是不是確實「了解」。以第一人稱立場說故事，有爆點、有感覺、更有記憶點。

再加上運用五個技巧：

一、對白勾勒人物形象。

二、五感運用身歷其境。

三、加強想像營造畫面。

四、虛實比例要三七分。

五、鮮明對比充分說服。

如此一來，透過說故事的方式，就能讓學生融入文言文中，讓原本敬而遠之的內容，變成生動的學習，同時也激發了學生的編劇力與觀察，達到過目不忘的效果。

07

單元①教學技巧

以「故事力」解析〈陳情表〉如何傳達打動人心的溝通術

我受邀擔任「二〇一九翻轉高雄教育節」名師講堂的講者，以文山高中高一學生為教學對象，趙家欣老師與我共同備課，教一堂五十分鐘的〈陳情表〉。

課程發想以學生為主

選定〈陳情表〉後，我就一直在想要帶給學生什麼。〈陳情表〉敘述祖母養育李密的大恩，及應報祖母之大義；除了感謝朝廷的知遇之恩外，又傾訴自己不能應命的苦衷。學生在意李密嗎？怎麼可能在意。那麼，我要怎樣讓學生在意呢？故事人人愛聽，就來說李密和祖母的故事好了。

課前，我做了兩件事：

第一，請家欣老師將九宮格作業轉達學生，「用九宮格寫上目標、嗜好、夢想、興趣等個人相關的訊息，並用形容詞加上動詞的方式呈現，例如『會為人著想的有錢人』。」希望能多了解他們一點。能找到教學設計的切入點，學生能夠勇於展現自我，都得感謝家欣老師深入淺出的引導。

第二，找了高三二類組的靖瑄和三類組的敏瑄與我一同備課。我把《故事力》給靖瑄，請她看過「起」、「轉」、「合」三篇，做出李密〈陳情表〉的二維表格，她成功運用現有資訊，以圖表呈現故事情節展現閱讀統整的素養。此外，我在白板上畫了〈陳情表〉的二維表格，告訴敏瑄這篇文章的主旨，她立刻以「起」、「轉」、「合」的二維表格分析我在TED的演說。這不就是素養嗎？學生在真實世界裡實踐課堂所學，解決問題，剖析問題，增加應用實戰能力。

我的學生們在畢業前夕向我展現了素養教學的價值，令我感動無比。

※陳情表

起	主角：李密 時間：聖朝（西晉） 目標：未曾廢離（祖母劉）
轉	缺陷：夙遭閔凶（六個月父死，四歲母改嫁，人丁單薄，祖母撫養） 對手：太守臣逵、刺史臣榮、晉武帝、郡縣、州司 衝突：臣欲奉詔奔馳，則劉病日篤；欲告訴不許。 困難：臣之進退，實為狼狽。
合	感動：一、臣無祖母，無以至今日；祖母無臣，無以終餘年。 二、臣盡節於陛下之日長，報養劉之日短也。 三、臣生當殞首，死當結草。 結尾：陳情表說動皇帝，李密陪伴祖母頤養天年。

靖瑄版的〈陳情表〉。

說課重視老師們的需求

觀課時，老師們通常都坐在教室的後方，不容易看到學生細微的互動。我建議老師們可以往前看看計分卡，看看教具的設計，站在學生身旁觀察他們如何寫白板。這些都是這堂課想帶給大家的，隨時走動我都能夠接受。

接著，就請老師們一一介紹自己的名字、任教學校，以及為什麼來參加今天的觀課。這才知道，原來有老師慕仙女之名而來，報名還有名額限制，這堂課的特點：**限額、限量、有意願、有動力**。

故事成先鋒

我是這麼開場的，「大家好，我是臺北市立萬芳高中國文老師，余懷瑾，我的學生都叫我仙女。雖然今天只上一堂課，但備課很辛苦，下課時請班長記得喊『起立，敬禮』，要跟我說『謝謝』喔！通常我的學生在剛認識我的前幾節課，有的人說『謝謝老師』，有的人說『謝謝仙女』，參差不齊，我聽到的是『謝謝老仙女』，我都會請他們重說一次。同學等等要稱呼我『老師』或『仙女』都可以，但如果是『老仙女』，就要重來一次喔，不然我會很傷心的。」

我從「謝謝仙女」的故事出發，在笑聲中揭開序幕。

我將全班分成六組，每組學生先跟組員們分享自己最得意的一格九宮格，十六歲的少男與少女對於未來的嚮往，「每天都喝一杯迷客夏珍珠奶茶的迷弟」、「吃到世界各地的美食」、「不會被老媽罵的人」、「最年輕的環法冠軍」，天馬行空，人生多美好。

之後，再由全組組員選出一個最有共鳴的九宮格，作為今天課堂討論的例證。

故事主題力

接下來，切入正題，我讓學生回答關於〈陳情表〉的三個基本問題。

一、我是誰：臣李密。（介紹與主題有關的身份，名字是最好的標籤。）

二、寫給誰：晉武帝。（確認對象，為了「見人說人話」，先了解對方的喜好。）

三、怎麼讓他想聽：說故事。（教科書上寫「動之以情，說之以理」。李密用故事動情又說理。）

為什麼要問這三個問題呢？這就牽涉到故事主題分別要思考的三件事：一、先定位自己；二、知道目標受眾是誰；三、故事拉近君臣距離，達成陳情的目的。

故事架構力

我運用《故事力》書中故事架構的「起」、「轉」、「合」作為授課的主要學習。

一、**起**：三大要素成就一個好的開頭，故事的起點決定了一切。

二、**轉**：運用轉折讓故事高潮迭起，轉折是故事的核心，也是承先啟後的關鍵。

三、**合**：故事的結尾要能連結到聽故事的人的經驗，擴大故事影響力。

我將「起」、「轉」、「合」各階段分成三個層次，依序介紹李密和學生自己，藉由李密的生命經歷，提供學生討論九宮格時的參考與反思。

故事架構力——起

我問了三個問題：時間軸、主角以及目標，請學生從文本中找出下列答案。

一、李密的〈陳情表〉：

1.時間軸：定錨童年。

2.有主角：祖母與李密。

3.有目標：未曾廢離。

李密在這裡透露出兩個很重要的訊息：一是隔代教養，二是親身經歷。故事之所以動人，來自於自身的感受與經歷。

二、「學生的九宮格」，以「有顏值有身材的人」為例：

1.時間軸：民國一三〇年。

	陳情表	九宮格：有顏值有身材的人
時間軸	定錨童年	民國一三〇年
主角	祖母與李密	學生本人
目標	未曾廢離	希望能跟高中的肌肉量一樣

▌陳情表與學生九宮格對照表。

2. 有主角：學生本人。
3. 有目標：希望能跟高中的肌肉量一樣。

故事架構力——轉

我問了兩個問題：缺陷和衝突，請學生從文本中找出下列答案。

一、李密的〈陳情表〉：

1. 缺陷：劉日薄西山，氣息奄奄，人命危淺，朝不慮夕。❶
2. 衝突：臣欲奉詔奔馳，則劉病日篤；欲苟順私情，則告訴不許；臣之進退，實為狼狽。❷

這裡的「缺陷」和「衝突」並沒有標準答案，只要學生詮釋合理，就能成功拆解李密編排故事的用心。

❶ 譯釋：只因祖母劉氏殘生將盡，如同迫近西山的落日，氣息微弱，生命垂危，早晨難保晚上還活著。

❷ 譯釋：我想要奉詔令馬上動身效命，可是祖母劉氏的病一天比一天嚴重；想要暫且順著私情奉養祖母，可是我的陳情又不被允許。我的處境，實在是進退兩難。

	陳情表	九宮格：有顏值有身材的人
缺陷	劉日薄西山，氣息奄奄，人命危淺，朝不慮夕。	身體代謝慢，不如年輕時。
衝突	臣欲奉詔奔馳，則劉病日篤；欲苟順私情，則告訴不許；臣之進退，實為狼狽。	美食當前，天人交戰，明知不能多吃，又貪圖美味。

陳情表與學生九宮格的缺陷和衝突對照表。

二、**「學生的九宮格」**，以「有顏值有身材的人」為例：

1. 缺陷：身體代謝慢，不如年輕時。
2. 衝突：美食當前，天人交戰，明知不能多吃，又貪圖美味。

學生想像未來自己要達成目標前可能有哪些缺陷？會遇到哪些衝突？以「有顏值有身材的人」為例，在我現在這年紀看來，十分不容易，健身，早睡，刻意要求自己才有可能長期維持。我真想跟這孩子說「你真棒」。

故事架構力——合

我扣緊故事的目標受眾，問了最後的問題，請學生從文本中找出下列答案。

一、李密的〈陳情表〉：

李密的陳情對象是掌握生殺大權的皇帝，他用哪句話建立與晉武帝的連結？

學生都回答「聖朝以孝治天下」。

李密在〈陳情表〉上寫著「臣之進退，實為狼狽。伏惟聖朝以孝治天下，凡在故老，猶蒙矜育；況臣孤苦，特為尤甚。」❸

---

❸ 譯釋：我目前的處境進退兩難。我想聖明的本朝用孝道來治理天下，凡是老年人，都能受到憐憫養育；何況我的孤單困苦，比別人更為可憐。

在「聖朝以孝治天下」這句話之前，李密堪憐的處境對晉武帝來說，都是李密的家務事，怎麼樣讓晉武帝覺得李密的事與自己有關呢？就是「聖朝以孝治天下」cue到了晉武帝，他才知道李密平常都在關注他的動態，相當於現在follow FB或IG。「聖朝以孝治天下」這七個字讓武帝感受到李密對他是真愛，若成全李密，就真正落實了武帝長期以孝經營的自我品牌，兩全其美，李密是知音。

二、學生的九宮格：

有別於李密，因為學生的人生才剛起步，我並沒有問他們想帶給目標受眾什麼樣的漣漪，而是帶著他們回想如何設定故事主題。

1. **我是誰。**
2. **寫給誰。**
3. **怎麼讓他想聽。**

有一天，要寫故事或說故事時，請先想想這三個問題，就能搭座橋走到觀眾心裡，產生影響力了。

就這樣，我以三個架構「起」、「轉」、「合」，將李密和學生的例子，用二維表格框在一起。

「一千七百年前的李密用他與祖母的故事打造古今共通的生命情感，而你要如何打造自己的九宮格呢？我是萬芳高中余懷瑾老師，謝謝各位同學。」我站在教室中央，為這堂課畫下句點。

班長一聲令下，「起立，敬禮」，學生們齊一的站了起來，此起彼落的「謝謝老師」與「謝謝仙女」，大家都笑了，我們隱約都聽到了「謝謝老仙女」。

我睜大眼睛問，「再一次好嗎？」學生在班長帶領下愉快的說著「謝謝仙女」。

這一堂課，有學生自己的故事，還有打從一見面「謝謝老仙女」，回扣到最後的「謝謝仙女」，無一不是故事。「謝謝仙女」，展現故事的魅力，啟動了感謝，也編寫了我們「翻轉高雄教育節」〈陳情表〉李密的故事。

	陳情表	學生的九宮格
起	一、時間軸：定錨童年 二、主角：祖母與李密 三、目標：未曾廢離	一、時間軸：民國一三〇年 二、主角：我 三、目標：希望能跟高中的肌肉量一樣
轉	劉日薄西山，氣息奄奄， 人命危淺，朝不慮夕。 臣欲奉詔奔馳，則劉病日篤； 欲苟順私情，則告訴不許； 臣之進退，實為狼狽。	一、身體代謝慢，不如年輕時。 二、美食當前，天人交戰，明知不能多吃，又貪圖美味。
合	聖朝以孝治天下	回想如何設定主題: 一、我是誰。 二、寫給誰。 三、怎麼讓他想聽。

陳情表與學生九宮格的起轉合二維表格。

重點小提示

用「故事力」打造叫好又叫座課堂的要訣

故事力不只是老師授課的能力，也是學生溝通的利器。以下整理出如何以「故事力」來打造叫好又叫座課堂的要訣。

① 以同一故事首尾呼應。「謝謝仙女」故事起首，以「謝謝仙女」故事收尾。

② 讓學員先表態自己的心聲。學生以九宮格表現出十六歲時對目標的追尋，九宮格從自我介紹起就在學生心裡有了取捨。

③ 故事主題力的三個要素「我是誰」、「寫給誰」、「怎麼讓他想聽」，在課堂中首尾呼應。

④ 故事架構力「起、轉、合」三個層次蘊積出故事的張力。

⑤ 以學生為主體的活動設計，兩個例子等同兩則故事，兼顧作者與學生的生命經歷。

故事力是最有效的溝通能力，也是老師必備的超能力。

說出影響力的小技巧

我在知名企業講師謝文憲憲哥的課堂上學到了很棒的「表達的技術」，在此跟大家分享：

一、最精采的是自己的故事：生命是重大的課題，我們經常看著別人，但多數時候很少看著自己，面對自己。要我說自己的故事，很難。我這麼陽光的人，也不想追憶陰暗的過往，一開口就會掉淚，為了不浪費學費，我重新審視年輕時求學的歲月，二十歲之前只得過一個模範生獎的我。

二、克服缺陷與糾葛才有影響力：我在記憶深處翻箱倒櫃，小學功課不好，我是少數畢業典禮沒拿到獎品的學生；國中成績滿江紅，數學考不好蹲坐上課，英文課靠著牆不知不覺的睡著了，最怕理化老師拿著熱溶膠，體育課一百公尺跑了快30秒。這門課妙就妙在不是只教你「說」，勇敢地看著自己，悲壯是美，蒼涼是美，並肩而行的還有樂觀與開朗。

三、說故事需要技巧，需要渲染力，然而比這些更重要的是練習：我在高三畢業典禮上代表高三導師致詞，把在家對著鏡子反覆練習的私語，轉化為活動中心現場版，請學生移開了頒獎台，我把步伐往前跨，環視觀眾，沒有投影片的提詞，沒有「這個」、「那個」、「好」、「對」的冗詞贅字，手勢俐落到位，還有家長在台下感動落淚。下台的那一刻我才知道，原來沒有投影片，沒有小抄，我也可以對著好幾百人演講！

「不要只看到學生的成績，要看到學生的亮點」，我得到了說出影響力冠軍。憲哥說：「麥克風加信念就可以改變世界」。

一年半後，我從來沒想過的事發生了。我憑著六頁簡報通過了 TEDxTaipei 素人海選，脫穎而出。決選在百位觀眾面前演說，最終在 TEDxTaipei 年會上發表了六分鐘的短講，以「慢慢來我等你」六個字避免身心障礙學生遭到霸凌，一直到主持人拿了麥克風，掌聲還是不絕於耳。回想當時增能的目的是為了讓自己更上層樓，卻因為說出影響力而幫助了更多的人。

TEDxTAIPEI

仙女老師TED年會的短講

08

單元①教學技巧

學習就像尋寶，教室處處皆寶物

二〇一八年，輔大營養科學系劉沁瑜副教授、馬偕醫院健檢中心徐慶玶主任、振興醫院心臟功能重建中心黃心怡治療長，三位專家希望活化醫學界的教學，來到我的課堂觀課。一般的觀課就是在旁邊看，記筆記，但是感受力相對沒有這麼強烈。眼見為憑，還必須加上實際體驗，更能了解其中奧義。各組積極的在白板上寫著歡迎詞，邀請他們進入自己的小組，三人由觀課者成為學習者，成為課堂最需要「被照顧的同學」。

第一次體驗就上手

術業有專攻，學生教三位專家寫白板，把課本答案給他們看。講到了紅拂女的「拂」長什麼樣，我請學生在教室裡找出「紅拂」，學生在座位上四處找紅色的神似物品，第一組遍尋不著，索性到掃具區尋覓。接著我請各組派一個人拿上台，六個人一字排開，哲宇拿的是紅色環保袋，我問他拿什麼？他把袋子捆成細長條像拂塵一般，說是紅拂；徐醫師把手放在背後，我問她拿什麼？她手上拿的是紅絲巾，作勢揮舞了起來；堂堂心臟重建科的治療長心怡，拿著學生剛打掃完還滴著水的拖把飾演紅拂女；其他組拿的紅拂外型各異，但口中說的也都是「正解」。

下課後，三位專家對這堂課讚不絕口，給了我們的課堂極高的評價。

沁瑜教授說：「時代更迭、知識傳遞與教學技巧也要與時俱進，謝謝仙女老師在期末時讓我們進班觀課，把生硬的古文教得活潑生動。我想，紅拂女的拂，這輩子應該都不會寫錯了吧！

「另外要誇獎萬芳高中二〇一班，真是我見過學習態度最積極、同學互助友愛、上課舉一反三、應對細心有禮的同學們呢！

「謝謝你們，給我這麼好的課堂風景。」

慶玶醫師的回饋是：「多久不曾懷著期待去學校上的一堂課？多久不曾沒在教室裡面打瞌睡、滑手機？

「今天有幸去觀察仙女老師的國文課，下課的時候，我應該減了0.1公斤。

「這是一堂充滿活力的課，同學們非常有默契地寫白板、站起來發表答案、坐下來把白板傳給下一個同學。老師提問非常的活，內容橫跨去年、今年學過的國文內容，原本死板板的詩詞，變成充滿意象，整堂課有飛不過衡陽的鴿子，還有官場、政事、友誼。

「友誼不是只在詩詞之中，跟同學坐在一組，看到同學們互相幫助查答案、搶答，答錯也沒有任何責備，這樣的團隊合作和包容，真的是一生受用的經驗。

「這不只是一堂國文課，是一堂人生的課，二〇一的同學你們很棒，二〇一的老師您hen會！

「晚上去參加孩子的國小畢業典禮，兩百多個孩子，進入青春期，進入國中高中，我衷心祝福他們，可以遇到熱情勇於創新的老師，友愛願意互相包容的同學，就像我今天在萬芳高中二〇一看到的！」

心怡治療長則說：「如果沒有書本，出了學校，該怎麼定義學習？

「從上課？念書？查資料？從實際操作？做中慢慢學？

「今天我選擇觀摩，化身學員，親身感受氛圍，臨摹如何啟動團體動力。

「我們一進教室就接受到滿滿的歡迎，沒有人冷眼打量，不需要破冰磨合，我坐下來，對面的暖男遞來他唯一的沙其瑪。

「不需交換，沒有保留，白板遞到我面前，答案是『虬髯客傳』。

「偶爾我想求快寫得草，寫簡體字，沒有人催促，沒有不耐煩，同學只是輕輕地說：『要一筆一劃寫清楚』。

「在快速節奏的『寫站舉傳』中，沒有遲疑，一題一題如行雲流水，萬芳高中二〇一的孩子們，不只學唐詩、宋詩、三疊句，他們還體現了青春生命中美好的互助、團隊合作、欣賞身邊的人、把握當下。」

尋寶的遊戲元素讓專家們感受到學生們熱切的學習力和旺盛的企圖心。

教室是寶庫，課文是藏寶圖

先來看看我們平常的課堂。

「今陛下致昆山之玉，有隨和之寶，垂明月之珠，服太阿之劍，乘纖離之馬，建翠鳳之旗，樹靈鼉之鼓：此數寶者，秦不生一焉。」

這是李斯〈諫逐客書〉勸諫秦王的部分內容，說明秦王喜歡使用異國之器物，也就是愛用舶來品，但在人才任用上，卻背道而馳。原因是秦王嬴政四年（西元前二四三年），韓國水工鄭國利用修灌溉渠道耗費秦國國力，意圖使秦無法東征。陰謀被識破後，在宗室大臣鼓譟下，秦王政下逐客令，驅逐所有客卿，李斯特別舉了許多異國珍品以說明秦王的不智。

這些物品對學生而言只停留在字面上的印象，不足以為珍奇，怎麼樣可以讓他們動動腦，覺得這些東西得來不易呢？這時候，教室已經不是教室，而是寶庫，課文是藏寶圖，學生們個個都伸出敏銳的觸角，離開座位，躍躍欲試的在教室裡尋寶。

我請學生依序準備這些異國珍品。

第一件是「昆山之玉」，每一組派一個學生拿著「昆山之玉」上台，有的是原本就掛在脖子上的玉，也有綠色圓盤佯裝是玉，學生們不約而同說玉來自崑崙山。昆山之玉就是崑崙山附近和闐所產的美玉，也就是和闐玉。

第二件是「隨和之寶」，學生一手拿珠，一手拿玉。我問這是什麼珠？他們不甚整齊的回答「隨侯珠」。傳說，春秋時隨侯曾用藥救過一條受傷的大蛇，蛇銜珠相報，這珠便稱為隨侯珠。玉則是「和氏璧」，學生早就背好課文下面的註釋，我一問「和氏璧」的由來，怡君很快說出卞和在山中獲得璞玉，獻給楚厲王，厲王不信，斬去他的左足；獻給楚武王，武王也不信，再斬去他的右足。等到楚文王即位，才證實那是件寶物。她把世人因稱「和氏之璧」的典故說得清清楚楚。

第三件是「明月之珠」，學生拿了夜光的吊飾解釋給我聽這就是明珠，也有學生開了手機手電筒，照著一個圓圓的球狀物，讓我們觀賞夜明珠的美。

第四件是，「太阿之劍」，學生拿尺當劍，或是揮舞掃把當劍。太阿劍，吳國名匠歐冶子與干將二人所合鑄的寶劍名。

第五件是「纖離之馬」，學生在白板上畫馬，還有一組畫了一群馬，更有一組直接一人當騎士，一人當馬，騎士騎在馬背上的飛奔到講台上，大家都說駿馬近在眼前。

第六件是「翠鳳之旗」，以翠羽編成鳳形作裝飾的旗子。我記得有一組高舉白板，說上面的鳥是鳳凰，白板則是旗子。

第七件是「靈鼉之鼓」，鼉是鱷魚類動物，皮可製鼓。古時以為是神異之物，故稱靈鼉。傑民甚至把肚皮當鼓，假扮成鱷魚，笑翻一群人。

你問我學生怎麼能這麼棒，全都演繹正確？確實如此，課本下面解釋寫得清清楚楚，為了尋寶，學生把解釋都讀通了。

尋寶之後要驗收成果

如何檢驗學習成果？馬上請學生把課本合起來，抽問三階段的問題，以白板作答。

階段一：我們剛才準備了哪些秦王喜愛的物品？

答案：「昆山之玉，隨和之寶，明月之珠，太阿之劍，纖離之馬，翠鳳之旗，靈鼉之鼓」，芳芳寫得出「鼉」，可見她早就猜到我會這麼問。

階段二：「鼉」字的注音？

答案：ㄊㄨㄛˊ。

階段三：作者各用了哪些動詞加在這些名詞的前面呢？

答案：「致昆山之玉，有隨和之寶，垂明月之珠，服太阿之劍，乘纖

▌學生將課本視為藏寶圖，在教室內尋找符合文本情境的物品。

離之馬，建翠鳳之旗，樹靈鼉之鼓」，學生只需要在剛才的答案前面各加上動詞就好了。

尋寶是課堂仙丹，下午第一節，學生午睡剛醒，立刻清醒。

尋寶是課堂妙藥，讓學生不自主的看著課本找答案，打開學習的開關。

仙丹妙藥在欲振乏力之際，重建心臟功能，讓課堂起死回生。

重點小提示

「尋寶」注意事項

①名詞具象化：學生把知識在腦中轉過之後，內化為自己的能力找出足以能比擬的物品，讓大家看了能即刻吸收，對這個物品留下印象，而不單單只是文字。

②一次一件事：依文本順序，一次一樣物品，弄懂了，熟悉了，再尋找第二樣物品。以此類推，不僅秩序不易失控，能掌握學生進程，更便於學生記憶與應用。

③你說給我聽：學生透過個體思維，將內容轉化為讓其他人能懂的表達方式，提昇了學生潛在智能的發展，如同學習金字塔中教別人的道理，學習效果高達百分之九十。

09

單元①教學技巧

「大家來找碴」讓彼此建言變成進步的禮物

高二下學期最後一週，我讓學生們寫對這學期國文課的回顧。昱翔的學習單讓我眼睛一亮，他寫著：「我的脾氣一直很不好，常常對人生氣，像是不理人。剛開始我很討厭別人抓我錯字，害我沒加到分，那時心裡會想：『他到底是不是我朋友？』仙女一直跟我們說別人抓你錯字是在幫你。我剛開始聽到覺得是屁話。但有一次段考默書，要不是有人糾正我一個字，我可能拿不到滿分。從此以後，再有人抓我錯字，我也不會不爽，也不會對他態度不好，要慢慢朝著『做個有溫度的人』這個終極目標邁進。」難怪昱翔這學期上課眼神柔和許多，笑容也多了。

是什麼方法讓桀驁的昱翔改變了呢？是「大家來找碴」。「大家來找碴」讓學生們成為彼此的眼睛，找出同儕的優點與盲點。

運用白板答題以修正錯誤

我問：「唐宋八大家是哪八個人？」

學生們此起彼落的翻著書，把答案寫在白板上，再將各組白板貼在黑板上。各組答案不一，分別是：「韓愈、柳宗元、歐陽修、蘇洵、蘇軾、蘇轍、曾鞏、范仲淹」、「韓愈、柳宗元、歐陽修、蘇洵、蘇軾、蘇轍、王安石、司馬光」、「韓愈、柳宗元、歐陽修、曾鞏、蘇洵、蘇軾、蘇轍、王安石」。

各組小白板貼在黑板上，要透過老師的口唸出來，否則除了第一排的學生可能看得到，其他學生壓根不知道上面的內容。為了鼓勵學生想了解同學們寫的是什麼，提高課堂參與度，更要能即時修正錯誤，我在台上說著：「能協助他人更正錯誤是件很了不起的事。」有的學生想看清楚白板上的答案而走到講台前，有的學生看完答案之後回到座位翻書，也有學生聚在講台前討論哪一個才是正確答案。

承祐舉手說：「是曾鞏，不是范仲淹，也不是司馬光。」一片佩服的掌聲給了承祐，激勵了同儕繼續挺進下一關。

「大家來找碴」考驗的不光是答案正確率，還有指陳錯誤的勇氣，讓學生們為自己的學習把關。背離「溫良恭儉讓」的直球對決，更加要重賞，加分起跳是一般題目的好幾倍，視題目難易度大幅度調整。被指正的學生會產生「憑什麼說我？」、「我這樣做跟你有什麼關係？」等自欺的自我防衛，臉色難看，配合度低，開口閉口還會責備除錯的同學，不但無法真正面對問題，也影響學習情緒，這樣的小挫折實在不必要耗費太多心理能量，扭曲他人善意和偽裝自己不在乎。我就經常唸著這兩句，「與其執著解釋，不如修正錯誤。」、「與其責怪對方，不如感謝對方。」學生看著別人繼續加分、繼續進步，聽久了，也覺得抱怨是件幼稚的事，轉而先找出同儕錯誤，進而學會感謝他人的指正。

學習單投影幕搶答讓學生在熱烈中求知

生物老師振寰問學生，「〈赤壁賦〉屬於哪個生態系呢？」投影幕上出現一張張學生嘔心瀝血的學習單，愉恩指著學習單說，「這不是溪流生態系，因為不會有蜻蜓。」胡說八道的答案讓全班笑得東倒西歪。學生的作品很容易引起同儕的注意，尤其做成投影片，瞬間提高專注力。

這一堂課是我跟趙振寰老師共同在講台上，分別解釋關於國文與生物的問題。冬天太陽下山得早，和平樓四樓暮色降臨，五點放學的鐘聲響起，學生還不斷舉手搶答，根本沒有人想要下課。大家對這堂課的學習興致高昂，幾乎到了參加演唱會的程度，學生紛紛走到講台前面，教室後半部都沒有人。

暐倫在學習單上寫著：「這堂課裡我學到的不再是課本裡冰冷的文字學問，而是由熱烈上課中所得到的新知。從大家坐著上課，到最後全班都跑到前面看，可以看出大家對這堂課的投入與熱情，這是我第一次看到有堂課竟然可以上到演唱會般的境界，這堂課充分表現出教育的無限可能。」

「大家來找碴」結合學習單，以學生為主體，由教師釋疑，讓學生捨不得下課。

協助外籍生強化學習信心

我們班的巴西外籍生Manon，中文程度零起點，我總會特別為她設計與同學的互動。Manon來到台灣三個多月後，已經略具中文能力。

我問全班〈始得西山宴遊記〉的作者是誰？Manon自己的白板寫的是「柳宗元」，其他五組的白板貼在黑板上，我刻意讓其中兩組將答案改成「柳宋元」，看Manon能不能看出其中的差別。當Manon站上台時，大家屏氣凝神的看著她的白板筆，看著她思考的背影，當Manon在第一個「柳宋元」畫了×，沒有人敢歡呼，擔心影響她的決策，等第二個「柳宋元」也畫了×，同儕的掌聲，讓Monon臉上滿是警報解除之後的燦爛笑容。

「大家來找碴」掀起課堂的高潮，Manon的認真讓「柳宗元」變成很棒的記憶點，學生都記得〈始得西山宴遊記〉的作者是「柳宗元」。

老師也能受益成長

當我講錯話或寫錯字，學生糾正我，我也會欣然接受，照樣加分鼓勵。不會說「我是看你們有沒有專心？」、「我是故意測試你們。」這種一秒讓學生白眼翻到後腦勺的話，前述這些不思改進的話會讓學生打退堂鼓。

高二下學期，我依慣例在週五放學前給了學生下週預習的進度表，但我看錯行事曆，誤將應該當週繳交的作業寫成下週繳交。

週六，二〇一的小老師發現日期有誤後，傳了訊息跟我確認，就在班級群組裡更正通知全班。二一〇則是到了我上課時，才發現繳交日期寫錯。學生振振有詞的說：「你自己寫的時間，是你自己寫錯。」我反問學生：「你們明明知道寫錯時間，為什麼不告訴我呢？是想看好戲？看我繼續錯下去？」

那時，我們剛好在教〈鄭伯克段於鄢〉。我在黑板上面寫著：「文學作品投射人生。〈鄭伯克段於鄢〉中段的坐大，莊公視而不見，言『多行不義，必自斃』、『無庸，將自及』，坐看好戲的心態，在現今亦所在多有，你也如此？」

後來，遇到我筆誤或口誤，學生都會讓我知道，我也朝自己想成為的理想老師更往前邁進一步。

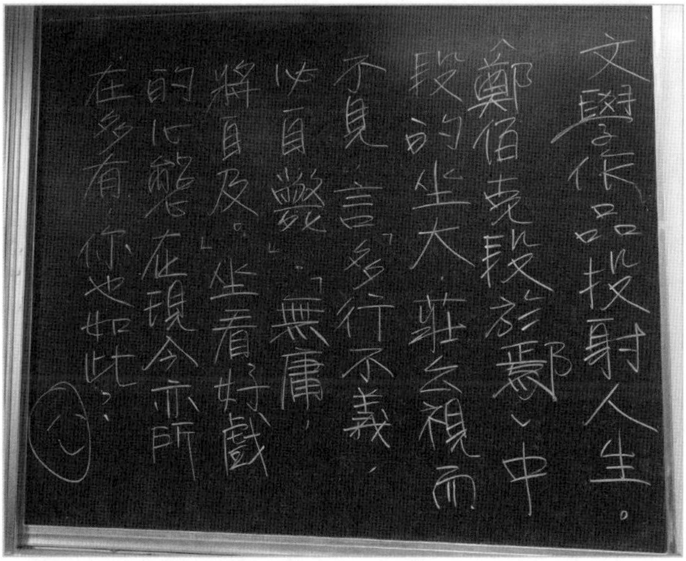

錯誤及時修正，避免二度犯錯。

細節增進收穫、提昇趣味度

在此要提醒，「大家來找碴」要注意三個細節，才會有趣又有收穫。

一、提供具有安全感的氛圍：當學生指出錯誤時，老師可以在旁邊附議，說出「這是一般人常犯的錯誤，被你找到了」、「我正好想講這個答案」、「你能在這麼短的時間裡幫同學挑出錯誤，真的很厲害」，讓班級氛圍利於鼓勵幫助發現問題的人，而不是讓全班厭惡唾棄發現問題的人，製造班級新的隔閡。

二、補充說明更正的方向：有的學生覺得當眾被除錯，好生難堪；有的學生一頭霧水，被指出來才發現寫錯，心存感激；有的學生自信不足，一被指正便覺得從此抬不起頭來，只要老師能補充說明問題該如何更正，上述狀況皆可迎刃而解，降低二度犯錯的機率，就能以個人的學習成本達到全班有效的學習。

三、三日內再度測試：問題解決後，學生以為自己會了，可於三日內再度驗收學習狀況，這是最容易讓學習者對於日前所學最有感的測試，也讓學生了解，學習階段若能學著接受他人指正，有助於提昇自我，突破盲點，更上層樓，進行更高層次的學習。

從團體到個人，從加分到內省，「大家來找碴」形塑彼此建言的共好氛圍，師生都能成為更好的自己。

10

單元①教學技巧

併桌分組討論 讓學習的心更靠近

大學時，有一次上文字學，老師在講台上教著甲骨文，講著講著就走到了教室後方，很少有老師會走到教室後面，所以我們不以為意地維持固定坐姿，繼續看著講台。

因為老師站在教室後面的時間太久了，只聽到聲音，沒看到表情，讓我很不習慣，我是全班第一個回過頭看老師為什麼站在後面這麼久，遲遲不走回講台。但轉頭這動作實在太不符合人體工學了，脖子很酸，腰也很酸，我只好一下轉回看台前，一下又轉回看教室後方的老師。老師說，「你轉來轉去，身體都無法安頓，怎麼安頓內心？」這句話像警鐘敲醒了我，我大膽的反轉椅子，整堂課舒心自在，也沒有轉來轉去的尷尬或疲累。其他同學看我這麼做，也跟著我搬動了椅子的方向。這堂課給了我很大的啟發，之後只要遇到座位不如我意的場合，我會自己先喬好絕佳的環境狀態，心也自然的平靜下來。

拉近空間距離，交流更有效率

也因為大學時代的經驗，我實行分組教學，會讓學生併桌坐在一起，方便討論。不併桌轉頭或走動就近討論偶一為之，學生還願意配合，次數一多，學生們乏了，老師們會發現學生敷衍轉頭做做樣子，又或是隔著走道隔空喊話，不適切的分組會讓學生虛應故事。分組討論課程要長久經營，不要貪圖短暫不搬桌子節省下來的時間，反而影響後續討論品質。

空間影響行為，唯有拉近外在距離，心才有辦法更加靠近，才願意四目相接，才願意傾聽低語，才能真正做到有效率的溝通與交流。

分組前後的對照

開學第一堂課，自我介紹之後，我會徵詢學生意見，「你們認為國文課要學什麼呢？」只要問問題，很多學生就像狂風吹過的小草自動低下頭，極盡所能地讓老師感受到他們正在沉思，深怕跟老師的眼神對焦。我帥氣地拿起自備的籤桶抽籤，沒被抽到的學生沾沾自喜，用看好戲的心態看同學答題，抱著僥倖的心理妄想躲過下一劫，多數的學生緊張兮兮，學生被迫抽問，沒有一絲的主動。

兩三輪下來，有些學生說不知道，還沒想到，要再想一下，有一搭沒一搭的答案，籤都快抽光了，場子還是很冷，這是我想要的上課氛圍嗎？學生都很期待老師趕緊講課，希望自己不要再被抽到，希望減少自己發表的機會，實在難熬。

下課前十分鐘，我會開放將這道題目讓全班分組討論，一組一組湊在一起，三個臭皮匠片刻成為諸葛亮，「同學」就是「共同學習」，同樣的時間，答案有廣度，也有深度，自信取代了剛才的緊張。

親身經歷是最有說服力的見證，分組中意見的交流、答案的增加、對話的品質、情感的傳遞等，都是個人單槍匹馬學習所望塵莫及的。

魔鬼藏在細節裡

每組人數，兩人太少，勢力單薄，萬一其中一個人卡關，另一人承受壓力，反而不願意表達看法。一組三到六人最佳，座位分成兩排，兩兩相對，前面和後面的人說話相互都聽得到，也看得到對方的表情，組員們能相互交流讓課堂氛圍能夠順著話題流動。寧可組數多，也不宜每組人數超過六人。人一多，口就雜，聊天的人認為反正有人會討論，不差我一個，討論的人會嫌惡聊天的組員毫無功能，分組凝聚的美意消失，分組討論效果大打折扣。

分組如果能由下列三種方式切入，能夠更為順利，讓師生都有信心。

一、併桌方便討論：讓學生們併桌坐在一起，課程進行到需要討論的環節，學生能夠自然的展開交談。我會要求學生在上課前，先將桌椅反轉，避免上課時搬動聲響過大影響其他班級。我一進教室，看到已經搬好桌椅的組別率先加分，下一次一進教室，一定所有組別早已完成併桌，準備上課了，加分讓學生們主動拉近空間的距離。

二、強化對比感受：從抽籤到分組，讓團隊合作鬆綁了個人的學習焦慮，讓學習能夠多了扶持與認同；從完全講述到穿插討論，是從被動聽講到互動學習，一個人走得快，一群人走得遠，呼朋引伴有著共同目標，既有成就感，也充滿樂趣。學生只要感受到分組的好處，人人都能在團體中大放異彩，不只學知識，更探索自我，利他成己。

三、指令明確精準：分組是課程進行的方式之一，而不是萬靈丹。老師們分組之前可以先讓學生知道分組的目的與分組進行的方式，掃除學生的疑惑，例如：多少人一組？桌子該怎麼轉？是直向還是橫向？學生座位背對老師該如何處理？討論該怎麼進行？指令愈明確，學生愈容易依循，將會大大提高主動性，在上課前完成該有的座位準備。

有一回，期中考剛結束，因為上一節課老師對答案下課晚了，我為了能夠盡快上課，允許學生維持座位直排，遇到開放式的題目，再各自走到組員身邊討論。哪裡知道，當我讓學生交換意見時，他們因為已經習慣了併桌，突然與同儕說話還要起身反而覺得麻煩，承禧直覺地說了句，「這樣怎麼討論？」雖然是無心的一句話，也給我很大的反饋。

接下來的畫面更令我感動：學生竟然一個個站起來找組員討論，教室裡呈現六組狀態，學生經過四個月的洗禮，會放下手邊的工作，走向對方，上半身微微向前傾，注視組員，討論帶來的是傾聽與陪伴。

如果反轉了桌椅，學生們併桌同坐，討論狀況還是不理想的話，接下來可以參考〈白板答題看出個人所知，還能培養團隊互助〉（頁一八五～一八九），到底有什麼神器能讓討論更為熱絡呢？

跟上述相反的是，分組討論的優點是學生交流容易，但秩序容易陷入混亂，擔心學生聊天的話，之後還有一篇〈不須聲嘶力竭，也能優雅管理上課秩序〉（頁一九〇～一九四），會談談要怎麼管理課室秩序。

分組討論讓學生更容易交流。

11

單元①教學技巧

系統化加分激發學生主動出擊

二〇二一年十二月，浙江機電職業技術學院的福喜老師來我的課堂觀課，他是這麼回饋我的：「我不敢想像這是在課堂，更像是在電視台的闖關節目。老師就是主持人，學生就是參賽選手，主持人的任務是請選手看題，選手的任務是看題並做題，給每組加分的方式就像每組在闖關。」

以問答加分喚醒課堂明快節奏

那是冬天下午的第一堂課，外頭冷颼颼的，教室裡門窗緊閉，好幾個學生的手還放在口袋裡捨不得拿出來，這一天我們上的是司馬光的〈訓儉示康〉。

「吾本寒家，世以清白相承。吾性不喜華靡，自為乳兒，長者加以金銀華美之服，輒羞赧棄去之。二十忝科名，聞喜宴獨不戴花。同年曰：『君賜不可違也。』乃簪一花。

平生衣取蔽寒，食取充腹；亦不敢服垢弊以矯俗干名，但順吾性而已。」❶

向學生介紹來賓之後，我拋出第一個問題。「第一題，請看課文第一段，『忝科名』的意思是什麼？」

有些學生午睡剛醒來，額頭上還留著趴睡紅通通的印子；有的學生中午到社團排練，才正準備拿便當出來吃，教室裡有著老房子陰沉的基調，既緩慢又無趣，慢到沒有人願意打斷這份散漫，唯獨我。

我從講台往下走，才走到第二排，我又說了：「最快答對的一組才加分。」

這時，原本在翻課本的學生指尖變得靈巧了，有些學生放下便當，有些學生趕忙把課本拿出來，快馬加鞭，第三組寫上了「僥倖中進士」。

我為第三組加了兩分。

第二題：「聞喜宴獨不戴花。」其中的「聞喜宴」是什麼意思？

用基本的題目，也就是課本上就看得到答案的題目，先找到課堂的節奏，節奏明快，不拖拍，學生自然就會跟上來。三、五次上課之後，學生發現老師就是這麼上課的，就會提早

❶ 譯釋如下：我們本是寒微的人家，世代以清白的家風相傳。我生性不喜歡奢華，從小，長輩給我戴上金銀華美的服飾，我就會害羞臉紅馬上脫掉。二十歲僥倖考中進士，聞喜宴上只有我沒簪花，同榜的人說：「花是皇上的恩賜，不可不戴。」不得已才插上一朵。平日衣服只求禦寒，食物只求飽肚，但是也不敢穿得汙穢破爛、故意違背習俗來求取節儉的名聲，只是順著個性罷了。

把課本拿出來，提早把便當收起來，而不是讓便當鳩佔鵲巢。

先行者先加分，吸引學生主動出擊

講到「同年」是同榜登科，我想補充孟郊〈登科後〉這首詩讓學生們想像登科的雀躍，哪裡知道，我才講了「孟」，酷愛閱讀的冠霖馬上「啊」的叫了出來，「仙女，我知道。」

我說：「冠霖，我連題目都還沒說完，你就知道我要問什麼？」

冠霖回答：「仙女，你要講孟郊的〈登科後〉。」

我接著問：「你會背嗎？上台來背給全班聽。」

冠霖迅速走上台，背出「昔日齷齪不足誇，今朝放蕩思無涯。春風得意馬蹄疾，一日看盡長安花。」

他一背完，班上跟他交好的那一群男生發出嘶吼，讚嘆的嘶吼。冠霖一下台，就像演唱會一般一一的跟台下擊掌，確實值得讚許。

我在黑板上冠霖所屬的第六組劃上「正正」。

我才正要解釋〈登科後〉的意思，銘芳馬上舉手，「仙女讓我說。」

我笑著問銘芳，「剛才，我說了一個『孟』，冠霖就知道我要問什麼？現在我一個字都還沒說，你怎麼知道我要問什麼？」

銘芳說：「仙女，你一定是想要解釋〈登科後〉這首詩的意思。

「孟郊很慘，又沒有錢，也沒人賞識他，考試怎麼考也考不上，一直到四十六歲才考上，他超爽的。這首詩就是孟郊寫他中了進士很開心的心情。」

銘芳快講完，我就看到第二、五、六組都在寫白板，銘芳一講完，我準備做個小結論。第二和第六組幾乎同時把白板舉了起來，尤其加菲舉起板都會拉長音的大喊「啊！」第五組緊追在後的趕忙舉起白板。

這三組白板上同時寫著：「十年寒窗無人問，一舉成名天下知」。

我在黑板上幫第二、五、六組劃上「正正」。

台下另外三組怨歎的說：「我正好想寫。」

我說：「沒關係啦！下次就先不要考慮對錯，寫了，你也可以加分啦！更何況，我什麼題目都沒說，是同學們自己猜題、自己幫自己加分的。」

就這樣，學生在我開了頭之後，自己接二連三完成題組式的學習，我能回報他們的，只有黑板上鼓勵的分數。

下課後，我去看銘芳的課本，上面盡是參考書或網路上查來的資料，難怪她能在我的問題中不斷的自問自答，也提供別組答題的機會，每每讓其他學生嘖嘖稱奇。

後起之秀翻轉為王

勇敢的學生本來就敢回答，對於好的答案充滿自信，胡亂回答也不怕被同學笑，反而覺得引起共鳴、效果十足。

透過分數，對向來不敢舉手回答的學生傳遞愛與勇氣，愈害羞愈有包袱的，給分愈高，他們就會舉手了。就算一時退縮，每一回的鼓勵都會在他們心裡幫助他們把手舉高一小截。現在念大三的小志就曾經跟我說，「仙女，你這種加分方式真的很棒。我以前從來沒舉過手，就是因為你說沒回答過問題的人加分比較高。我們這組鼓勵我『小志，你舉手啦！你舉手分數比較高，我們這組就冠軍了。』」小志抱著救世精神，欣然舉起手，翻轉了他自己的學習。依照程度，加不同的分數鼓勵，人人與自我競爭，塑造安心回答的教室氛圍。

福喜老師的最後回饋是這麼寫的：「您給每位學生測試，照顧了大家，尤其是那些在剛才發言中較弱的同學。

「老師的手段高明，敦促課前學生積極準備；上課時視頻導入，吸引學生的學習積極性；課中每個團隊積極發言，以最快的速度答案寫在答題板上並亮出答案。這種方式加深了學生對知識的記憶，會的同學先說，不會的至少聽到了，然後是寫，再是老師的講解，在最短的時間內，讓知識不斷地在大腦裡重複。

「課後，每個團隊會在合作中和在隊員相互監督中學習，因為榮辱與共。

「作為老師，需要有多少投入才能做到您這樣的師生互動，才能達到這樣的效果，我一直在思考這個問題。」

福喜老師看到了我運用分數鼓勵學生，運用分數凝聚團隊，更運用分數發酵學習，多了人情味。對我而言，分數是策略；對學生來說，分數是動能，在這場學習馬拉松，我們一起奮力向前。

重點小提示

系統化加分的操作要點

加分激發學生學習動機有以下五個要點，做到這五點，才能發揮分數之於團隊學習的最大效益，而不是對分數錙銖必較，過於功利，失了美意。

①計分表寫在看得到的地方，師生有感。

②題目容易，加分一致，學生亦步亦趨。

③題目愈難，加分愈多，學生絞盡腦汁。

④飢餓行銷，限縮答題者，學生搶爭先。

⑤成就團隊，分數促使成員鼓勵弱勢者。

12

單元①教學技巧

范仲淹、五月天、朴寶劍同聚一堂上課囉

一〇四學年度高三下學期，三〇八做了一件「驚天動地」的事減輕升學帶來的壓力。小老師姿君和妤宣來辦公室幫我拿課本，興奮的提醒我，「仙女，你到教室要先看黑板喔。」

在課堂中加入有趣的元素

我一進教室，全班像發狂似地說：「仙女快看黑板。」黑板上的組名從數字一二三四五六，變成了對學生而言更有意義的組名。有時候是跑車名字，有時候是ＮＢＡ球星，有時候是臭豆腐、珍奶和雞排。黑板脫胎換骨有了生命，國文課堂變得更歡樂，學生自己加速學習，只是因為組名的變動。

接連幾次上課，充滿了新鮮感，我學著認識不同領域的新知，也激起我挑戰的動力。「想

這些組名還滿花時間的，如果你們可以持續兩個星期，那我就改以這些組名稱呼你們。」學生渴望聽到自己的組名，我不再喊「第一組加十分」，而是改喊學生寫的組名。組名是范仲淹的第五組，他們說自己是「不以物喜，不以己悲」的古仁人；組名是五月天的第六組，一得分就唱起五月天的〈OAOA〉，像開演唱會似地充滿了感染力。每天上課多了新的元素，學生樂此不疲，一直到畢業。

從沒有章法到自成一家

一〇五學年度上學期，不按牌理出牌的一〇七。座位排不齊，黑板擦不淨，要說哪個人特別吵也說不上來，但全班合在一起就是有種人來瘋的默契，像升空的煙火瞬間炒熱氣氛，絢麗之後的驚嘆到下課都停不下來。他們在組別上寫上韓星的名字，我一個也不認識，這還不打緊，明明是韓星，卻穿插一兩個不知道是什麼的物品還是事件，連簡單的分類也沒有，沒有章法可循。總而言之，整面黑板上除了分組表格外，縱然都是國字，我也無法望文生義。

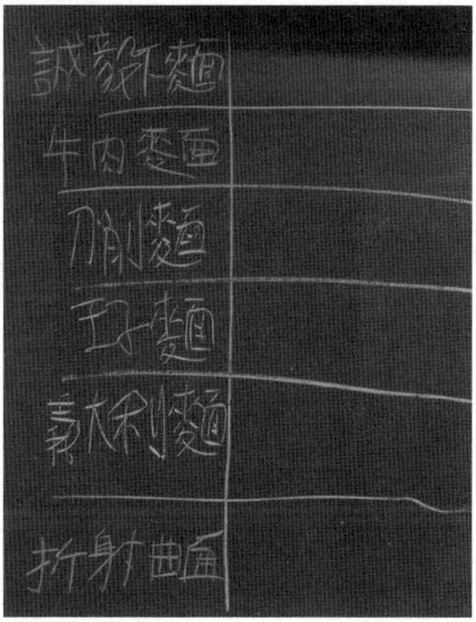

學生的組名五花八門，創意無限，這一次都是「ㄇㄧㄢˋ」。

上課對我本來是件易如反掌的事，但記這些組名讓我顯露疲態，我嘗試背這些我不知道的組名，還向學生發願如果唸錯哪一組的組名，該組加倍加分，學生專注的聽我上課，聽我唸組名。從第一組變成朴寶劍，第二組變成泫雅，星光熠熠的大明星天天到訪，學生看我一臉狐疑，解釋這些組名讓我知道，他們竭盡所能的讓我聽懂，讓我知道我的可塑性，他們不會笑「妳怎麼不懂」、「跟妳講也沒用」，我看到了身為老師因材施教和善於舉例才能把學生教會。

從一路狂奔到陪伴等候

高一下學期四月中，一〇六問我：「我們可以自己寫組名嗎？」「當然可以。不傷風敗俗，寫什麼都可以。」一〇七從開學就這麼做了。」

第一週，學生竭盡所能地把喜歡的物品都寫在黑板上，我一個都不認識，而且落落長到我很難在極短的時間唸出來，更別說要在這麼短的時間內記得住，學生用我慣用的金句笑笑的說：「慢慢來，我等你。」我感覺拿石頭砸到自己的腳，學生設定的目標太高。

每次加分讓我格外痛苦，快步調的課堂節奏常常因為這一拖拉庫的外星文讓我怯步，我碎唸了一句：「這麼長，這麼難。我也沒這樣對你們啊！」我們師生像回到了剛開學時的磨合，重新摸索國文課的步調。

有一天，我走進教室看到黑板上的日文便在心裡翻了個華麗的白眼。我問：「這是什麼？」學生們教著我把一組組的組名唸正確，一個不小心班上課堂的學習氛圍就出現了。加分時，我又忘記怎麼唸？學生說：「下面有拼音。」我把心裡的白眼收了回來，原來啊！學生是有教學步驟的，沒在一開始告訴我有拼音，而是在我遇到瓶頸才跟我說。學生也學會了換位思考，了解我的苦處，我內心不爭氣地流下幾滴眼淚，握著拳要更認真記得這些艱澀的組名。

有拼音之後又出現了新問題，心榆和季維一個用漢語拼音，一個用注音拼，我每唸一次，兩個人就用各自的方式糾正我，捍衛核心價值的執著，不容妥協的精神讓我由衷敬佩。

好不容易兩種拼音都搞清楚之後，我第一次唸不出來，學生唸了一次，我跟著唸；第二次唸不出來，學生唸了一次，我跟著唸；第三次唸不出來，一秒兩秒三秒過後，學生又打算再唸一次，我說：「你們不是說慢慢來，要等我嗎？」全班的笑變得溫柔

學生幫我寫上組名拼音。

了，等待是最溫柔的對待。「我記起來了，只是需要一點時間想一下」。學生會放慢腳步，等我在猶疑間說出肯定的組名，我想他們才真的學會了「慢慢來，我等你。」

在我唸完得分的組名後，學生挑了眉誇讚我，噘著嘴表示有進步，回報我用更認真的速度寫白板，課堂上我們並肩齊行。在教學的路上，我的專業勝於學生；在教學態度上，學生無疑是我最好的老師。

順勢引導，師生均有益

遇到學生感興趣的議題時，可以順勢放入課堂中，引導學生成為老師，這有兩大好處：

一、**不需要引起學習動機**。

二、**擺脫無動力學習的常態**。

這樣的做法需要注意些什麼呢？

一、給予支持，部分配合：首先了解學生這麼做的原因，或許這些事情與授課內容沒有直接關係，但是老師的支持代表對學生的認同，利於師生關係的經營。但認同並非討好，有幾次學生在我進教室後，還站在講台上思索要寫哪些組名，佔用了上課時間，我嚴正的表示，「如果要自己想組名，請在上課前寫好，不要佔用上課時間，不然，就回復原狀寫一二三四五六數字組。」學生沒有因此放棄，反而改用下課時間思考國文課的組名呢！

二、順勢引導，機會教育：學生的喜好不一，想法各異，往往會忽略部分學生或老師的感受，獨樂樂不如眾樂樂，不要只有少數人「自high」。此時，可以提醒學生增加老師與同儕參與的動力，坐在球場邊觀賽至少要懂遊戲規則，簡單易學，說明清楚，拉高學習的視野，從關注自身的個人主義到重視群體互助學習，師生互惠。

三、教會他人，成為教學者：教別人是「學習金字塔」中最高層次的學習，讓學生以教學者的身分進行教學，可以讓學生思考怎麼樣能讓對方聽得懂，訓練學生中翻中的能力，不僅熟悉內容，同時也要透過語言表達進行溝通，由淺入深層層導引，也提昇了學生潛在智能的發展，人人皆可為師。

上課一開始就能這麼開心，可以預見這堂課會是讓人滿意的。何以見得？學生自己願意改變，這不就是學習動機嗎？平常教學設計第一步須先引發學習動機，現在學生自己燃起這把燎原的火，怎不令人振奮啊！

13

單元①教學技巧

創造讓學生勇於提問的友善氛圍

每回演講前，我會跟主辦單位溝通，「如果有人想問問題，歡迎私下提問。」有些主持人接過我手中的麥克風，習慣性地問：「有沒有人要問仙女老師問題呢？」冷氣運轉的轟隆轟隆聲陪伴著台上的主持人，好不尷尬。

不安全感作祟

在台灣，「提問」不是件被期待的事，尤其是終場結束前幾分鐘，觀眾趕著離開，提問會讓其他觀眾倒吸一口氣；更有一種，場內有著位高權重、資歷豐富的有力人士時，提問更加瞻前顧後，左顧右盼；最讓人氣餒的是，好不容易鼓起勇氣提問，其他人不以為然的反應，讓提問者莫名沮喪，也讓其他人裹足不前，終場徒留悵惘。

教室形同成人世界的翻版。我們回想看看，段考前趕進度時，提問的學生可能會遭到老師制止，還可能引起其他同學的噓聲；或者老師已經占用了下課時間，同學們趕著去熱食部買午餐，提問會讓其他同學怒氣衝天；更有一種，當班級裡成績優異的學生自以為權威時，提問更得小心翼翼，不然提問的人就會落個「傻B，不認真聽講」的負評；最讓人沮喪的是，好不容易鼓起勇氣提問，其他同儕不以為然的反應，雙重打擊，讓提問者心灰意冷，其他人隔岸觀火，直到期末，罕見提問者。

問一個自己關心的問題，不就是學習中最大的收穫嗎？只要是經過深思或考量自身需求的都是好問題。但在學校裡，「有沒有問題？」卻也是最容易讓學生安靜的方法。

不敢問問題，是因為擔心環境不友善，建議可以先從打造教師提問後的互動氛圍開始做起。

你可以說你想說的

剛開學，高一班級師生間還不太熟悉，國文第一課上的是韓愈〈師說〉，像這樣的文言文，學生毫無興趣，為了能更貼近學生生活情境，我會問些不需要太耗腦力的問題，讓學生舉手回答。

我問的是，「你最喜歡哪一種老師？」

芳如答：「會講笑話的。」

欣怡說：「筆記抄很多的。」

育欣指出：「不會跟我爸媽聯絡的。」

民和表示：「顏值要高的。」

志凱說：「會講笑話的。」

全班異口同聲的說：「說過了啦！」

更有幾個學生起鬨說：「都沒在聽。」、「有人說過了啦！」

原本一氣呵成的熱鬧氣氛被迫中斷，志凱臉上有些許尷尬，教室裡彷彿又只聽得到冷氣轟隆的運轉。老師這時候若強勢出擊，「酸」志凱用心不專，「虧」志凱沒有深度，殺雞儆猴，樹立教師權威，接下來，不敢舉手的學生益發卻步，從此噤聲，班上鴉雀無聲。志凱的下場左右那些游移的手，該放在桌面下，還是高高舉起。

用讚美鞏固氛圍

「你最喜歡哪一種老師？」這個題目很難嗎？需要思考很久嗎？學生卻靜默地在座位上不發一語，為什麼呢？因為發言會彰顯自己與眾不同，成為全場焦點，接受大家的注目禮，被貼上愛現的標籤，學生們縱使想發表，內心的小劇場無數次陷入天人交戰：

一、不知道我的答案正確與否？

二、不知道我的答案會不會很蠢？

三、不知道大家喜不喜歡我的答案？

四、不知道我的答案跟大家一不一樣？

五、我剛才沒聽清楚題目，不知道可不可以請老師再說一次題目？

讓小劇場停演的方式就是老師公開表態。我看著志凱輕鬆地說，「講笑話這個答案已經出現第二次，可見笑話真的是課堂中的催化劑。」接著望向其他學生，「你們都說『很重要，要說三次』，講笑話才被說兩次，為什麼不可以？」志凱聽完這句話，抬了抬下巴，一臉的神氣樣，重新找回自信，我的表態也為接續想回答的學生添加了勇氣。

民和說：「顏值要高的。」我回應他的是「這個答案我都沒想過耶！」民和感覺自己講出個漂亮的答案。

當下，我看到有的學生不以為然，我揣測他們大概覺得不該以貌取人吧！但是我怎麼能在這個節骨眼上，在好不容易炒熱的氛圍裡潑學生冷水呢！更何況，這是民和的想法，答案千奇百怪都是常態，先讓場子熱了，百花齊放的花園才是最美的。

萬用讚美金句

分享我在課堂上常用的五個萬用讚美金句，能讓害羞的學生微笑自信，開朗的學生更加肯定自我。

「你怎麼那麼棒！」劃破沉默的第一個答案，我都是興奮的這麼回應。

「你好厲害喔！」語氣上揚，出於真心的讚美能讓學生感受到老師的熱血。

「這個問題真好！」我欣喜地說著。這句話保證能讓其他人更加努力想出更棒的問題。

「我都沒有想過這個問題耶！」驚喜的表情會讓提問者感受到自己觀察入微贏得肯定。「這個答案跟課本上的不一樣，你很有想法。」當學生思考有別於與課本範例，需要鼓起多大的勇氣說出口，更加需要給他一劑強心劑，語氣堅定的嘉許他。

倘若是封閉式的問題，不讓學生因為困難而放棄，我會用「快接近了」、「差一點點」、「試試看說出來」這樣充滿建設性的語言，讓學生更有衝勁，前仆後繼地找出答案。

肯定一個學生，就能讓第二個、第三個學生……不害怕說出心裡所想，不擔心不被認同，星星之火可以燎原，氛圍暖和和。

順勢提出進階需求

幾個學生發表意見之後，我給了更多提示，「請想想你國小、國中或者補習班，哪些老師讓你印象深刻？哪些老師對你的學習有幫助？哪些老師對你產生影響？哪些老師你會在畢業後回去看他？」

學生們戲謔的要民和回答，民和突然一本正經地說：「我國中的時候，功課不好，我們導師教國文，我最不喜歡背解釋，他很有耐心地教我，我還記得我第一次考及格，老師比我還要高興。我覺得一個對學生很好的老師，有教無類的老師，就是很美的老師，至少對我很好的老師，我覺得他們都很美，顏值很高。」這麼解釋顏值，這麼有寓意的說明，幾個男生大聲叫好，剛才那幾個不以為然的女生，晶亮的雙眼透露著佩服。

老師不評價學生的答案，沒有標準答案，把學生視為獨立的個體，認真看待他們的邏輯思維，獨立思考的能力才有可能日積月累的養成。

老師們下一次提問時，不妨微笑看著學生，說一句「你怎麼那麼棒」，肯定他們的答案，您會發現課堂上變得熱鬧許多，學生們的發言是悅耳動人的樂章。

重點小提示

如何打造友善的互動氛圍？

提問後才是互動的開始，掌握下列三個原則，便能提供友善的互動氛圍。

① **尊重發言者**：每個學生會依自己的需求、個性、經驗和家庭背景表達意見，那是未經社會洗禮的他們看事情很重要的憑據，「每個答案對你都有特別的意義」，讓班級成員安靜傾聽是基本的尊重，也是氛圍打造的核心價值。

② **慣用讚美金句**：學生發表之後，老師率先讚美，說明讚美的原因，不只鼓勵了當事人，更挑動了其他人的意願，在每一次「你怎麼這麼棒」之後，順勢引導出學生更深層的想法，也是團體中相互了解與和諧關係的基礎。

③ **表情與語調的支持**：這是最被老師們所忽略的。同樣的話語透過語氣、表情與手勢等非語言訊息，有助於傳遞真實的態度和情緒，相較於平淡的語調讓學生更有感覺，更能發揮影響力，即使是微笑，對學生都是很大的鼓舞。

14

單元①教學技巧

學生活用知識解決問題，比成績更能彰顯教學成果

演講之後，往往會有許多老師和家長趨前問我問題，最常見的問題是：「仙女老師，我好喜歡你的教學方式，非常的活潑，多元的學習一點都不無聊，可以激發學生潛力跟想像力，請問你的學生成績是不是都很好呢？」我不禁想回問，考試成績是學習的唯一理由嗎？單一的分數能代表學生整體學習表現嗎？能代表這個學生的個人價值嗎？當然不能。

憤懣不平時，當學生們互相提醒紅帽子不要戴太久，他們在用「六頂思考帽」試圖脫離情緒的捆綁；比賽失利時，當學生們說著「人生沒有公平的」，他們在貶謫文學的思維中走出困境；準備報告時，當學生們思考「為什麼」、「怎麼做」和「做什麼」，他們正透過黃金圈釐清核心價值；微課程的尾聲，學生們在最後一題加碼送分，複習授課內容，將「峰終定律」發揮得淋漓盡致。看得到的學習改變比考試分數更有價值。

能不能活用知識與理論？能不能將教過的方法運用於生活中？能不能與人互動多些溫

度？經過教學活動的引導，課堂當下的確容易實現預期設定的教學目標，但我更期盼跳脫課堂之後，這些學習歷程成為他們生命中的養分，幫助他們成為更好的人。以下列舉本書中我提到的教學法，跟大家分享我親眼見證學生將知識與技能落實於校園中，他們所展現的態度與素養，帶給我相當大的成就感。

白板成為人際互動的延伸

白板是每天國文課必備的教具，聚焦討論，化解課堂尷尬，課堂之所以眾聲喧嘩，白板發揮了極大的功能。

有一次學生惹惱了英文老師，他們學會發揮小白板的效益，每一組在白板上寫下道歉的話，「謝謝老師對我們班很好，我們上課太吵，對不起讓您不開心。」、「我們知道老師每一次做講義都希望我們能夠好好學英文，老師不要生氣了，生氣會遮住你的美。」英文老師看到學生的留言，又好氣又好笑，解鈴還須繫鈴人，學生面對問題與解決問題的態度得到了英文老師正面的肯定。

每次班級講座，各組都會攜帶白板，方便與講者互動，有一回講者想起青春期往事，一時哽咽，轉身背對

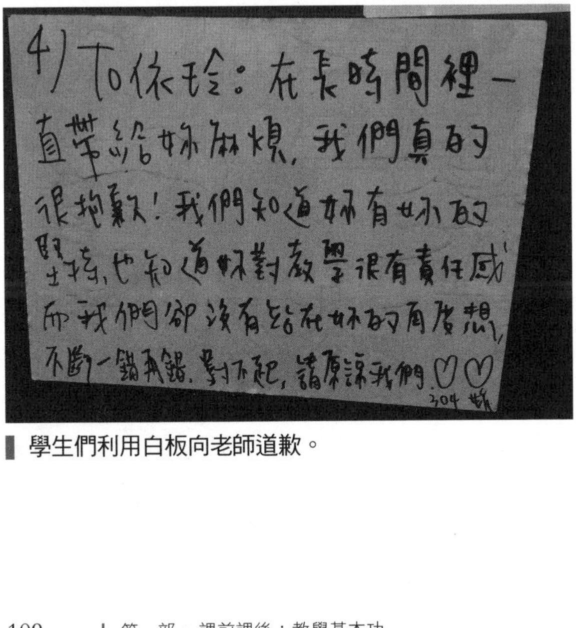

學生們利用白板向老師道歉。

著學生，學生們默默拿起白板筆，貼心的寫著「不哭，不哭，眼淚是珍珠。」、「慢慢來，我等你」，接著原地站起，高舉白板，等待講者平復情緒，講者回過身，看到白板上的字，點了點頭，繼續說著未完的青春啟示錄，學生的貼心懂事讓白板展現了空前絕後的溫度，物我合一的白板。

交流時刻，善用工具，寫下所想，表達心聲，凝聚共識，滿分驗收。

書寫為生活體驗增溫

A4的國文學習單是學生個人表情達意與學習成就的極致展現。寫想寫的，寫擅長寫的，寫親身經歷，寫生活中的觀察，符合主題怎麼寫都行，寫滿就好；鉛筆、水彩、色鉛筆，畫圖豐富整張A4紙也都是好作品；文字與圖畫兼而有之也行，只可惜學生唉聲嘆氣連連，認為書寫門檻過高。

學生甲：「題目太難，我寫不出來。」這是劃地自限。

學生乙：「我很認真寫，但是寫不好。」這是自欺欺人。

學生丙：「我社團很忙，沒有時間寫。」這是本末倒置。

學生丁：字寫太少，空白太多。二十分是常有的事。

學生戊：參考他人作品，奪胎換骨，一眼看穿。難給高分。

學生己：空泛地描繪表象，無法切中問題核心。及格邊緣。

然而，也有學生為了取得高分，調整心態，改變作法，「圖勝表，表勝文，文宜條理分明」，呈現出不同的格局。

學生庚：圖表並陳，綱舉目張，一目了然。一百分。

學生辛：展現個人亮點，成就學習單的獨特性。一百分。

學生壬：先做功課，引經據典，找名人代言增加可信度。一百分。

學生癸：與眾不同，不人云亦云，看人所不能看。一百分。

不求完美，只要看得到「誠意」的作品，就值得滿分。實質分數的增強讓學生產生榮譽感與自信心，原本求取高分的外在動機會逐漸轉化成為學生自我要求的內在動機，自覺寫作就該寫好、寫滿。

學生們寫回饋卡時，著實展現學習單的本色，不論紙張大小，在形式上「寫

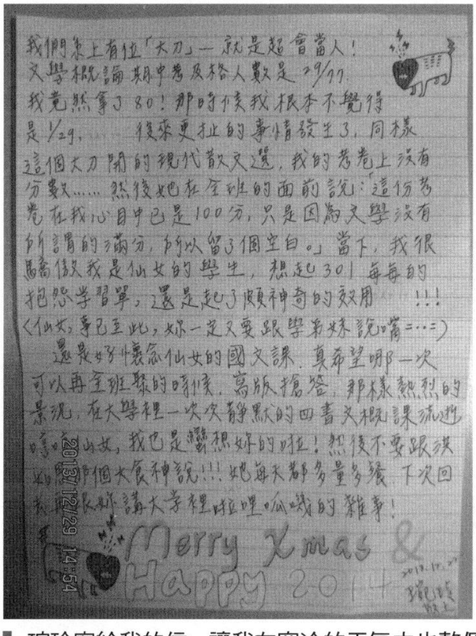

我們系上有位「大力」— 就是超會當人！
文學概論期中考及格人數是29/77
我竟然拿了80！那時候我根本不覺得
是1/29，…… 後來更扯的事情發生了，同樣
這個大力開的現代散文選，我的考卷上沒有
分數……然後她在全班的面前說：「這份考
卷在我心目中已是100分，只是因為文學沒有
所謂的滿分，所以留了個空白。」當下，我很
驕傲我是仙女的學生，想起301每每的
抱怨學習單，還是起了頗神奇的效用 !!!
（仙女，事已至此，妳一定又要跟學弟妹說嘴=..=）
還是好懷念仙女的國文課，真希望哪一次
可以再全班聚的時候，寫版搶答，那樣熱烈的
景況，在大學裡一次次靜默的四書文概課流逝
嗚嗚仙女，我也是蠻想妳的啦！然後不要跟洪
如螢那個大食神說!!! 她每天都多量多餐 下次回
去再跟妳講大學裡啦哩呱嘰的雜事！
Merry Xmas &
Happy 2014
琬玲 敬上

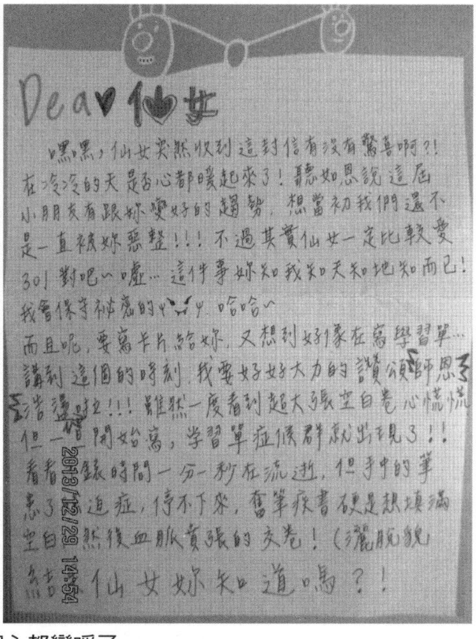

Dear♥仙女
嘿嘿，仙女突然收到這封信有沒有驚喜啊?!
在冷冷的天是否心都暖起來了！聽如恩說這屆
小朋友有跟妳變好的趨勢，想當初我們還不
是一直被妳惡整!!! 不過其實仙女一定比較愛
301對吧～噓…這件事妳知我知天知地知而已！
我會保守祕密的ㄍㄓ 哈哈～
而且呢，要寫卡片給妳，又想到好像在寫學習單…
講到這個的時刻，我要好好大力的讚頌師恩
浩蕩啦!!! 雖然一度看到超大張空白卷心慌慌
但一開始寫，學習單症候群就出現了!!
看看錶時間一分一秒在流逝，但手中的筆
患了過症，停不下來，奮筆疾書硬是想填滿
空白然後血脈賁張的交卷！（擺脫貌
結 仙女妳知道嗎?!

琬玲寫給我的信，讓我在寒冷的天氣中也整個心都變暖了。

滿」，真心實意，滿版讓接收者感覺受到重視，打從心裡發出「哇」的讚嘆聲；在內容上「寫好」，寫出眼睛看到的，耳朵聽到的，寫出獨特處，寫出當下的衝擊，寫出發生的改變，不論是學生還是外面請來的知名講者，他們拿到回饋卡都受寵若驚，愛不釋手。就連畢業學生回到學校也常告訴我：「仙女，我現在看到什麼紙都會寫滿，不只我自己很有感，也感動別人。」寫滿、寫好成為學生待人處事的一大利器。

書寫準則，自我省思，記錄生命，分享交流，寫滿寫好，滿分驗收。

團隊合作化危機為轉機

如果沒有答題的誘因，學生們是否能發揮合作的精神呢？睿宸在學期末的學習單上大篇幅的寫了「阿明唱歌事件」。

有一回快下課前的一兩分鐘，輸得最慘的一組正要上台唱歌，阿明從座位走到教室中間停了下來，阿明常有驚人之舉，組員們見怪不怪依序上台唱歌，歌唱完之後，阿明仍動也不動的站在原地，到底要不要讓他上台唱歌呢？他為什麼這次連上台都不上台了呢？他一句話也沒說，學生們早已打包好準備下課，該怎麼辦呢？

奕菩隨即站到阿明左側，承祐立刻站在右側，班長宇智挑了一首全班都會唱的歌陪阿明一起唱，宇智舞動著雙手指揮全班齊唱〈愛與希望〉，化解危機與尷尬。這次事件之後，又發生了多次類似的狀況，阿明的家長才帶他去鑑定，證實為需要特教組介入輔導的特殊生。

睿宸在學期末學習單寫下他印象最深刻的一堂課，「大家還在因為上一位唱歌的人而發笑著，但那下一位同學可是一點也笑不出來，就在他焦頭爛額煩惱時，仙女提出了建議，希望全班一起唱。身為學校阿卡貝拉社的一員，我們率先唱出一首全班都會的歌，也最適合現在這個時機的〈愛與希望〉，這首歌不僅讓全班第一次在非音樂課的時候合唱，也讓這位同學清楚感受到，他是我們一年六班的一份子，把勇氣和包容確確實實的傳達給他。」

團隊合作，不只在分組討論時博採眾長，更要將這樣的精神發揮在任何需要凝聚向心力的時刻，簡單來說，就是班上的事人人有責，沒有任何人能置身事外。

從五個面向觀察學生是否活用學習成果

老師們如何在課後像湧泉似的不斷接收到教學成果的驚喜，感受教學影響力呢？以下提供五個角度觀察學生的轉變。

一、相仿狀態，觸類旁通，刻意練習。從國文學習單寫好寫滿，到回饋卡回贈寫好寫滿，習以為常後，自動自發，畢業後持續寫好寫滿。

二、相似情境，舉一反三，靈活運用。為了讓學生願意發聲而有了白板，學生能在班級鴉雀無聲時，回想起白板的妙用，鼓勵了自己與在場的所有人。

三、將理論套用於現象中，重視實證。能夠在事件發生的當下，想起所學的通則理論用來解釋周遭發生的現象、製作報告、設計課程或啟發新的想法。

四、看到改變，優先讚美，增加佐證。老師揚善於公堂，盛讚學生的轉變，同儕們會附議平日對同學的觀察，獲得更多佐證的憑證。

五、見賢思齊引發蝴蝶效應。沒有酸言酸語，不品頭論足，班級內任何人的小動作都能引起一連串巨大反應的蝴蝶效應，個人進步帶動團隊進步，取人之長，補己之短。

如何長期驗收學習成果？我的建議是「**以終為始**」。「終」是結果，是目標；而「始」就是現在正在做的事。老師的教學若能清楚地以結果為目標，我們教給學生的知識與技能都會關鍵時刻成為學生面對挑戰與適應生活的利器，不需要老師的提醒，不是為了分數的高低，而是受過教育啟迪的高度與態度。

15

單元①教學技巧

學生回饋讓老師教學產生複利效應

在學校裡，誰最了解我的教學狀況？當然是我兩個任課班級的學生。一週五節國文課，我上課會不會遲到？是不是都分組上課？用什麼方式引導學生討論？課堂上的吵鬧是學生的喧嘩？不讓學生上課喝水的主因是什麼？抄翻譯在課文旁邊有哪些實質的助益？這些都可長時間被學生檢視與評價。

愛因斯坦說：「複利的威力遠大於原子彈。」複利效應是指在基礎上持續投入的結果將大於間歇式投入的結果。也就是說如果每一年進步0.1，十年後，會得到1.1的10次方大約2.59，比原來的1多上一倍多。只要持續耕耘，時間能證明努力的價值。

如果能引導學生寫出對我教學的建議，就能夠找到每一年的0.1，就能更有效而具體地幫助學生，我也能持續進步與成長。這一篇就來談談這些讓我進步的動力如何在師生互動間產生。

開學三週後的體驗心得

開學的第三週，我會出一張「我認為仙女國文課可以學到的二十件事」的學習單，學生會寫出他在課堂上的觀察與學習的反思。承禧寫著：「承擔，競賽輸了就是要唱歌。」琦瑋寫的是：「做任何事都要積極參與，自己有所獲得，別人也才會看到你的認真與努力。」晉瑄則寫下：「禮貌，下課時要說謝謝仙女。」

這張表單有助於了解學生對課堂的適應狀況，以及師生對於學習的認知。不適應的學生發現問題癥結，老師慢慢教，讓他多練習，他就能找到自己的學習步調；適應良好的學生可以再多點鼓勵，讓他看到自己的優勢，持續學習。總歸一句，從學生的學習單中都看得出來，他們能體認到課堂沒有痛苦，沒有付出是不會有成長的。

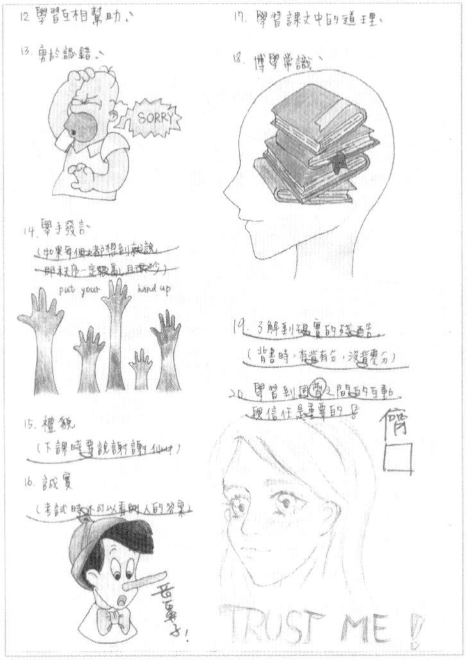

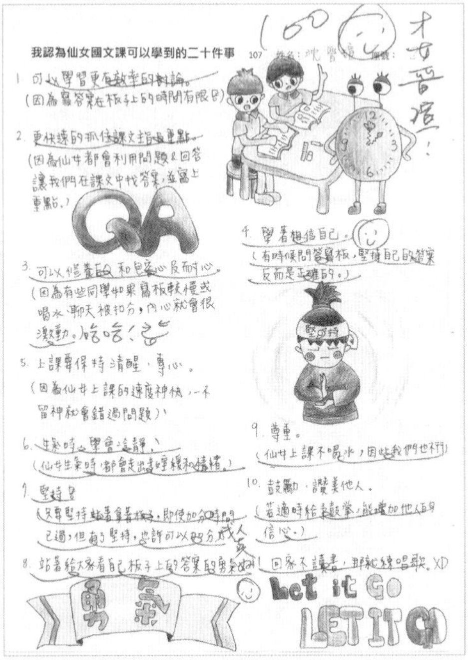

圖文並茂的學習單，寫滿學生對國文課的期許。

因應課文需求而產生的延伸學習

學生經常吵著國文課想去打球，我從來沒答應過。在上〈與陳伯之書〉時，學生看到丘遲成功的勸降陳伯之，又舊事重提。那一堂課，我讓學生在海報上列出說服我的理由，郁晴上台侃侃而談，逐條分述，她那從容不迫的態勢幾乎不曾在國文課出現過；修玟說，「仙女認為學習不一定要在課堂上，能夠全班一起打球的重點是學到什麼？」這句話真是說到我的心坎裡。

十一點下課，我要求每一組的海報要用磁鐵貼在黑板上，恩玄一馬當先，去隔壁班借妥各組需要的磁鐵。下課十分鐘，我不知道發生了什麼事。十一點十分到十一點三十分，我們討論完所有海報之後，全班火速到活動中心盡興的打了一場躲避球。

我在這一週的學習單寫著我的心情，「我從小就不愛運動，躲避球更是我避之唯恐不及的項目。籃球投不進，就算了；羽毛球揮不到，就算了；躲避球一定要被砸到，才能算了。昨天，鄒維好心說要把球傳給我，下一秒，我就出局了，一時間忘了老師的身份，還躺在地上掙扎。但我心裡莫名的開心，開心的是三〇一每一位成員緊盯著場中的專注，集體行動，這是一堂美妙的國文課。

「我從小就是個膽小怕事的人，教書之後卻是個義無反顧的老師。所有我小時候不可能實現的願望，我都會盡可能地幫助我的學生圓夢。但我發現，許多學生都只是講講而已，要不是只顧少數人眼前利益，漠視多數人的感受；要不就只想要老師妥協讓步，自己卻懶得構思企劃，雨大雷聲小者多矣。國文課打躲避球實在是從現在到四十歲都可以拿來說嘴的榮耀。

「為什麼能在下課十分鐘擺平異議，凝聚共識，締造史上三〇一由學生主導的班級團結。請就當天狀況分析出關鍵的三個成因。」

廷恩寫得很精準，我很欣賞他的分析。

「一、大家很不想上課：學測近了，好多課一上課，就發下一張考卷，看到就很煩。第三節國文課已經歷經了槍林彈雨般的戰爭，緊繃了一整節課，就想要活動筋骨，解開讀書或心裡累積的壓力。

「二、危機處理：第三節下課大概十秒鐘，我發現好像沒有人想要主持或者提議，我忍不住站起來，問大家下一節國文課要不要去打球？大家意見一致，都站在我這邊，阿明說他不想打球，也不想被球打。我瞬間當機，湞騰馬上說讓他當裁判，問題就解決了。

「三、心存感謝：班長羿廷去看活動中心四樓有沒有班級上課，我們能不能借場地。可依和麗文先去借球，最後大家圍成一圈，一個人一個人各自分享感言，這時間好感動，大家不是抱著輸和贏在運動，而是我們是一個班級。」

那天下課，我刻意回到辦公室，失去親眼目睹下課十分鐘學生們凝聚共識的過程。驚喜的是，好多學生都在學習單中寫著他們如何見證奇蹟，加上自己的視角，補足了我的好奇。我引導學生思考這次在國文課打躲避球的三個成因，掌握這三個關鍵，讓學生此後面對類似的情境，破關不卡關，回想起高三那年國文課到活動中心打了第一場光明正大的好球。

期末一定要有一次總回顧

為了更了解學生的學習和我是否還有改進空間，我會在每學期末跟學生一起總回顧。

我寫的是：「國文課是我們師生相處最多的時間，二〇四擺脫了只會抄筆記，依賴標準答案的學習模式，在層層提問引導中理解文本，甚至看出人所不能見，找到文本中蛛絲馬跡，開展出不同層次的問題，這是非常難能可貴的改變。

「總希望能在每一次的課堂中培養二〇四的孩子，多一點人文素養，讓國文課不只學知識，也學能力——愛人的能力、互助的能力、溝通的能力、思考的能力、反省的能力、表達的能力和對於挫折的忍受力，將上述諸多能力內化成自身的態度與高度。因此，希望你懂得尊重他人上課聽課的權利、不鄉愿地包庇同學蹺課、考試不作弊、做個認真面對自己對與錯的人。現在，換你來說說這學期國文課的學習心得與收穫囉！」

鈺淇寫著，「剛開學總是無法適應快節奏的舉牌搶答，每次快寫完了，卻被別人搶先得分，心裡真是一陣哀怨，尤其是一題十分、二十分那種，但隨著時間經過，也慢慢能跟上，並在題目還沒唸完之前就先寫下答案。還記得有一次，我們本來是最後一名，註定要唱歌的那種懸殊分數，不抱任何期待的寫下下課前的最後一題，沒想到這卻是整個命運逆轉的關鍵，因為寫了一個連仙女都沒想到的答案，所以加了一百分，瞬間變成第一名，我們興奮得大叫。那一霎那，感受到了仙女經常說的『沒有什麼不可能』。因為那一百分，心情好了一整天，做什麼事都很順心。還有一次，各組分數都不是很好看，我們這組六分，後來因為一題沒答對扣了十分，大家都很拚命舉板，終於把分數又拿回來，我們開心的說：嘿嘿，還有六分，被仙女說，『才六分就可以開心成這樣，真是單純容易滿足的小孩。』當下真的感到幸福，一種大家合力把分數賺回來的感覺很充實。

「段考也是一個令人驚豔的收穫，每次段考前總是手忙腳亂，胡思亂想，書也念得很沒真實感，左看右看還覺得會考不好，但在寫考卷和成績出來的時候，才發現我自以為沒準備好的國文，其實早在每一堂課程中深植在腦海裡。想當初高一國文幾乎沒及格過，最爛還考過四十一分，現在卻可以考六、七十分，真的有說不出的感動。謝謝仙女的教導。」

單一課程的延伸思考

品佑的學習單前四分之三都針對題目「從〈燭之武退秦師〉看我的國文學習」書寫，最後八行話鋒一轉，讓我看到她的另一層學習。

「在這邊也想謝謝仙女，雖然在大家眼中我是個很外向的學生，但以前我也常在想是否要站出來為自己發聲。猶豫，我覺得這是現代人的通病，每個人都太害怕失敗和錯誤，怕到我們習慣放棄爭取、表達。像是這學期一開始突然決定取消午休社團練習，許多人默默的接受，頂多在背後批評，但我認為這樣永遠無法解決，所以直接去找校長爭取。因為國文課教過我，老師們有時候不一定比學生正確，想跟仙女分享我在國文課學到了這些課本上學不到的事情，也用到了這份練出來的勇氣。」

品佑從高一就是我教的學生，到了高二一開學，她寫出這些還讓我滿感動的。至於這是不是答非所問，我的看法是，她在這樣的題目下寫出她想寫的，讓身為老師的我能夠更了解她，就是教育很重要的啟發，是〈燭之武退秦師〉開啟了她這樣的思考。

引導教學複利產生的五個方法

在教學現場，學生是老師期望改變的主體，藉由他們的建議和反思，更能激盪出適切的相處模式和學習方式，進而帶動教師的成長。如何讓學生們願意掏心掏肺寫出他們的心聲，這裡有五個引導的方法。

一、教師先寫一段心情小記：這些話可能是課堂老師常說的，一旦化為文字，對學生而言是另一種吸引力，教師用所見、所聞、所感來肯定學生的表現，肯定現在，相信所見，正面的鼓勵能夠啟發學生用良善的眼光看自己和同儕的學習，也能看到老師的用心，願意在書寫時與老師多點心靈的交流。

二、設定方向，不拘小節：「國文期末反思」、「這堂課印象最深刻的一件事」，給了方向之後，讓學生思考自己想寫什麼？在學生的學習歷程中被記得的鮮少是知識，而是團隊合作，看到某人的改變，對於某件事情的省思，以及對老師教學提出的觀點，往往會有出人意表的反饋，幫助老師看到自己的長處。

三、七十二小時沉澱：我會在週四或週五發下學習單，在課堂上讓學生們都看過題目之後，請他們下週一繳交，七十二小時的沉澱有助於定錨想要寫的內容，成為自己意識的主宰。不需要馬上在書桌前提筆，搭車時、發呆時、滑手機時，思考有些話是不是可以寫出來？想說哪些話？思緒像篩子篩出沉澱過後的精粹。

四、只用數字幫學生列點：學生發散式的思考往往如多頭馬車，天馬行空，不知道如何收束。此時，教師可以用數字提點學生，例如：寫出最精要的「三點建議」、「五個關鍵」或「十個方法」，學生就能萬中選一的歸納整理，也可以釐清這些事件在自己心裡的處理方式與優先順序。

五、認同是真愛，不認同也不急著批判：學生寫出教師的優點，教師要珍視，顯然是我們特立於其他老師之處才會被學生看見，每個學生對老師的「好」也有不同的定義，這就是教育的獨特。寫出教師令他不滿意之處，教師不用急著否認，留待日後讓學生檢核，日久見人心，會更有說服力。

讓學生寫出想寫的，老師才可能在舊有基礎上修正與調整，讓自己的教學更進步，幫助學生與自己成為更好的人。

第五點是五種引導方法中最難做到，卻也是最能讓學生最心服口服的，觀望的學生看到有觀點、會反駁的孩子都能被善待與接納，零星的建議會產生「滾雪球效應」，初期雪花飛散，越滾越多、越滾越大，最後變成一個大雪球。這樣的「複利效應」讓教學更為精緻化與客制化，在時間的見證下，師生都能有長足的進化。

16

單元②教學工具

溝通神器小白板的多元妙用

二〇一五年十一月，我帶的班級升上了高三，整體模擬考成績不甚理想，但全校也差不多都是這個樣子。在我們這個不是以升學著稱的學校裡，這十幾年學生學習的態度並不是很好。也因此，八月才到任的校長想要在學測前慰勉學生，鼓舞士氣。校長會說什麼樣的內容可想而知，不過由於校長從未進班跟學生說過話，學生多少還是有些期待。

小白板讓大家集思廣益，勇於表達

這樣的場合裡，校長先分享自己高中時期念書的方法與收穫。

接著，校長就三〇四成績提出學測前五十九天的建議，希望學生能挑戰這不可能的任務。最後十分鐘，校長問了句話：「有沒有人有問題？」教室裡就一點聲音都沒有了。這樣的場景很讓人熟悉，反正沒有人說話，台上的人就會自己「識相」的說起話來，意圖喚起大家提問的行動。

我在旁邊觀察學生的反應，鈺雯舉手問校長：「我們可以用小白板嗎？」校長不明就裡的問：「那是什麼？」坐在櫃子前面的學生把小白板高高舉起，校長同意後，鈺雯說：「大家把要問校長的問題寫在白板上。」

這時候，學生就像活了起來，每一組拿了自己的白板，湊在一起討論該寫什麼好。教室裡出現交談的聲音，是想要一起化解這寧靜尷尬的行動，集思廣益總比單打獨鬥又腸枯思竭強大許多。

我持續觀察學生的表現。鈺雯讓每一組把白板貼在黑板上，校長唸出白板上學生的想法。

「**文組班的學生真的很多，應該拆成六個班。**」我們這屆文組五個班，每班人數多達四十五人，而三類組每班只有三十幾人。四十五人的教室，每個學生的座位都小小的，學生提出了現況帶給他們的困擾，這當然也是我的困擾，人多空間小，秩序難管，學生個別的問題層出不窮，導師疲累不堪，每週四十五份的週記和學習單也是龐大的負荷。這是「前人種樹，後人乘涼」的無私建議，明年六月學生就要畢業，能夠獲益的是學弟妹和我們這些老師。若能成真，學生功不可沒。

「**希望學校的學生交流團，除了日本，還能多幾個別的國家，以增廣學生視野。**」

「**提供升學獎金。**」先不管有沒有獎金，這是讓人拍案叫絕的好提議。校長講到精采處，學生們鼓掌叫好。

「**八點到校，讓學生睡飽有精神。**」這點很快就被否決了，因為校長認為學生早起上學才是合理的。

「校長好美。」果然是我的學生，真的很有「溫度」，良言一句三冬暖啊！學生自己拉近了與校長的距離。

「校長您當初是如何念書的？」學生提出自己準備考試的需求，想聽聽過來人的建議。

「校長您教我們物理好不好？」新任校長曾任物理老師。學生能針對自己需求與校長專業背景提問，看來事前也做過準備。

疑惑時，學生仍能舉手繼續提問，這就是學習的態度。學生以舉手回答校長所提的問題，利於校長了解班級狀況。

校長針對學生提出的問題，一項項為他們釋疑。這也要謝謝副班長鈺雯提出讓大家寫白板的建議。

小白板是吸睛與吸引注意力的絕妙工具

下了課，學生們跑去跟別班詢問校長到他們班也是有問有答嗎？得到的結果是否定的。就連我教的另一個任課班三〇八，他們說每次都會問問題的世逢問了個好笑的問題，校長解答完之後，班上又回復安靜，校長就自己一直講，講到下課鐘響。

校長與學生的談話並不是特例，課堂上每天都會出現這樣的畫面：老師上課上到一半會問學生：「有沒有問題？」通常只有少數人會回答「沒有」，有問題的學生也不敢舉手發問，或者敢提問的學生多問幾次之後，班上的同學就會對他「另眼相看」。這種時刻，小白板就能避免無人回應的尷尬，或者提問太多的人成為被嘲笑或攻擊的箭靶。

提問前，先發給每一組一面白板，讓學生寫下意見，這就跟企業內訓中活動討論使用海報紙的理由相同。不過，海報紙只能使用一次，小白板可重複利用。

我到企業內訓時，學員跟我說：「仙女老師，小白板的字太小了，我們看不到。」我笑著將手指向教室最後面的方向，反問：「您剛才坐在最後面一組，平常使用大張的海報紙，您看得到上面的字嗎？」他想了一會，回答我，「看不到。」旁邊的學員不小心的笑出了聲音。

其實小白板和海報紙上面固然有字，相較於展示答案，更重要的是它是溝通神器，主要有以下四種功能：

一、眼神聚焦：當組員討論時，所有人的目光都會放在小白板或海報紙上，馬上知道組內討論的進度，所有人專注的眼光都朝著同一個方向，凝聚了向心力。而在老師公布答案的時候，所有人未必看得到字，但全部都會朝向老師。

二、化解尷尬：當老師提問後，小白板成了組內最佳的溝通工具，記錄組內來自四面八方的討論，可以增補，可以刪減，可以修正，不再面面相覷，不知所措，反而使學習更有品質，更加自在。

三、集體共識：學生們最顧忌的是當說出答案，怕被否定，怕不夠吸引人，怕東怕西，即使老師再三保證講錯答案沒關係，也沒有人要發言。寫在白板上的好處，是當老師問這是誰的答案，學員會很有勇氣的說，「這是我們的答案。」團體共識讓人產生勇氣。

四、即時回饋：相較於老師單向的講述，白板還能讓老師課堂了解學生的回應，當老師提問之後，學生能夠馬上寫出來，讓老師了解學生的先備知識，現場吸收的狀況，還能提供學生回饋，從單向陳述成為雙向的交流，使教學更具即時性。

二〇一四年，我第一次到台灣以外的地方教學觀摩，去的是我很陌生的貴州。高規格的場地，三、四百人的演講廳，而我從台灣帶了小白板過去。學生們覺得新奇，我教他們在我提問時要盡可能地把所有答案寫在上面，而我就拿起學生的白板，講出幾個重要的答案說明，台下全都看著我唸著白板上的答案，台下的人看不到沒關係，藉由我舉起白板的動作，已經達到了讓台下打開耳朵的目的，這就是白板最神奇的地方了。

17

單元②教學工具

運用二維表格 讓學生思考力更升級

高二班際籃球賽前兩週，班上男生一下課就從四樓飛奔到一樓籃球場，放學背起書包趕往籃球場繼續練習，看著他們這麼的拚命，燃起了我的教學魂。

「我們班預計可得第幾名？」我在班會課這麼問。

大家看著孟霖，回答我：「當然是第一名啊！籃球隊副隊長在我們班耶！」

我看了看身高一七〇的孟霖，他一臉的神氣。男生們你一言我一語的說出我們班的優勢。

我提醒他們：「你們這樣太沒組織了，可以做成二維表格，就更清楚戰略要怎麼規劃了。」

睿恩問我，「仙女，什麼是二維表格？」

6班	1. 羅仕偉會切&投 2. 會導傳
3班	1. 清騰不在，少籃板 2. 廷恩出國，少三分球
5班	1. 平均身高>我們 2. 納生宇揚有打全場經驗 3. 吳定遠體力好 4. 替補少
7班	1. 希騰會切&投、其他普普 (不熟這個班)

▍用二維表格分析各班的籃球實力。

我拿白板筆畫起了由行列組成的表格，反應快的睿恩馬上說：「原來這就是二維表格喔，就跟excel一樣嘛！」真是個舉一反三的孩子啊！

透過分析掌握優勢，擬訂策略

男生們意氣風發的要睿恩寫下我們班與其他班級的差異。當表格完成，班上的女生們更是對男生寄予厚望，認為他們對敵我形勢瞭若指掌，我們班有奪冠的可能。

果不其然，一如男生所預料的，我們班在籃球比賽中贏得第一名。

賽後，為了證明贏得理所當然，睿恩把戰術做成二維表格與全班分享。我還記得對七班的冠亞軍比賽，最後三十七秒，我們班還落後五分，全場屏息以待，深怕尖叫壞了球員們的節奏，孟霖投了兩顆三分球，以一分逆轉勝。我在表格中看到了我們班男生努力的過程與戰術的擬定，想當然爾，那一刻我們班向心力十足，以二〇一為榮。

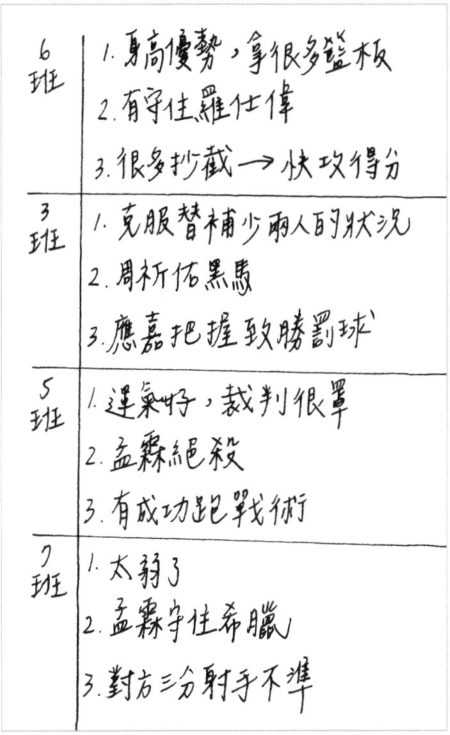

6班	1. 身高優勢，拿很多籃板 2. 有守住羅仕偉 3. 很多抄截 → 快攻得分
3班	1. 克服替補少兩人的狀況 2. 周祈佑黑馬 3. 應嘉把握致勝罰球
5班	1. 運氣好，裁判很罩 2. 孟霖絕殺 3. 有成功跑戰術
7班	1. 太弱了 2. 孟霖守住希臘 3. 對方三分射手不準

用二維表格分析與各班的籃球比賽戰術。

班級經營有了二維表格，組織更有方向。以園遊會為例，舉凡任務分派、人員配置、物料採買、時間安排等，都可以透過這種方式，讓活動規劃更為妥善，承辦人與導師都能有效掌握所有資訊。

文轉圖一目了然，強化判斷力

參考書密密麻麻的文字讓學生們對國文望而卻步。學生們嚷嚷著，「新舊五代史的表格有夠難背，考試會考嗎？」

學測圖表題不再偏向記憶型的考法，而是提供圖表供學生閱讀，再做出符合題旨的判斷。既然如此，教學生整理資訊，培養自學能力，才符合素養導向的學習。

我跟學生們說：「〈廉恥〉的第一個註釋，下面有新舊五代史的說明，我們試著做成二維表格。」

書名	舊五代史	新五代史
內容	記後梁、唐、晉、漢、周五代和十國事。是研究五代之重要材料。	
原名	原名梁唐晉漢周書 別稱五代史	五代史記
作者	北宋　薛居正等，官修。	北宋　歐陽修，唐以後唯一私修正史。
體例	紀傳體，一百五十卷	紀傳體，七十四卷
優點	較詳敘事，史料豐富，本末賅具。	文字簡潔流暢，取春秋義法，寓褒貶之旨。
缺點	多隱諱之載，較為不實。	具作者好惡，較不客觀。

▍參考書版本的新舊五代史表格。

註釋一：「五代史有兩部：一部是宋太祖時薛居正等奉敕修撰，後人稱《舊五代史》；另一部是宋仁宗時歐陽修所撰，後人稱《新五代史》或《五代史記》。這兩部書都是記載後梁、後唐、後晉、後漢、後周與同時代十國的史事。本文所引是《新五代史》。」

各組學生畫出二維表格之後，填上內容，立刻產生文轉圖表的筆記，成就感會強化學習動機。

歸納排序，讓問題得到解決方法

二維表格幫助我們處理看似複雜的訊息，以〈諫太宗十思疏〉為例。唐太宗即位後，對隋朝之暴政常引以為鑑，因此他在為政初期，尚能明賞罰、節私欲、不過分使用民力，且被譽為「從諫如流」之明君。然而至貞觀中期，太宗心態漸趨驕奢，廣修宮室，而老百姓為了服徭役，長年不能回家。魏徵用心良苦寫下了對太宗的十項勸諫。

這十項不只適用於太宗，也適用於學生，古為今用，讓學生思考如何歸納十思？課文如下：「君人者，誠能見可欲，則思知足以自戒；將有所作，則思知止以安人；念高危，則思謙沖而自牧；懼滿溢，則思江海而下百川；樂盤游，則思三驅以為度；憂懈怠，則思慎始

舊五代史	新五代史（五代史記）
宋太祖	宋仁宗
薛居正等奉敕	歐陽修
記載後梁、後唐、後晉、後漢、後周與同時代十國的史事	

學生由課本註釋整理出新舊五代史的二維表格。

而敬終；慮壅蔽，則思虛心以納下；想讒邪，則思正身以黜惡；恩所加，則思無因喜以謬賞；罰所及，則思無因怒而濫刑。」❶

有別於分類時，告訴學生表格上方要填哪些項目，歸納則是讓學生思考上方該如何概括更為適切。以下是學生的歸納，從看見問題到提供解決方法，確實符合古為今用的原則呢！

問題	解決方法
見可欲	知足以自戒
將所作	知止以安人
念高危	謙沖而自牧
懼滿溢	江海而下百川
樂盤游	三驅以為度
憂懈怠	慎始而敬終
慮壅蔽	虛心以納下
想讒邪	正身以黜惡
恩所加	無因喜以謬賞
罰所及	無因怒而濫刑

學生的「十思疏」歸納表格。

學生繪製表格的過程中，不斷討論與收斂，對文本更加熟悉與親近，也是二維表格的價值所在。

❶譯釋：做為國君的人，如果見到嘉歡的事物，就該想到知足來警戒自己；打算有所作為，更應想到適可而止來安定人民；擔心位高勢危，就該想到謙虛自我修養；懼怕自滿驕傲，就該想到江海居下才能容納百川；嘉歡田獵，就該想到以三次驅射為限度；憂懼鬆懈怠慢，就該想到有始有終；顧慮耳目蔽塞，就該想到虛心接納臣民的意見；擔心姦邪進讒，就該想到端正己身以斥退惡人；施恩時，就該想到不要因一時高興而胡亂獎賞；行罰時，就該想到不要因一時惱怒而亂用刑戮。

教授二維表格首重框架

那麼，在課堂中教授二維表格時，該掌握哪三個細節呢？

一、先給框架：每次請學生列出二維表格前，教師先在黑板上畫出表格，提醒學生行數與列數的數目，讓學生定錨表格上方與左右該填上幾個相對應的項目。以新舊五代史為例，操作時可以跟學生說，請在上面兩格的左邊寫上舊五代史，右邊寫上新五代史，下方則參考教師所提供的資訊列表。

二、提供資訊：將文字訊息與資訊提供給學生，讓他們能依據教師所給的框架選取適切的材料填入表格中，文字轉成圖表，讓學習更為立體，更有系統。每個人觀點不同，二維表格百家爭鳴，各異其趣，不只培養學生做筆記的能力，更是獨立思考的成品。

三、補充說明：學生完成表格之後，對於該議題有了基本的認識，教師再進行細節說明，有助於學生專注聆聽。例如：《舊五代史》的編撰只用了一年多的時間，是因為北宋離五代很近，史官大多親眼目睹五代的歷史場面，對五代的歷史比較熟悉。而《新五代史》是歐陽修私修的史書。中國古代原本有私家修史的傳統，但隋文帝時下詔禁止私人修史，正史都由官修，歐陽修的《新五代史》是唐以後唯一一部私修的正史。

二維表格在生活中的應用相當廣泛，例如：成績單、薪資表、價目表等，我們常用的excel正是最佳的代表。教學上也可以將二維表格用於比較分析，分類整理，歸納排序，教學有方法，讓班級經營更上手，學生在學習上也容易獲得成就感。

18

單元②教學工具

黃金圈讓核心價值透過行動達標

西蒙．斯涅克（Simon Sinek）在 TED 發表〈偉大的領導者如何激勵人們的行動？〉的演講，提出很重要的「黃金圈」理論。他認為，世界上所有成功的領導者或是品牌，都遵循「黃金圈」理論，從裡到外，分別是 why、how 以及 what。why 代表領導者或品牌的理念與初衷；how 是執行理念的方法與過程；what 則代表最終呈現出的產品以及領導風格。成功的領導者從「為什麼」由內而外思考，更能激發出團隊無比的熱情與無私的付出。

學生配合仙女上課的理由

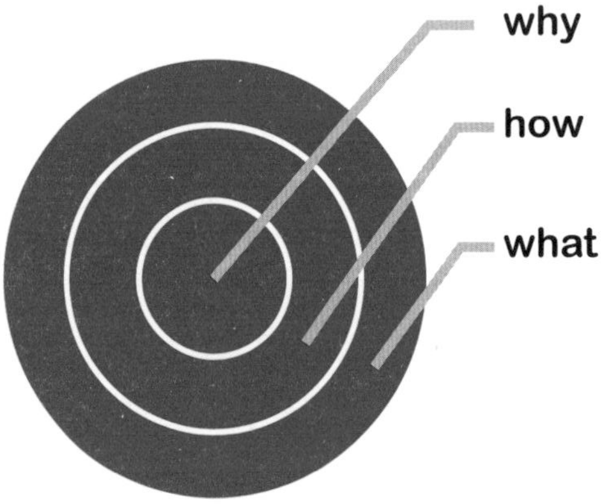

黃金圈理論圖。

經常有老師問我：「仙女老師，寫白板很累，尤其是每一堂課都要寫白板，你怎麼讓學生願意寫白板？」

我毫不保留的把如何操作白板的方法講了一遍，甚至邀請大家來觀課，但是，這終歸是我的答案，我也滿想知道學生們怎麼回答這一題。於是，我把題目稍加調整，在國文課問學生這一道題目。大家可以先思考看看如果是我的學生，他們會怎麼回答。

我提出來的問題是：「仙女的學生上課都在做什麼？」

第二組學生最外層的 what 是「預習」，我們每堂課都要課前預習；所以第二層的 how 是「前一天熬夜抄翻譯」，抄翻譯在課本上就能直接知道文言文內容；最內層的 why 是什麼呢？「不願意自己沒預習答不了題而拖累同組的夥伴」，這就是分組的魅力，讓學生願意做不喜歡或者不想要做的事。總有人說學生缺乏學習動機，黃金圈能夠幫助學生釐清抄翻譯預習的目的，不是為了讓自己得高分，不是為了讓老師檢查，而是為了組員而努力，利他精神在分組活動中展露無遺。

第五組學生最外層的 what 是「搶答」，每堂課都需要寫白板答題；所以第二層的 how 是「翻書找答案」，為了得到分數拚命翻著課本找答案；最內層的 why 是什麼呢？「讓仙女開心」，在全班面前看到這樣的答案，讓我頓時

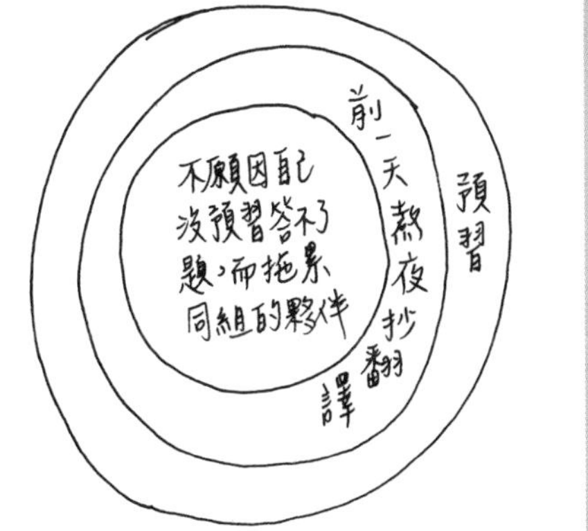

學生用黃金圈展現了分組的優點。

間害羞了起來，感動全寫在臉上。透過黃金圈看到身為老師的我成為學生學習的動力，學生知道我很認真也很努力，也因此願意配合我的教學，師生教學相長，每一堂課都樂在其中。

學生用黃金圈呈現對文本的理解

〈訓儉示康〉是高中課文裡難得的長文，加上又是文言文，學生無不叫苦連天。了解黃金圈理論後，我請學生討論為什麼司馬光要寫作〈訓儉示康〉？學生腦海裡浮現由內而外的 why、how 以及 what，思索三者間的關係，文本中哪些是重要資訊，如何排列，孰先孰後。

有的組別寫：「最先看到的 what，是成果，就是〈訓儉示康〉這一篇作品流傳一千年，歷久彌新；how 是方法，用了許多正例、反例和親身經歷告誡兒子司馬康；why 是初衷，司馬光希望這篇文章能改善社會奢靡風氣。」

有的組別認為：「最先看到的 what，是成果，就是司馬康為人廉潔，口不言財；how 是方法，司馬光寫

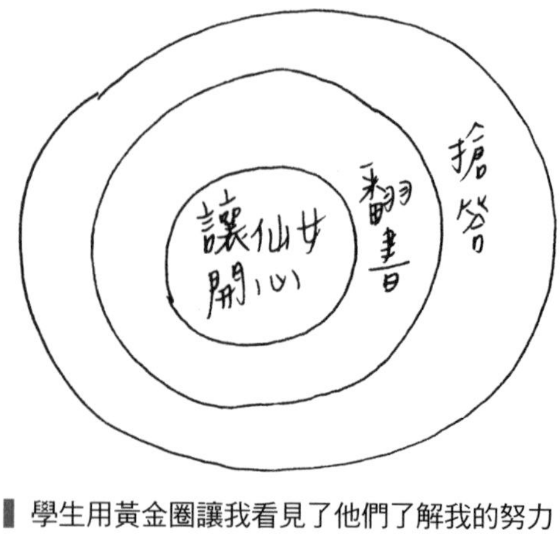

學生用黃金圈讓我看見了他們了解我的努力。

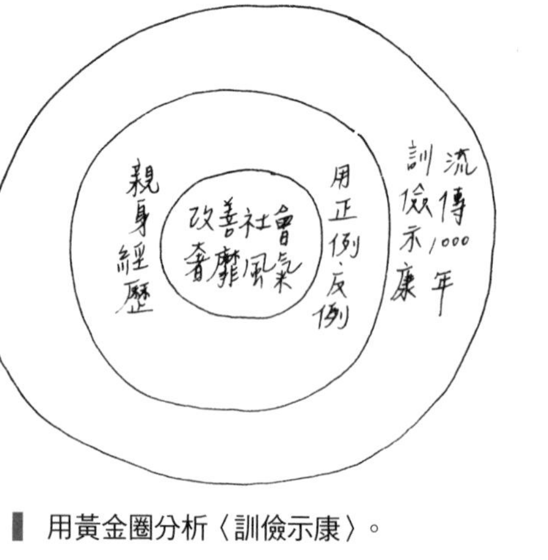

用黃金圈分析〈訓儉示康〉。

了〈訓儉示康〉給司馬康，希望兒子記得他的提醒；what 是初衷，司馬光希望兒子以儉立名，代代以儉傳家。」

學生的答案都說明他們對於文本的了解。不論是作者生平、修辭理解、文意賞析都可以讓學生參酌文本，依據黃金圈由內而外，或由外而內的思考，反覆碰撞激盪，說出個人見解，為千古佳作歸納統整，自己也因為思索過程中的自我與他人對話，而對文章印象格外深刻。

用黃金圈讓班級形成共識達成目標

擔任導師期間，學校經常有許多比賽，籃球比賽、拔河比賽、軍歌比賽、合唱比賽、英文說故事比賽等，部分學生漫不經心的態度會讓班級士氣低落，這時可以讓學生分組討論比賽的黃金圈，原本百無聊賴的教室裡頓時間會多了許多聲音，學生們各自表述，莫衷一是，發散到收斂是一條漫長而艱辛的道路。

以合唱比賽為例，當班上決定自選曲〈When You Believe〉後，主張 why 是「誓死得第一」的如恩，帶著全班集思廣益；how 該用哪些方式訓練，是要放學後練習，還是跟老師們借課，或是錄成影片反覆觀看；討論到 what 時，what 是「冠軍」，黃金圈有趣的地方正在這裡，精彩的地方也在這裡，why 和 what「誓死得第一」和「冠軍」都是奪冠，學生們才真正開始思考到底什麼是他們要的？比賽的初衷 why 到底是什麼呢？為了自己，為了班級，為了留下高中時與同儕共同努力的回憶。

班級達成共識後，如恩成了召集人，全班在放學後的五點到六點留在教室裡排練再排練，女生們拿著譜，看著歌詞，圍著鋼琴和伴奏的采玲，一句句的唱。采玲彈錯時，所有人放下譜看著采玲，哈哈笑著說「沒關係」、「再來一次」。如恩一聲令下，不受控的男生從丹田發聲練習起。就這樣，有時候同一句歌詞唱了好幾百遍。

比賽當天，我們得到了冠軍，從評審口中聽到我們二〇一是唯一唱出四部和聲的班級，女生們喜極而泣，男生們則瘋狂的亂跳亂叫。

如恩的學習單寫著，「因為曾經非常努力的付出過，才能深刻體會到拿到第一名的喜悅。或許以後沒有只為了一個音而重複練習或大家一起呼吸而唱的機會，但我依然感謝上帝給了二〇一一個相信奇蹟的體驗，也感謝祂給了我一個善良、願意付出的班級。任何好聽的曲子還是要先感動自己，才有機會感動別人，很享受與二〇一一起為同一件事努力的時刻，我會永遠記住這份感動。」回想當初「誓死得第一」的初衷 why，不就是那一份無以名之的共同回憶與感動嗎？

真正讓學生產生動能，激勵振奮他們的，不是老師做了什麼，而是他們知道為什麼而做。

重點小提示

運用黃金圈的原則

把黃金圈理論運用於教學中時，需注意以下三個原則：

① 課程內容可以運用，班級事務也可運用，多次運用，多加熟悉。

② 老師設計提問，引導學生說出「為什麼」，那是內心最真實的渴望。

③ 老師思考自己提問的「黃金圈」，當學生的「黃金圈」有別於老師想法，請不要急著否定學生答案，可以跟學生聊聊「老師版的黃金圈」。

19

單元②教學工具

圈叉牌驗收學生個人學習成果

每次被老師們問到如何知道分組上課學生的個別學習狀況，我都會先說「濫竽充數」的故事。

戰國時，齊宣王愛聽吹竽，尤其愛聽三百人的大合奏，南郭先生不會吹竽，混進樂隊裡，裝腔作勢地做出吹竽的模樣。因為吹竽手很多，樂聲又響，他混在裡面充數，自己也洋洋得意，從未被人識破過。齊宣王死後，兒子齊湣王繼位。齊湣王也喜歡聽吹竽，不過他喜歡聽獨奏，他要求樂工們一個一個吹奏給他聽，南郭先生知道早晚會被抓包，於是，逃之夭夭。

分組上課的優勢是每一組只要有一個學生會這道題目，就跟大合奏一樣，感覺上全組「好像」都會這一題，老師要怎麼樣確認學生們到底是真會還是假會呢？到底有沒有在聽呢？學習齊湣王一一驗收，短時間內就可以知道學生是不是搭便車。到底是什麼方法這麼好用呢？答案是圈叉牌。

圈叉牌有三種用法，以下分述說明。

驗收教學成果進行二度學習

上樂府詩，我提出，「〈飲馬長城窟行〉的枯桑知天風，海水知天寒是『借喻』，請把『喻體』、『喻詞』、『喻依』寫出來。」接下來，我讓每一組第五個學生上台來寫白板，上台的學生很緊張，站在台上深度思索答案該怎麼寫。然而，台下的學生關心這一題該怎麼做答嗎？基本上是漠不關心，事不關己的，因為不是他們站在台上。要增加台下學生參與感的方式就是「圈叉牌」。

舉例來說，六張白板只有一霖跟其他同學不一樣，我會這麼說：「請看一霖的答案，思婦思念的心情就像枯桑知天風，海水知天寒，對的請打圈，錯的請打叉，五、四、三、二、一。」全班頓時安靜下來，學生有的把手放在胸前比叉，有的放在頭上打圈。

圈和叉的答案兩者皆有，我就會接著說：「宇治手舉高高。」宇治會把他比著叉的手高舉起來。

我看著全班說：「跟宇治一樣打叉叉的才可以坐著，其他人站起來。」班上出現一陣「逃過一劫」的讚嘆聲，好些學生拍拍胸口，慶幸自己還坐著。每一組每站著一個人該組就多扣五分。也就知道打圈的學生並不了解「枯桑知天風，海水知天寒」的意思。

「誰可以告訴我，到底是什麼像『枯桑知天風，海水知天寒』？」

陳淦回答，「思念的心情。」我讓陳淦坐了下來，但是這答案還可以更好。家崴回答，「思婦的孤寂。思婦的孤寂像枯桑知天風，海水知天寒。」很好的答案，我讓家崴坐下。我把答案說明了一次，「思婦思念的痛苦就像枯桑，雖然沒有葉子，仍然感到風吹的寒冷；海水雖然不結冰，仍然感到天氣的凜冽。比喻思婦的孤淒和想念遠方丈夫的心情。」

既然是驗收教學成果，圈叉牌的目的是找出學生不會的題目，再度說明，提供學生二度學習的機會。無須因為學生不懂而加以揶揄或嘲諷，反而打壞了學生想學習的心情。

純粹表達觀點無關對錯

課程當中，有些時候，我們想要詢問學生的看法和觀點，也可以用圈叉牌讓學生表態。例如：在賞析〈飲馬長城窟行〉前，我會問學生，「你認為相思是甜蜜的請打圈，你認為相思是痛苦的請打叉。」五、四、三、二、一。倒數計時結束，我會請學生看看周遭的同學們手勢比的是圈還是叉？學生們環顧四周，看著彼此的答案，會有一陣子的耳語，問問對方的理由，交換意見。我再把焦點帶到課

圈叉牌讓學生有二度學習的機會。

文中，班上三分之二的人雙手比著叉，〈飲馬長城窟行〉代表了多數人的心聲，讓我們來體會思婦苦澀的想念。

統計分析的圈叉牌最受學生喜愛，沒有對錯可言，不扣分，也不會太過緊張刺激。目的是讓學生表達各自的立場，勇於表態，提供學生連結自己的生命經驗，開啟學習的新思路。

澄清觀念建立正確理解

容易混淆的觀念也適用圈叉牌。舉個例子來說，在〈左忠毅公逸事〉一文中有兩個「微」，第一個是「微指左公處」的「微」，第二個是「微行」的「微」。我通常會這麼問，「『微指左公處』的『微』，和『微行』的『微』，一樣的請打圈，不一樣的請打叉。」五、四、三、二、一，倒數計時。

為了讓全班都看得到答案，我會找一個學生展示答案，「承祐手舉高高。跟承祐一樣打圈的才可以坐著。」「微」是「暗中」的意思，因為答錯而站起來的彤宇搶著公布正確答案。

第二題圈叉牌，則是將「『微行』的『微』，與論語學過的『微管仲，吾其披髮左衽矣』的『微』比較，一樣的打圈，不一樣的打叉。」五、四、三、二、一，倒數計時。

同樣的，為了讓全班看得到答案，我會請另一個學生展示標準答案，「劉郭舉高，跟劉郭一樣打叉的，才可以坐著。」

「微」管仲的「微」是什麼意思？是「沒有」。如果沒有管仲，我們就會像那些頭髮散亂，穿衣服開左邊的落後民族一樣。答錯或矇對答案的，會自己在課本上寫下摘要，這樣的筆記彌足珍貴。

既然是比較異同，圈叉牌的目的是觀念澄清，建立學生正確的觀念，可以將相似內容以題組方式進行，效果更佳。

圈叉牌在分組活動中啟動了單兵模式，教師必須嚴格的不讓學生討論，才能強迫學生自主思考，願意相信自己的答案。倘若有眼神示意他人作答，老師也務必要以「請相信自己的答案，別人的答案也不一定會對。」這樣的話語來警醒學生。

舉圈叉牌應注意的細節

要善加利用圈叉牌，需要注意下列事項：

一、先說圈叉牌：先說「圈叉牌」這三個字，讓學生一聽到這三個字，會為了聽清楚題目，自動保持安靜。反之，如果先說完題目，再說圈叉牌，學生會忘記題目，再問一次題目是什麼。

二、題目唸兩次：第一次唸題目是讓學生了解問題問的是什麼，第二次唸題目是給學生多一點的時間思考該如何作答。

三、手勢要示範：老師要先示範標準動作。認為答案正確，兩手放在頭上比圈；認為答案錯誤，雙手在胸前交叉，大動作的比劃讓老師從遠方就能看到最後一排學生的答案。學生一旦習慣這個手勢之後，老師示範的步驟就可以省略了。這個動作還有個好處：能讓學生活動筋骨，舒展放鬆。

四、安靜不討論：圈叉牌為驗收個人學習成果，嚴禁討論，保持教室安靜，安靜有助於思考，沉澱，回想，也避免有人趁機講話偷渡答案。

五、計時要倒數：唸完題目之後，喊「五、四、三、二、一，時間到。」就算不知道答案的學生也得在時間內完成作答。學生不熟稔的題目，可以倒數得慢些，反射性的題目則可倒數得快些。

六、指標型答案：找一個學生當作指標，請他「把手舉高」，讓學生們以他為中心核對答案，通常找哪些學生呢？我會找上課不容易專心的學生，請他把手舉高，暗示他該回神了；找沒有自信的學生，當他答對時，請他把手舉高，藉此增加自信；找心態開放的學生，讓學生知道答對或答錯都沒什麼大不了的，不必覺得特別難為情。這樣一來，通常到期末，班上每個學生都被當作指標型答案好幾次了。

七、分數再追就有：教過的題目，答錯要扣分，提醒學生課堂答錯扣分，等等再回答，分數就可以加回來了，學會比分數更實際，不需要為了扣分而難過；沒教過的題目，答錯不扣分，只是讓老師了解有哪些學生不懂，要花多少時間加以說明。

不管怎麼對答案，教室都會出現驚呼與驚喜的聲音，這就是圈叉牌讓學生又愛又怕的原因，也是圈叉牌的魅力。

圈叉牌可以充分了解學生個別學習的狀況。

20

單元②教學工具

以唱歌代替罰寫，強化學習氛圍與表達力

一〇三年底，我到貴州省遵義市第四中學示範教學，學生們對我感到好奇，不停打量我。「我是台灣來的語文教師余懷瑾，今天要上的課是司馬光的〈訓儉示康〉，大家都拿到老師發的講義了嗎？」這些學生目光炯炯，專心聽著我講的每一句話。

演藝廳走道左右兩排各十個位置，「第一組在我前面這一排，第二組在第一組的後面⋯⋯。」我邊走向學生，邊用雙手劃分出每一組的位置。

「一會上課，我會問同學們問題，如果你不會，也不用害怕，你身邊的都是你同組的隊友，大家可以相互討論，相互支援。等一下上課，我會在這個白板上面計分，可以嗎？」我比了比投影幕旁邊的活動白板。

學生對於我這個來自台灣的老師特別有反應，飛速地大聲回應我，「可以。」

演藝廳裡還迴盪著學生們的聲音，我即刻加碼說，「等一下分數最低的那一組上來唱歌

給大家聽，可以嗎？」

學生近乎整齊的停了三秒鐘，才回答我，「可以。」應該是這樣的問題不曾出現在課堂過吧！尤其是示範教學還上台唱歌，更是別開生面。

這是我第一次在台灣之外公開授課，這堂課的成功讓我深信我的分組教學可複製、可移轉。尤其是唱歌這麼獨特的「處罰」。

為什麼國文課要唱歌？

剛開始教學的前五年，學生考試考不到標準就罰寫、罰抄，少則一遍，多則兩遍。選擇題連同題目一起抄，默寫題則只抄課文，目的也就是期望學生能為了下次不用罰寫而主動念書。確實有些學生在段考前兩週看書，默書也積極許多，不願意花時間念書的學生，考完試還沒發成績單

以唱歌作為課堂終點，可以強化上課的學習氛圍。

就拚命抄寫，為了抄而抄，同時拿著三枝筆把同樣的內容抄三遍，神乎其技。

學生抱怨：「老師最沒有創意了，每次只會叫我們抄抄抄，為什麼不能做些讓我們開心的事？」

我取消了段考的罰抄。罰抄，再怎麼抄，一學期也才三次，學生學習態度的改變不大。我改成在每次上課驗收學習成果，每堂課每組積分的最後一名就上台唱歌給全班聽，不僅抒發情緒，也訓練上台的膽量。

學生說這叫處罰，我說這叫挑戰。

一開始，我是這樣做的：

「回家累了，沒念書的話，沒關係，就上台唱歌給全班聽就好了。」

「分數最低的那一組，組員個別上台唱歌，一人四句就好。」

「分數是負分的那幾組，組員個別上台唱歌，一人四句就好。」

學生怎麼可能願意上台唱歌呢？因此，幫學生打預防針可以避免學生過度反彈。

前兩週上課，我會提醒學生，「今天最後一名的要唱歌囉！」卻不自覺的講課講到下課鐘響，原本學生以為下課前要唱歌的，很高興自己躲過一劫。這兩週講「今天最後一名的要唱歌囉！」其實是給學生們心理準備，順便讓學生熟悉課堂進行的方式。培養團隊默契，不要只有老師拚命講課，還得讓學生意識到自己在課堂上努力的程度。

第三週，在下課前五分鐘結算小組積分，讓學生知道哪一組需要上台？

我率性的說，「來算分吧！」

「第一組算第二組，第二組算第三組，……第六組算第一組。」

「把別組分數算錯的話，算錯的組全組上台唱歌。」

計算分數的這五分鐘可以讓學生盤算要唱哪一首歌？規劃要怎麼走上台？台灣學生不常上台，扭扭捏捏是常態，給學生一些時間調適，下課鐘聲響起，會加快學生上台的腳步。

有了第一次上台唱歌的經驗，極少數學生回家會練習唱歌，更多學生上課態度變得更為積極，團隊學習氛圍提昇許多。

歌聲好不好不是上台檢核的重點。有些人張了口，聲音小得幾乎聽不到；有些學生緊張得頻頻問同學，下一句該怎麼唱；有些學生索性耍寶，唱了四句〈海綿寶寶〉的主題曲。只要站上講台，開口唱歌，都可以過關。這是初步表達能力的鍛鍊。

唱歌有助純化學習動機

在心理學上，當個體發現兩個目標可能同時具有威脅性，興起兩者都要逃避的念頭，就像生病既不願吃藥，又不願開刀，迫於形勢，兩難之中必須接受其一時，即將形成「雙避衝突」。課堂上也是，學生既不想唱歌，又不想上課，迫於形勢，只得選擇拚命得分，勤奮答題，協助隊友，避免在眾人面前唱歌。

學生總說仙女班是全年級中最有向心力的班級，唱歌絕對是團結大家很重要的原因。學生可能不知道為什麼要念書，為什麼要學習，但是他們很明確的知道自己就是不想要上台唱歌，不只這一堂課不想唱歌，每一堂課都不想唱歌。馬雲說：「一個人只能有夢想，一群一直有夢想的人就能成為理想。」我們的分組沒有組長，肯念書的人提醒成員念書、預習，沒念書的人不想成為脫隊者，只要「不唱歌」就能得到肯定的滿足感，這在課堂上比成績更吸引人。

向心力的打造並不是短時間能改變的，唱歌是巧計，幫助了文本的解讀，甚至縮短班級對向心力的重視及認同的時間。簡單來說，團隊的目標就是一群個人的目標所累積起來的。

紜甄說：「可能是習慣了，也可能我們已經把『唱歌』當成課堂的樂趣，現在我們早已經對輸了唱歌不再畏懼、抱怨，甚至會爭先恐後誰要先唱，誰要唱什麼歌。這種不知不覺磨練出

唱歌作為處罰，可以增強學生的表達能力。

來的膽量，只有在仙女的國文課學得到。只要不把唱歌想成失敗的表徵，把它當成是一種對未來大學面試，在教授面前展現膽量，挑戰自我的磨練，把同學當成未來的教授。如果連在最熟悉的同學面前都不敢展現自我，又如何能在一群不認識我們的陌生教授面前展現真正的實力呢！」

事實上，高三推薦面試時，學生說他們感受到自己比其他學校學生表達更自然順暢，這是唱歌帶來的效益呢。

遵義四中的示範教學，由比數落後的第七組學生上台唱歌，歌聲宏亮，博得滿堂彩。下課後，學生紛紛找我合影留念，告訴我這是他們上過最特別的一堂語文課，我也欣賞學生們上台不拖泥帶水的擔當呢！

重點小提示

強化學習氛圍的方法

老師們想強化學習氛圍，只要符合以下三個方向，都跟唱歌一樣是值得一試的好方法。

① 要有難度：上台唱歌要克服的不只是心理障礙，還有外在的表達訓練，例如眼神直視觀眾，學生才會在課堂上更加投入。

② 時間要短：唱四句歌詞平均十秒鐘，也不必擔心人數過多的問題。

③ 一舉兩得：不想唱歌，增強了學生上課學習動力；上台唱歌，訓練了學生台上表達能力。

21

單元②教學工具

自說自畫確定學習是否正確無誤

我在語言教學界的好朋友游皓雲老師，專門教西班牙語及外國人學中文。她跟我說過一段趣事：外國人認為「七上八下」這句成語說明的是七在八的前面，就字面上來看確實有誤導之嫌。我跟她說在《水滸全傳》第二十六回寫著，「那胡正卿心頭十五個吊桶打水，七上八下。」讓這些外國學生用畫圖學習法畫出來，就能明白十五個吊桶，七個在上八個在下那種心慌意亂的不安了。

愈講不清楚的，愈要讓學員先自己做一遍，從錯誤中學習，成長更快；愈講不清楚的，愈要用語言之外的方法學習，學員換條路走，一樣能直通知識殿堂。「圖畫學習」用在觀念澄清最容易收到學習成效。

課堂成了畫室

高中國文課本中艱澀難解的文本，常讓學生從字面上看不懂意思，生難字無法有邊唸邊，閱讀遇到瓶頸則直接放棄。學生覺得厭世的是為什麼要念這樣的篇章。如果只用講述法把課文解釋一遍，賞析結束，學生對課文留下的印象應該就是學習金字塔中學習效果最差的狀況：學習保存率只有百分之五。與其老師淋漓盡致的揮灑，不如讓學生走入文本，以圖畫詮釋第一手的資料。現在學生多半具有簡單的繪圖能力，隨手心情塗鴉，好處是圖畫不只能觀念澄清，還能展現創意與巧思，反而成了教學的附加價值，學生每每樂此不疲。

屈原的〈國殤〉是戰國時期的文學作品，為了讓學生能了解「左驂殪兮右刃傷」的意思，我讓學生看著課本下方的註釋，將這一句畫在白板上。

註釋是這麼寫的，「驂，音ㄘㄢ。古時一車四馬，中間兩匹叫服；外側

「左驂殪兮右刃傷」，畫出來就很容易理解。

兩匹叫驂。殪，音一ˋ，死。互文見義。翻譯：戰車左邊的驂馬死了，右邊的驂馬也受了刀傷。」

屈原採用了類似電影的表現手法，描寫在一場短兵相接的戰鬥中，楚國將士奮死抗敵的壯烈場面，頌悼他們為國捐軀的高尚志節。學生畫的是一輛四匹馬拉的大車，左外側的驂馬在眼睛的位置畫了個×，表示馬死掉了，右外側的驂馬被砍傷。

學生為了完成任務，概略的看著註釋畫出圖像，每一組都能畫出四輛馬車，左邊的驂馬死了，右邊的驂馬也受了刀傷。這一句話真的是這樣解釋嗎？

我請學生再看一次註釋，再畫第二次，這一次學生不再瀏覽，而是專注地把解釋看過一次。有學生發現解釋裡出現「互文見義」四個字，組內交頭接耳的討論起這四個字的意思。原來是第一次看註釋時，學生遇到不會的會自己跳過，而忽略了重要的部分。所謂的「互文」是修辭的一種，定義為文章中某上句省略下句出現的字詞，下句省略上句出現的字詞但上句與下句合併後即成為一個意思，相互補足。這一句話應該解讀成「左右驂殪兮左右刃傷」，也就是戰車左右邊的驂馬都受到刀傷也中箭倒斃，兵荒馬亂理所當然的畫面。

零起點的學生也可以這麼學中文

我們班上來自巴西的外籍生Manon，讓我的國文教學也產生危機。她是個中文零起點的學生，一句中文也不會說，如何讓她參與課堂呢？當白板傳到她面前，總不能因為她不會說中文，無法寫中文，就讓她乾坐著看同學們上課吧！我索性讓 Manon 用畫的畫出答案，每次輪到她，全班都得配合她用畫的畫出答案，回答變得有趣又多元。白板傳到 Manon 面前，教她畫出答案就成了全組最神聖的使命，其他組知道意思直接畫出語意，Manon 這組組員得先用英文解釋句子內容或者繪圖方向給她聽，讓她自己畫出來，後來發現這樣耗費的時間太多，而且雙方對於同一個詞想要舉的例子不盡相同，她的組員乾脆直接把例子講出來，指導 Manon 該怎麼畫。

課堂上不只有中文，還出現了英文，學生們比手畫腳竭盡所能的溝通，課堂上每個人都變成了老師，我、Manon、Manon 同組的組員，全班的學生都在練習把我們想表達的說得讓對方聽得懂，學得會。

外籍學生也能藉由畫來展現他對「誘之以利」的理解。

右下圖是上《左傳》〈燭之武退秦師〉時 Manon 畫的，她畫出〈燭之武退秦師〉所使用的策略。

Manon 上台用英文說著：「就是要給他（指秦國）房子、吃的、喝的、很多好的東西」，然後用中文說出「我幫你」三個字，詮釋「誘之以利」。有些學生英文能力好，馬上聽得懂

Manon說什麼；有些人一看圖就明白她的意思，圖畫為學習開了一扇窗，打破語言文字的隔閡，Manon的表現讓全班「驚為天人」。

Manon講完「誘之以利」，我順勢補充課文提到的「越國以鄙遠，君知其難也，焉用亡鄭以陪鄰？鄰之厚，君之薄也。若舍鄭以為東道主，行李之往來，共其乏困，君亦無所害。」❶學生們便能將「誘之以利」對應到文本的句子進行深度學習。

以圖畫學習的注意要點

最後，總結前面案例，提醒大家用圖畫學習來澄清觀念時，要注意下列三點，才能讓教學更有效果。

一、以文轉圖：讓學生先自行閱讀資料，了解文字內容，才能將文字轉換為簡易的圖像，便於其他組短時間內理解。這個過程經過兩道手續，一是學生得讀文本內容，二是畫出文本的語境，圖上不能有任何文字。圖畫必須要畫得很細緻嗎？不用，這裡考驗的是轉譯能力，不是考驗繪畫程度，能把重點畫出來就是絕佳的詮釋。

❶譯釋如下：越過鄰國把遠方的鄭國作為（秦國的）東部邊邑，您知道這是困難的，（您）為什麼要滅掉鄭國而給鄰邦晉國增加土地呢？鄰國的勢力雄厚了，您秦國的勢力也就相對削弱了。如果您放棄圍攻鄭國而把它當作東方道路上接待過客的主人，出使的人來來往往，（鄭國可以隨時）供給他們缺少的東西，對您也沒有什麼害處。

二、自說自畫：讓各組學生把畫中內容對著全班說明，同樣得經過雙重考驗，一是有沒有辦法透過口語清楚的表達，讓全班聽得懂，二是當同儕對圖畫提出疑義，能否補充說明，解除對方的疑慮。圖畫中的重點元素有七分像，能用語言圓過來的，這一回合都算過關。

三、老師補充：如果學生圖畫中有疏漏，代表學生理解出現斷層；如果學生陳述得不夠清晰，代表傳遞資訊能力尚待加強，老師可以針對學生不足處加以提點，學生也能夠因此保持專注。反之，如果學生畫示清楚，說得頭頭是道，老師可以援引其他例子，讓學生深度學習，驗證學生是否真的了解。以上述「互文」來說，老師舉「穿金戴銀」，如果學生回答「穿金銀戴金銀」，個個都是資優生。

每教完一課，只要使用過圖畫學習法，一定是學生印象最深刻的單元，你也可以馬上試試看喔！

圖像教學

畫圖可以確認學生真正理解文本的意義。

第二部

帶班帶心：柔性經營

01 六頂思考帽代替懲處，找出成長之道

高二下學期第一次段考放學後。科任老師告訴我，「仙女，有學生跟我說你們班學生作弊。」為什麼學生不直接跟我說，而跟科任老師說呢？是不信任我嗎？再三告知不要作弊，為什麼還要以身試法呢？

設計活動引導學生看見弊端

教學多年，我深知處理作弊和竊盜最棘手，「握有證據，學生仍會強詞奪理，更何況沒證據的臆測，會造成師生對立。」、「不會只有單科，還有其他科目作弊，班級風氣淪陷。」面臨人性的考驗，該不該處理呢？

或許我可以自我安慰說：「就算他現在考得再好，反正學測又不能作弊」，縱容學生一而再，再而三的作弊？放任班級裡明目張膽的作弊？與其責備，與其說教，我打算設計活動引導學生，感受作弊對團體的影響。心裡浮現了「六頂思考帽」，希望學生願意與我分享，

他們如何看待作弊事件中的自己。預估需要兩節課的時間。

我請學生在黑板上寫上他們眼中的「仙女」，1-10號先上台，依次11-20、21-30、31-37號。黑板上密密麻麻的都是學生對我的評價。

寫完之後，不急著解說黑板上的答案，直接進行下一個單元。（活動設計有懸念會讓學生產生期待心理。）

解決問題靠六頂思考帽

水平思考（Lateral Thinking），是愛德華．德博諾（Edwardde Bono）博士於一九六七年，在心理學、生理學和哲學的基礎上，開拓的一套思維工具體系。

每教一頂帽子，都分配一個任務

學生對「仙女」的評價。

給學生練習，各組一分半鐘討論，把答案寫在白板上，再把白板貼在黑板上，學生能看到其他組不同的意見。

一、白帽子：事實（**直接描述你所看到的**）

討論題目：二〇一。

出題動機：這一題測試學生心裡有沒有導師的存在？了解導師是否具有影響力。

通常問學生：「你們班有多少人？」學生會回答的是學生人數，會自然的把導師排除在外。值得欣慰的是有四組寫出二〇一有三十八人：三十六個本班生、巴西外籍生Manon和仙女。

二、紅帽子：直覺（你直覺的想法）

討論題目：國文課。

出題動機：純粹是想讓學生吐吐苦水，發洩對國文課的各種情緒。當各組學生正要把白板貼在黑板上時，我雖然還沒看到答案，依舊哈哈的笑著說，「這一題不管你寫什麼都會對，因為這是你的感覺，你的感覺是可以抒發

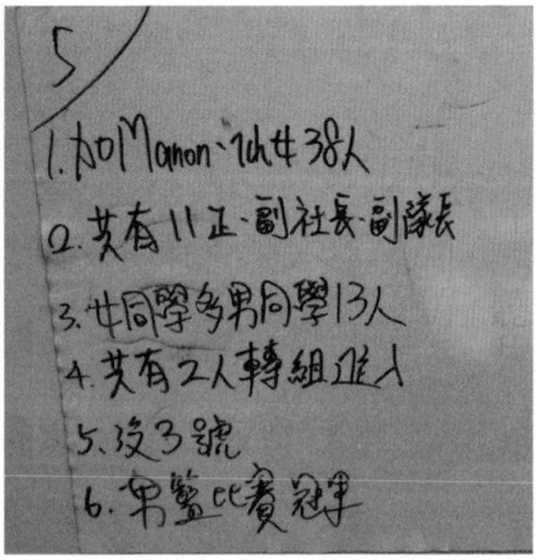

學生對「班級」的想法。

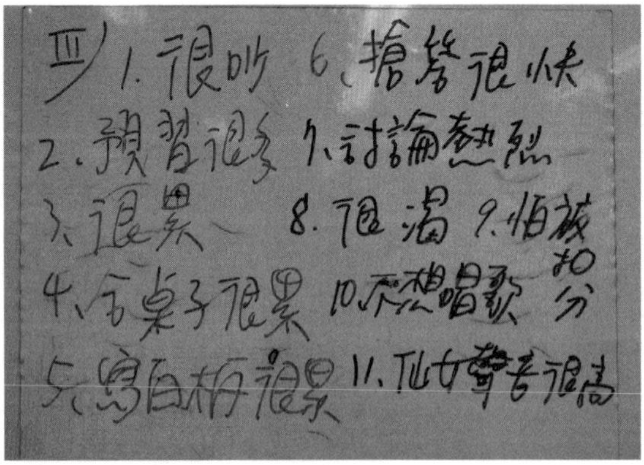

學生對「國文課」的想法。

的。」就算寫「很討厭國文課」也是好答案。

請記得，不要被情緒控制太久，好情緒與壞情緒放在心上三十秒之後就讓自己歸零，重新啟動。

三、黑帽子：悲觀（具邏輯推理往壞的方面去想）

討論題目：本週六因春假連假必須補課。

出題動機：批評不陷入情緒，闡述論點否定需要找到理由，紅帽子與黑帽子的差別正在於此。為了讓學生能早一點融入題目，我給了最「切身之痛」的題目，讓學生能找出合乎邏輯的答案。

四、黃帽子：樂觀（往好的方面去想）

討論題目：「Go愛台灣」國文報告。

出題動機：「Go愛台灣」是高二下學期的國文報告，學生要關注社會議題，拍影片，寫歌詞，透過我與同儕的回饋一再修正，藉著黃帽子只看優點的特色，讓學生感受它「值得」去做。

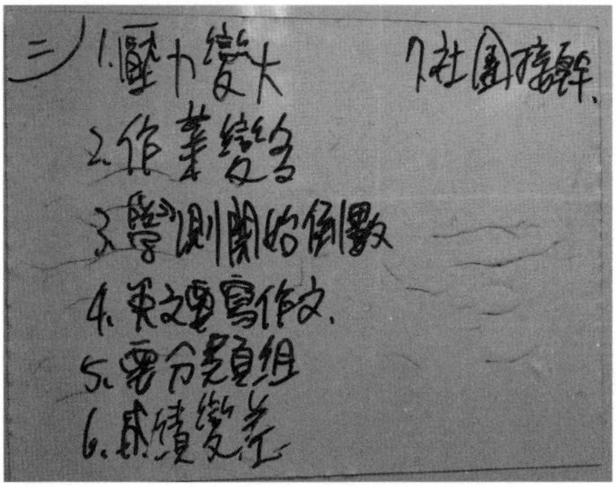

學生對「GO 愛台灣」國文報告的想法。

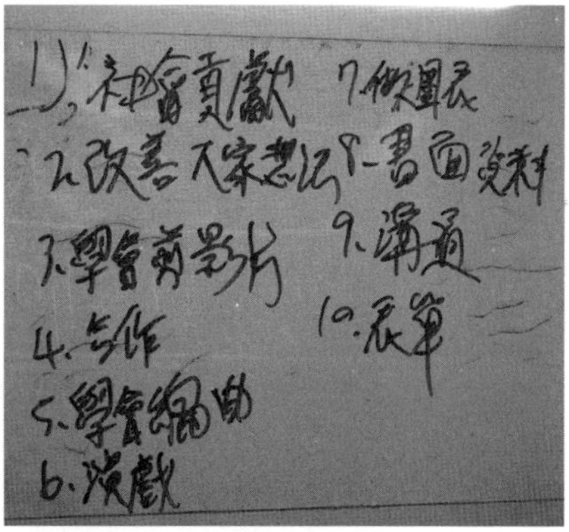

學生對「週六補課」的想法。

五、綠帽子：希望（你希望未來會怎麼樣？）

討論題目：紅白塑膠袋。

出題動機：應嘉一上台就用塑膠袋摀住口鼻，我問：「你在做什麼？」他毫不扭捏的回答「吸毒啊！」創意必須用於正途。應嘉機伶的趕緊把塑膠袋圍住脖子，「也可以當圍巾」。豐富的肢體動作逗得全班哄堂大笑。

第六組則派了兩個人上台，寶拉拿著剪刀剪開了塑膠袋，淯騰的手穿進提手處，一件紅白比基尼就完成了。學生創意無限，在平凡無奇中跳脫窠臼，掀起活動高潮。

應嘉的創意讓全班哄堂大笑。

六、藍帽子：展望（你覺得下一步該做什麼？）

討論題目：高二這一年。

出題動機：高二已進入下學期，學生在這一段時間裡觀察到自己有哪些蛻變與成長。把重點放在學測的，自然多花心思在書本上；把焦點放在社團的，成果發表會消耗許多心力。如果心思放錯了地方還想要有成果，就是奢望，就是妄想，就容易不擇手段，鋌而走險。

教完了六頂思考帽，怎麼知道學生是否了解呢？黑板上滿滿的仙女就是最好的教材了。開放讓學生舉手搶答，搶答者要做三件事：

一、上台指出黑板上的一個「仙女」。

二、大聲唸黑板上的「仙女」給全班聽。

三、說明是哪一種顏色的帽子？從哪裡看出是何種顏色的帽子？

此時，全班陷入瘋狂，踴躍舉手就代表學生能確切地掌握帽子的特性才敢高舉雙手，甚至衝到台前。學生各自解讀著自己看到的不同顏色的帽子，掀起活動第二波的高潮。

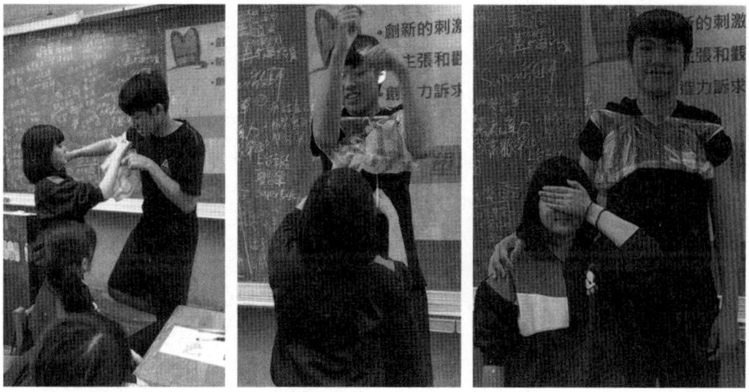

塑膠袋比基尼，這個創意真讚。

領導者帶頭示範有助於團隊自省

接下來，進入主題，投影片中六個格子是我分別戴上六頂思考帽的內心衝突與矛盾糾葛，透過投影片一格格的動畫，讓學生了解我如何看待「班級作弊」這件事。

白帽子：我喜歡幫學生拍照，包括段考的時候。而這份座位表卻意外成了指認疑似作弊者的佐證。

黃帽子：圖中想為二〇一力挽狂瀾的人是我，危機就是轉機，我知道接下來班上會有學

▍搶答六頂思考帽問題，氣氛無比熱烈。

生願意和我一起把這些歪斜復位。

紅帽子：當我從科任任課老師口中知道班上作弊，心情很糟，我沒有把二〇一帶好？我是不是個無法讓學生信任的導師，才會讓學生找科任老師求助？

黑帽子：這次段考考了〈孟子〉：「西子蒙不潔，則人皆掩鼻而過之。雖有惡人，齋戒沐浴，則可以祀上帝。」意思是不管做過什麼錯事，只要改過遷善，也可以變成好人。把課堂教的知識內化為學生的行為，而不是教出人格分裂的假面人。

綠帽子：用「六頂思考帽」讓學生思考作弊對於自己與班級的影響。分別演練戴上不同的帽子，反思自己考試期間的表現與作為，才能找到改變的動機。

藍帽子：要抗拒分數的誘惑就像圖中推著石頭上斜坡，必須很費力才能往前一小步。可以靠自己努力，可以找到志同道合的夥伴，一步步的往前推移，成功才會到手。

打造成功團隊才能史上留名

剖析了我自己對於班級蒙塵的心情後，簡報再出現高知名度的團隊照片「五月天」與「披頭四」的照片。

學生早上就注意到我今天第一次穿我們二〇一班服（我上班通常不穿T恤）。我說著：「我不要人家只記得全校第一名在我們班，不要只記得最會彈吉他的在我們班，不要只記得導師是仙女，明星球員光芒萬丈都敵不過……」，下一句還沒講出來，我就哽咽得說不出「明星團隊史上留名」。看到自己的導師班因為一群人作弊而讓全班蒙羞，身為導師的我無可卸責。眼淚讓我的話，哽在喉間。

六頂思考帽的作弊思考。

我按下投影筆，放下一張投影片，吸了鼻涕才能說出「違規的事就是不能做」，定定的看著全班，一秒，兩秒，三秒，時間靜靜的流過。

下一張投影片，「人們將記得你的○○」，我把關鍵字挖空，讓學生沉澱，他們應該都在找尋自己的答案。我的答案是「態度」，我提高音量說，「你的個人價值只值區區那幾分嗎？」

我可以在全班面前劈頭罵作弊的人無恥，罵看到別人作弊卻縱容的人鄉愿，就當作處理過作弊事件（反正也抓不到證據）。我很誠懇的放慢語速跟學生說：「我選擇熬夜兩天設計活動，讓你們從心裡看到自己在作弊事件中看到什麼？仙女很努力想讓二〇一變得更好。我不會因為你一次犯錯就放棄你，但我們都要在這次錯誤中學會改變。」

活動後每位學生的成長，對我來說才是一座座的獎座。

我語氣平和的對全班說：「不管你有沒有作弊，你都可以透過『六頂思考帽』寫下你對這次作弊事件的看法。真誠的面對自己，才有可能讓自己變得更好，二〇一才有可能變得不一樣，成為真正的明星團隊，我們以穿上二〇一班服為榮。」

最後，我送全班《牧羊少年奇幻之旅》中的一段

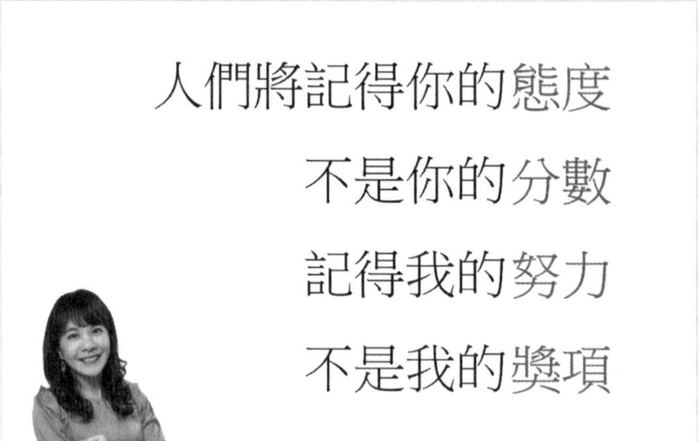
人們將記得你的態度
不是你的分數
記得我的努力
不是我的獎項

唯有「態度」會被記得。

話，「當你真心想要做好一件事，全宇宙都會聯合起來幫你。」學生們的自覺是可以被喚醒的。剩下二十分鐘，我站在講台上，播放著背景音樂，一張張「六頂思考帽」彩色版學習單，在學生筆下被放大。

當場驗收教學成果

四點，我坐在辦公室看著一張張的學習單。

「仙女，我國文默書偷看別人的……」

「仙女，看到你哭，我覺得自己辜負了你……」

「仙女，我傳小抄，這樣對認真的同學很不公平……」

「仙女，我看到〇〇作弊，我不敢說，我氣自己的懦弱……」

「我們班被仙女教得很團結，同學們感情好，還願意分數與他人分享……」

「我搭捷運也在背書、背單字，吃飯也在背，洗澡也在背，為什麼他們輕易的就可以得到不屬於他們的分數……」

「仙女，你為什麼不直接在課堂上把作弊者的名字唸出來，給他難看……」

「我以後要問他們哪裡不會，教他們，這樣他們下次就不會想要作弊了……」

「我上課講話，作業用抄的，回家也沒看書，爸媽又希望我考好……」

「仙女用『六頂思考帽』來鋪陳，這樣的思考方式可以套用在任何事物上。這次的作弊事件用這樣的思考方式教大家，可以抒發不愉快的情緒，同時也可以整理出結論，不會太過於沉重，但也不失嚴肅……」

「仙女，我想跟你說『對不起』。星期四回家，我跟我媽說：『仙女說班上有人作弊，仙女只有說她很失望……』我跟我媽說：『我對仙女的處理方式很失望』，就跟媽媽抱怨了您，我在心裡認為您應該要馬上有所作為。我真的覺得很對不起您，您也是人，也需要時間，需要好好想想，釐清思緒，重拾對二〇一的期望。總之，我真的覺得你很棒，是一個很用心、很真心的老師。不要再難過了。」

對我而言教育是什麼？班上學生有我高一就教的，也有些我高二才教的；有些經常到辦公室跟我聊天，有些在走廊上看到我會打招呼，他們是壞孩子嗎？你問我這些孩子會改變嗎？教育不是看到希望才努力，而是努力才會看到希望。

六頂思考帽的應用訣竅

「六頂思考帽」是個非常實用的工具，用在班級經營或文本賞析都很適合，在這裡提供老師們運用的訣竅，更有效打破傳統的思考框架。

一、六道題目六個議題：六頂帽子代表六種思考方式，建議各用不同的題目了解學生對於該議題的見解，掌握學生思考脈絡，也就能更貼近學生的心。題目走向如下規劃：

1. 白帽子：白色代表中立與無私，客觀的審視數據與資料，陳述事實。出一個認識所處環境的題目，增加學生對於自我與環境的認同。

2. 紅帽子：紅色象徵火焰，表達最直接的情感。出一個學生每天必須要做又邊做邊抱怨的事情，讓學生宣洩情緒，再提醒學生不要被紅帽子綁架情緒太久。

3. 黑帽子：黑色代表合乎邏輯的否定，只考慮事物的負面因素。出一個相對容易找到問題的題目，學生才敢於批判，提醒學生批判性思考沒有對錯的分別，只有立場的不同。

4. 黃帽子：黃色代表耀眼和樂觀，以正面的思想給予和邏輯的肯定。最適合出班級共有的經歷，當時曾經苦不堪言，如今讓用黃帽子回顧，提昇學生未來面對困難的耐挫度。

5. 綠帽子：綠色象徵充滿生機，用創意的思考方式提出解決問題的建議。這道題目建議使用道具，讓學生上台演繹，打開感官，享受學習，增加趣味，創意無限。

6. 藍帽子：藍色象徵天空綜觀全局，控制思考，總結論述。出一個長期計畫的總結，學生能夠更全面的審視這段時間的自己，教師在這一階段提供自己的觀察與建議。

二、先練習再解說：將各色帽子的特性做成講義或投影片供學生自行閱讀，閱畢後，出一個上述第一點建議的題型，讓學生小組討論，教師再行解說，確定學生了解之後，再換下一頂帽子，以此類推，六個循環，六次練習，提高對問題的分解技能，隨時變換思考方向，訓練腦部發展，不再侷限單一思考。

三、整合運用一次到位：各頂帽子一一練習結束後，再設定一個主題，讓學生角色扮演，運用六頂思考帽做出全方位決策，最後總結陳述，摘要結論，得出最佳解決辦法。

02

樹立制度與溫度並行的班級規範

「仙女，我感冒了，等等上課可以喝水嗎？」怡婷國文課前來辦公室這麼問我。

「當然可以囉。」出於關心，我順帶問了，「最近太累，感冒了嗎？」她點了點頭。

上課時，我瞥見冠志喝水，「冠志喝水，扣100」，我在黑板上寫下「-100」，冠志不甘示弱地指向怡婷：「為什麼她喝水沒扣100？」

冠志嘴角弧度往下，不發一語，旁邊的恩均拍拍他，教室裡出現幾秒鐘的低迷，大家都感受得到尷尬。

跟怡婷同組的書宇，幫忙答腔，「她感冒了，剛下課先問過仙女可不可以喝水。」

洞燭機先掌握全局

分組討論時，學生有兩種反應，認真的學生會身體前傾向組員提供自己的想法，左右的學生配合側耳傾聽，更有學生熱切地站起身參與；意興闌珊的學生背桿黏在椅背上，面無表情地喝著水，跟組員就像平行時空的對照組。教學這麼多年，深知這些學生喝的不是水，喝的是輕鬆悠閒，喝的是置之度外，喝的是逃避參與，喝的是拒絕學習。已經預期會發生的陋習，就該建立制度防微杜漸，沒有觀察期，沒有緩衝期，原則先行，制度在前。

此外，還有一種因為喝水最常見的狀況：桌上水杯打翻。一陣驚呼之後，有學生到掃具區拿拖把拖地，忙進忙出，其他學生趁亂聊天、滑手機，各種小動作層出不窮，打壞授課節奏，比一隻蜜蜂飛進教室裡的尖叫還多出十倍的處理時間。還有後續的狀況呢！水喝飽之後，舉手要上廁所，一個人說要去，兩個人說要去，走出教室，上課像逛街，悠悠哉哉，其他人起而效尤，樹立優質的學習氛圍是教師保障認真學生學習的責任，這也仰賴制度的建立。

制度帶來附加學習

很多學生在早自習結束才去合作社買早餐，會在第一堂問我：「仙女，我可以吃早餐嗎？」

「好啊！」

水杯放桌上是因為學生感冒了。這種例外讓班級制度也有「溫度」。

第一個吃早餐的學生問，第二個學生接著問，一個個想吃早餐的學生表達他們的需求。

學生在午休時忙著社團排練，會在下午第一堂問：「仙女，我可以吃午餐嗎？」

「好啊！」但我通常還會補上一句，「肚子餓了，先填飽肚子才有力氣上課。」

如果學生有喝水的需求，一樣可以問：「我可以喝水嗎？」就像有的學生會在一上課說，「剛才體育課很熱，我想喝水」、「我喉嚨痛想喝水」，讓學生學習傳達自己的需要，是很基本的表達能力，也是很重要的機會教育。

建立制度需掌握以下三點原則，也更有利於教學。

一、抓大放小：老師先挑出教學的核心理念，也就是最重要和最該做的，再來處理次重要及次渴望的事物。以我為例，尊重與包容是我最在乎的，遠遠超過於對成績的重視，上課第一天，我會明確的對學生提出我的十項要求（參見下表）。

我也會在課堂上讓學生討論「仙女對學生的十個要求」，藉此了解學生與我之間認知是否有落差？每組學生答案雖有不同，也有相同處，學生能寫出來就代表我耳提面命奏效；倘若

上課守時	作業準時交
有禮貌	分組討論
課前預習	上台表達
水杯不放在桌面上	學習單寫滿
不辱罵同學	尊重同學發言的權利

我對學生的十個要求。

沒寫出來，我會再多宣導。

人無遠慮，必有近憂，擬定大方向，老師站得住腳，才不會在遇到爭議時被學生和家長牽著走。

二、取信於學生：先來提提〈商鞅變法〉。商鞅受秦孝公的重用，使秦國強盛。推行變法初期，商鞅怕百姓不信新法，於是，他把一根三丈高的木頭豎立在南門前，張貼公告懸賞：「如果有人能把這根木頭搬到北門，就賞十金。」百姓只覺奇怪，並沒有人敢嘗試。於是，商鞅又下令把賞銀加至五十金，後來真的有人把木頭從南門搬到北門去，商鞅也履行諾言，賞此人五十金。這件事一傳十，十傳百，很快就傳遍了整個秦國，老百姓知道商鞅說到做到，都不敢懷疑他頒佈的新法令，商鞅變法也得以順利推行，商鞅運用「徙木立信」的策略取信於民。

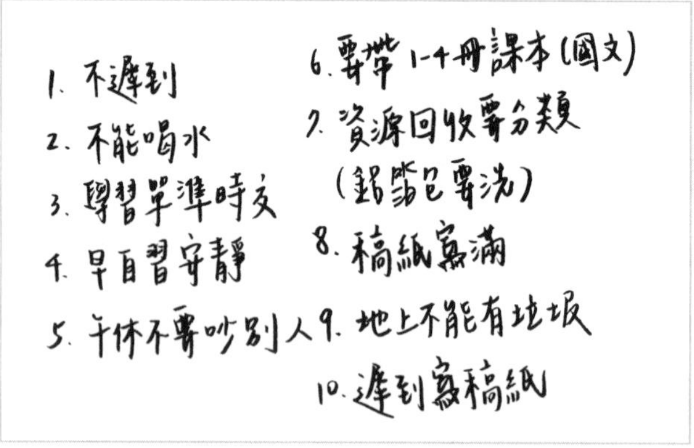
1. 不遲到
2. 不能喝水
3. 學習單準時交
4. 早自習安靜
5. 午休不要吵別人
6. 要帶1-4冊課本(國文)
7. 資源回收要分類
(鋁箔包要洗)
8. 稿紙寫滿
9. 地上不能有垃圾
10. 遲到寫稿紙

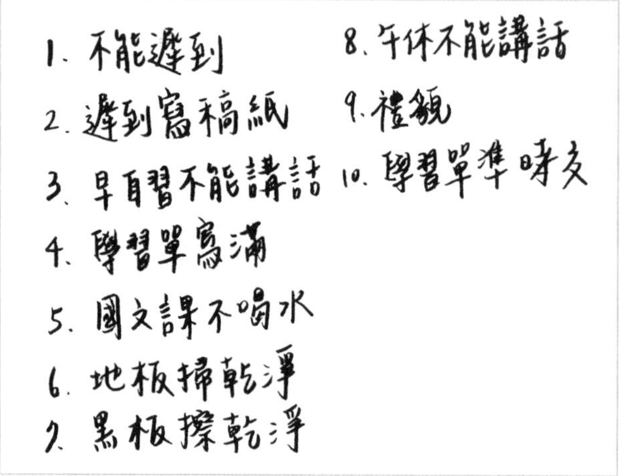
1. 不能遲到
2. 遲到寫稿紙
3. 早自習不能講話
4. 學習單寫滿
5. 國文課不喝水
6. 地板掃乾淨
7. 黑板擦乾淨
8. 午休不能講話
9. 禮貌
10. 學習單準時交

學生對我的要求的認知並不完全相同。

帶班也是如此，誠信為上，人無信不立，學生很機靈的，當他們看到老師睜隻眼閉隻眼，就會有樣學樣，所以就算是課堂上循規蹈矩的學生喝水，我也會問，「你為什麼喝水？」學生都覺得「乖」本身就是一道護身符，當乖乖牌學生並未受到禮遇，會讓所有的學生更明確感受標準的存在。老師們可以想想，詢問也是關心的方式，有問就有互動，沒有規矩，不成方圓，制度之前一視同仁是取信於學生的最好方式。

你有方法，就要讓學生相信你；如果無法取信學生，就不是好方法。

三、制度烘托溫度：規矩訂立之後，不是看著學生犯錯，而是在這當中教會他們面對問題與解決問題。

舉學習單為例，我規定學習單遲交一律零分，但有補救的機會，學生可以選擇寫一張稿紙或者將A4大小的學習單背面寫滿，分數不打折。有些學生忘了帶學習單，問我怎麼辦？

第一種處理方式：我會問他們，「寫滿背面好嗎？」有些學生會答應，問題就解決了。有些學生表示寫一面就有難度，更何況第二面，我會再問他們，「你寫你想寫的或你擅長的都行。」有些學生很會畫畫，問我，「用畫的可以嗎？」當然可以。學生承擔了遲交的後果，分數一樣不打折。

第二種處理方式：有些學生說，「不要處罰，不想寫雙面。」我也會同意，下不為例。這是種專屬的特權，針對個人的，每個人都有一次的機會。

第三種處理方式：「仙女，學習單我寫好了，但是放在家裡，我可以跟你拿一張新的，今天放學給你嗎？」我都會這麼說：「不用了，我最討厭做重複做過的事，你都寫好了，明天一大早放在我桌上，就不算遲交，如果沒放，那你就得寫雙面。如果下次又忘了帶，也是要寫雙面喔！」學生的表情從擔心被罵到欣然離開，他們開心的是不用加寫學習單，我開心的是教孩子學會自己解決切身的問題。

老師授課之初，先建立班級規範，固然會讓學生覺得諸多不便，卻也讓學生知道有道界線不應跨過，行為也會多加留意，避免踩雷。相反的，先當個讓學生喜歡的老師，很快會面臨無法滿足所有學生的困境，反而會招致怨言。讓學生喜歡你是因為你有原則，有標準。有了制度，才有溫度，讓學生心服口服。

03

運用扣分與加分機制，培養學習的素養

「為什麼窗台上有私人物品？」我一進教室就這麼說著，接著在黑板上將計分表第四組寫上「-10」。

「課文第一段，沒抄翻譯的站起來。」每一組或多或少有一兩個學生站起來。「第一組幾個人站著？」學生回答：「兩個」，我在黑板寫上「-20」，扣完分數後，學生就可以坐下來。「第二組幾個人站著？」有人答：「一個」，我依次詢問每一組有多少人沒抄翻譯？他們回答幾個，我就在黑板上扣多少分，這樣的問答讓學生意識到自己課前準備不足。

開始上課，學生馬上進入備戰狀態，準備好寫白板的態勢，為什麼呢？扣分的壓力帶來了想要拚搏答題的動力，想把剛才的負分轉正。

溫故是知新的前哨戰

「這一題高一學過。有一個人在貶謫時寫下了『不以物傷性』，請問是什麼人的哪篇作品？」

第五組只有一個人帶高一課本，全組望著唯一的一本高一課本，沒能在時間內寫出答案，被扣了分。其他組的學生呢？桌上都放著高中現有的四冊國文課本，更有幾個學生連參考書都放在桌上，方便隨時翻找答案。

溫故是知新的前哨戰。第一次記不得就記第二次，再不會就記第三次，事不過三，再記不得便是無心，不見得是真的不會。學習是學生的責任，不能老是靠老師耳提面命，扣分是將學習的責任還給學生，學過的要放心上。

老師掌舵，學生才能往對的方向前進

「請寫出〈醉翁亭記〉的作者。」毛毛大聲講出「歐陽修」。像這種簡單的記憶型題目，學生寫了白板就會加深印象，但毛毛一講出來，剝奪了同學討論的機會，扣100，比沒有預習扣10分扣得更多。

為什麼呢？一、原本嫻熟答案的人會講給不會的人聽，不會的人聽了寫在白板上，獲得學習成就感；二、小組討論是私密的，營造了專注力，答案一公開講出來，瞬間變得廉價，沒了價值。

還有一種情況，學生趕著上台貼白板，橫衝直撞，一旁的同學會提醒，「不要撞到桌子」、「小心講台，不要被絆倒了」，曾經有觀課老師覺得我們班很暖心，那是因為「跌倒扣3000」。

學生的的確確在意被扣分，日子久了，這些話經常掛在嘴邊，良言一句三冬暖，學生間的情感更緊密，我們班也是全年級中最有向心力的班級呢！

扣分愈是犀利，愈顯現出重視的程度，個人安全與團體學習氛圍都是老師必須在意的。

榮辱與共好翻身

應嘉上台表演，廷恩在台下說：「白痴喔！太好笑了吧！」

應嘉申訴，「仙女，廷恩罵我白痴！要扣他分數。」

我在黑板上寫下「-100。」

廷恩抗議道：「仙女，我沒有罵應嘉白痴啦！我是說他把白痴演得很好。」

我壓抑住看著這兩個好朋友互相調侃的笑意，「廷恩，所以呢？」

廷恩再次申訴：「所以，仙女不要扣我100啦。100很多耶！」

睿恩提醒他該說「對不起」，廷恩很快的說「對不起」。

我問應嘉，「這樣道歉你接受嗎？」

應嘉跟廷恩是哥兒們，下課都玩在一起，應嘉故作嚴肅的說出「不接受」，廷恩這組就這樣「-100」。組員們頓時間臉全垮了下來，一人作亂，全組遭池魚之殃。我倒覺得這就是榮辱與共的時刻，全組不僅要能同甘，還要能共苦，更能體現分組的意義，而不是與組員劃清界線，大難來時各自飛，老師則是提醒學生失意時找出解套的對策。

「人生沒這麼多好抱怨啦！」

「分數被扣，再賺回來就有啦！」

「想想看有什麼補救的機會？」

「扣100分，可以申請三次。」

「只要三次『第一』，回答正確，就能消掉100分。」

我總說著這些話，說久了，這些話像座右銘一樣，產生行動的力量。

三次「第一」很難嗎？學生都知道不難，只要舉手說「申請三次」就可以了。第一個舉板是「第一」，圈叉牌全組全對是「第一」，想到某個好點子舉手發言是「第一」，講出別組的優點也可以算「第一」，很快的「-100」，就在黑板上被畫了個大叉。學著把自己會的表現出來，學著看到別人的優點都是「第一」。

學生重新被燃起了希望，接下來變得更加的積極勤奮，該組學生會希望自己能在每一題拿到「第一」，連帶的帶動了班上的學習氣氛，其他組也會感受到這樣的衝勁，會不會有學生故意放水讓他們第一？不會，因為沒有一組想要上台唱歌，組組都希望自己表現得更好。

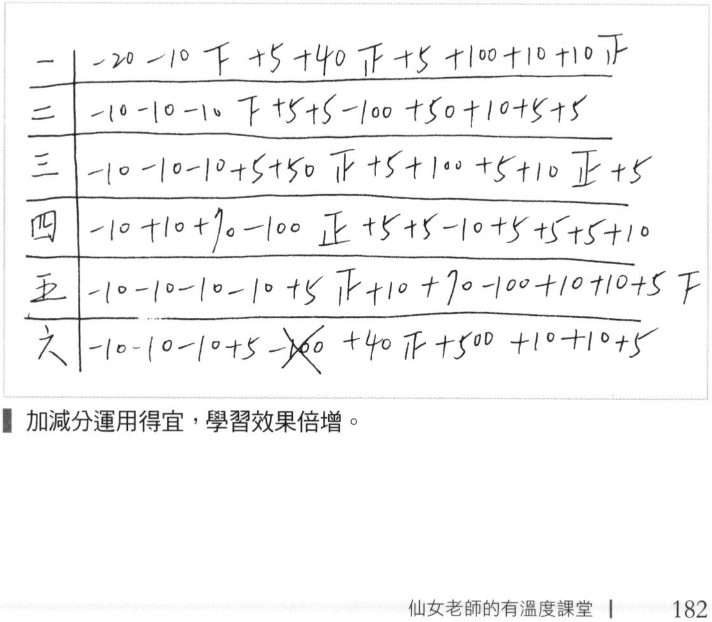

一	-20 -10 下 +5 +40 正 +5 +100 +10 +10 正
二	-10 -10 -10 下 +5 +5 -100 +50 +10 +5 +5
三	-10 -10 -10 +5 +50 正 +5 +100 +5 +10 正 +5
四	-10 +10 +70 -100 正 +5 +5 -10 +5 +5 +5 +10
五	-10 -10 -10 -10 +5 正 +10 +70 -100 +10 +10 +5 下
六	-10 -10 -10 +5 -100 +40 正 +500 +10 +10 +5

加減分運用得宜，學習效果倍增。

主動出擊比起怨懟憤怒更能搶救頹勢，患難見真情，班級會產生蝴蝶效應，叮嚀同學避免誤入或刻意犯錯，同舟共濟，贏得的不只是分數，更是情誼的累積。

21天的魔力

我在課堂上有些重要規定（請參見〈樹立制度與溫度並行的班級規範〉，頁一七三～一七八）。規矩訂定後，老師可以給學生兩到三週的適應期，提醒再提醒。當規定跟分數綁在一起，學生感受度大增，這跟我們生活中開車違規被開罰單是一樣的道理，被開過罰單的人會格外警惕，身邊的人也會時時提醒他。彼此督促，不只課業，更包含了生活常規的提醒。

行為心理學中的「21天效應」，說明人至少需要21天才能養成新的習慣。但這並不是說新習慣只要經過21天便可以自然形成，而是這一個新習慣要在21天中不斷重覆才能產生效應，班級規矩與班級風氣才能落地扎根。

扣分與加分的操作技巧

教育除了鼓勵與加分，還得啟動扣分的機制，該怎麼做才不會讓學生自暴自棄，自我放逐？重點不是扣分或扣幾分，而是我們怎麼透過分數落實班級制度，讓學生在分數的低谷翻身，可以這麼操作：

一、給予適應期：規矩訂定後，老師可以給學生兩到三週的適應期，提醒再提醒，結束適應期後，就得確實執行扣分，避免產生破窗效應。

二、被討厭的勇氣：適應期過後，老師千萬不要睜隻眼閉隻眼，千萬別手慈心軟，一定要勇敢糾正學生。正式扣分的第一天起，教學也就逐漸在軌道上了。

三、扣分多少是量尺：扣分的多寡真實呈現出這件事情對課堂的影響，愈在意的事，愈要極力避免，扣分愈重。

四、灌輸成長型思維：扣分是機會教育的契機，天無絕人之路，只要努力和堅持就能柳暗花明，就可以扭轉劣勢。願意以開放的心胸面對挑戰，克服困難，習得新的經驗與事物，建立團隊合作的文化。

五、即時提供方案：扣分會讓學生陷入低潮的情緒，尤其會讓沒犯錯的學生覺得受到牽連，「關我什麼事」。不要只說「加油」這種抽象而無力的語詞，此時，如果老師提供解決方案，就能讓學生彼此為同一目標而努力，減少抱怨的時間，也為犯錯的學生找到台階可下。

學生覺得被扣分，心裡很嘔，怨老師扣分，怨同學闖禍，怨自己身在這個班級裡。素養學習給了學生練習的舞台，學習怎麼面對突如其來的沮喪，學習怎麼運用成長型思維，學習怎麼和組員通力合作逆襲，學習怎麼避免二度犯錯。在落實班級制度時，落實的是面對挫折的人生態度。

04 白板答題看出個人所知，還能培養團隊互助

每到要分組的時候，總會有幾個學生來抱怨：「仙女，我不要跟立民同一組。」立民是我們這一屆國文成績數一數二的學生，上課積極投入，卻不得人緣。

無法與強者合作

「立民根本不跟我們討論，我們說什麼他都要打槍，讓他自己一個人一組就好啦！」

「每次我們一寫錯，立民就說連這個也不會喔！他那樣子看了真的很討厭。」

「我們明明已經把答案寫好了，立民還把我們的答案擦掉，寫他自己認為對的那個答案，有時候是會對啦，可是有時候其實是我們討論的答案才是對的。」

「仙女，你出的題目，只要立民會的，他還會把我們手裡的筆搶走，自己寫答案。」

我跟立民講過幾次，他也想改，但看到隊友學習態度散漫，回家不預習、不複習，基本的題目也不會，他也是一肚子火，他跟我說了很多次，「仙女，其實分組根本沒有用，我會

的問題，他們根本就不會。」立民講的只對一半，確實有些學生正確率沒有立民高，但是在溝通與傾聽上，立民卻遠遠落後其他人。每次換座位，我還得安撫立民的隊友。

分組機制下，該怎麼做，才能避免其他學生跟立民同組就怨聲載道。

太懶散的不想合作

立民也會抱怨，「仙女，我不要跟心羽同組。她根本就不討論啊！每次討論像沒她的事一樣。」

我反問立民，「心羽會預習嗎？」

他答得爽快，「有時候會，有時候不會。如果我們發現她沒預習，叫她預習，她就會預習了。」

我試探性問立民，「她不討論也不打緊，反正你們那組有你罩就好啦！」

立民回答，「我只是不喜歡她就坐在那邊納涼，事不關己的樣子。」

分組機制下，該怎麼做，才能避免其他學生跟心羽同組就怨聲載道？

前述立民和心羽的狀況是不是在分組中經常遇到呢？良善的分組機制，不只能避免立民和心羽備受批評，也能同時解決下列三種常見的情況。

一、課業表現亮眼的，不願意分組，分組會拖垮他完美的表現。

二、課業表現弱勢的，沒有人願意跟他同一組，擔心被他拖累。

三、人際關係疏離的，經常落單，在組內被當成空氣。

傳白板有策略，每人都能上場答題

前面章節提到偶爾有訪客來時的白板用法，這裡來提提課堂上的常態用法。

通常擁有發話權的學生自信心足，課業表現好，人緣好，主導討論，美其名是討論，其他人無從插話，偶爾跑跑龍套，久而久之也不想參與，要不坐在旁邊發呆，喝水納涼，背靠著椅子，一問三不知。反正有些學生對於分數看得很淡，皇帝不急，急死太監，主導者就會更用力更賣命，其他人敢怒不敢言的惡性循環，也失去分組的意義。

指派任務便成了重要的工作，第一題第一個人寫，第二題第二個人寫，第三題第三個人寫，以此類推。會不會有學生不願意配合？會。會不會有學生像立民一樣，等不及同學寫，就自己搶筆過來寫？會。老師如果看到違反指令的情況，要能明確指正學生。為了要顧及學生顏面，第一次不用指名道姓，用組別提醒學生注意，「第一組，現在輪到第二個人寫囉」，指出第幾人，就是讓學生產生警惕。

如果學生再沒有改善怎麼辦？第二次走到小組的旁邊，指名應該輪到誰，看著學生把答案寫好。一堂課重複好幾次這樣的步驟，學生就會知道寫白板的規則就是輪到誰寫，就該誰寫，沒有人可以被取代，每個人有自己的位置與功能。

輪到的人可能會有下列問題：反應慢半拍，沒有預習，聽不懂題目，怎麼辦呢？為了得分，組員們會協助當事人解決問題。有些畫面讓我印象深刻，教〈醉翁亭記〉時，我問文本中形容秋天的句子是哪一句？輪到的心羽，她找不到答案，立民唸著「風霜高潔」，讓心羽寫下答案；我們班上的身心障礙學生凱安遇到不會的提問，組員們不但不會嫌棄他，反而會快速拿起一張紙，在空白處寫下「風霜高潔」四個字，讓他寫下答案，感受得分帶來的榮耀。這就像是組內進行了一次小型教學，所有組員們聽到，看到，也學到了。有的人滿足於寫得快的成就感，有的人則滿足於提供資訊的成就感，更顯團隊合作的真諦。

運用白板讓個人與團隊有雙重成就

二〇五年，我在TED的演講感動了許多人，我是當天觀眾給予掌聲最長的講者，一直到主持人上台，觀眾的掌聲仍不絕於耳。大家總覺得我是個很溫暖的老師，這一點是正確的認知，但是身為老師光有溫暖還不夠，還必須要有策略，才能讓溫暖擴散。

「白板要用傳的。」特別提高了凱安在班級的能見度，當他不會的時候，沒有同學會搶走他的筆，同學會教他寫下答案。我甚至看過好幾次同一組的組員為了得分，情急之下，用原子筆把答案寫在手上給凱安看，合作讓學習滿足了助人的快樂。

微電影協會的秘書長賴麗雪在一〇五學年度來到我們學校，幫我拍部微電影。我想說她既然來了，邀請她跟我們上一堂國文課，她客氣的向我求饒說自己國文程度不好，我再三承諾學生會幫忙她，她勉為其難的坐在教室後方的第五組。說實在的，學生平日在課堂上互助合作，也有感情，但以麗雪姐的「程度」，學生更加會義無反顧的幫她，至於幫到什麼程度？我自己也很想知道潛移默化的威力如何？

下課之後，麗雪姐跟我說：「妳的學生實在太暖心了，輪到我寫答案，還會跟我說『「慢慢來。』我不會寫，學生還會寫給我看，讓我抄下來。」她問我是怎麼做到的？

我的方法如下：

一、做球給每一個學生：「傳白板」這個制度讓每個學生都能上場打擊，讓學生都能自己寫上答案，從實戰經驗中得到成就感。

二、看見弱勢者的需要：六組的分數在黑板上一目了然，會促進組員為了自己這組的目標而努力，不願落人後的心理，協助弱勢的隊友。

三、捍衛制度的決心：不容許有學生破壞書寫的規則，看到學生未依規定書寫要指正，且不予加分，讓學生明確了解這個制度是不容打破的。

白板就像是禮物，讓每一個學生都能在課堂中被重視，不只學知識，更串連起班上情感網絡，教學生做個有溫度的人。

如此一來，每個學生都是可用之兵，可造之材，等著球來就打的好手，共同創造國文課的精彩。

預習
複習

用三種方法來確認學生是否有課前預習，課後複習。

05 不須聲嘶力竭，也能優雅管理上課秩序

平平安安小學時，我去參加家長會，家長們總會抱怨孩子在家裡很吵，詢問老師該怎麼處理孩子們吵鬧的問題。如果兩個孩子的音量就叫做吵的話，那麼老師在課堂上面對三、四十名學生，又該如何管裡秩序呢？

鬧哄哄的教室無法順利上課

回想一下，以前我們求學時期，老是有同學在老師講課時聊天、傳紙條，老師一開始還能心平氣和地說「不要講話囉」、「閉上你的小嘴巴」、「我們來看看今天誰表現最好，最安靜」、又是拉長音的苦口婆心，又是故做可愛的跟我們交心，同學們愈聊愈起勁，鮮少停過。「你不想聽課，還有其他人想聽課，請不要影響其他同學上課的權益」，這種考量他人的說法對同學們更是起不了多大的效用。漸漸的，老師就像火山，隨時可能爆發，「好囉！夠囉！」、「不要講話」、「閉嘴」、「再講啊」、「講話的站起來」、「你再講，就讓你來講給

全班聽」，這效果倒是不錯，班上會安靜一下。等到老師飆高音，臉色沉重，怒不可遏，丟粉筆，摔麥克風，發洩怒氣，班上才會真正安靜無聲。

教室裡，日復一日的管理秩序成為重要的問題，很多老師想讓學生分組討論，學生易放難收，愈聰明的學生討論時愈容易失控，愈天馬行空，愈容易自high，老師為了管理秩序而大動肝火，對於課堂討論更加躊躇不前。那麼，要如何有效控制班上的秩序呢？

講出關鍵字以攫取學生注意力

學生身上是裝有雷達的，能夠感知周遭值得注意的訊號，一聽到關鍵字，就會迅速把耳朵打開，嘴巴閉起來。

我進教室的第一句話通常是「第一題」，攫取學生注意力。學生一聽到「第一題」，就知道趕緊安靜，趕緊把課本拿出來，把心態調整為上課模式。小老師趕緊把白板等相關教具發給各組，組員間火速的把白板就定位，提醒同組的組員一起加油，瞬間進入備戰狀態。

「〈長干行〉中『郎騎竹馬來，遶床弄青梅』，是哪一句成語的由來？這一題很重要喔！你遇到小學同學就可以這樣說，我們是青梅竹馬，多珍貴的一段情誼啊！」「很重要」會開啟學生傾聽模式。

比較難的題目，例如顧炎武在〈廉恥〉中提及「禮、義，治人之大法；廉、恥，立人之大節。蓋不廉則無所不取，不恥則無所不為。人而如此，則禍敗亂亡，亦無所不至；

況為大臣而無所不取，無所不為，則天下其有不亂，國家其有不亡者乎？」這裡運用了「平提側注」法，文言文原本就讓學生傷腦筋，再加上乍聽之下深奧的寫作手法，讓學生想要直接舉牌投降，直接放棄。這時候，只要加上一句「考試會考」，可以增強學生學習的動力。顧炎武將四維分成「禮義」、「廉恥」二組，以平等地位相提並論，稱為「平提」；之後側重在「廉」、「恥」的論述稱為「側注」；之後第二段再就「廉」與「恥」「側注」，切入主題──「恥」，「然而四者之中，恥尤為要。」最神奇的是，關鍵字會讓同儕間串連起守望相助的巡邏系統，平常不敢制止同儕不要聊天的人，伸出友誼之手提醒同學，大家一起聽老師講的重點、報的「明牌」。

「講題號」讓學生知道課堂現在進行的節奏；「這很重要」讓學生知道這一個環節銜接後來的學習，有利於己；「考試會考」，我會說明為什麼考試會考這樣的題目，並出類似的題目讓學生舉一反三。這幾個關鍵字都能夠讓班級從烽火連天到太平盛世，只需要三秒鐘。

音量轉小比大聲斥喝更能讓學生聚精會神

大家想想，跟朋友說話的時候，話題一長，是不是很容易就跳過自以為不重要的情節？但是只要一旦出現我跟你說「祕密」，立刻精神百倍，全神貫注，附耳過去，關鍵就在於「祕密」是小聲說，音量由適中到小聲，就像轉換了頻道，會引起第二波的注意。

學生吵鬧，許多老師因應的方式是大聲制止。當老師愈大聲，學生也跟著大聲，整個教室一片鬧哄哄。當學生很吵的時候，老師的音量可以愈來愈小，營造「說祕密」的情境，學生就必須聚精會神才能聽清楚老師說的話。看似不處理秩序問題，實際上則收到管秩序的效果。這就跟演說時一樣，刻意壓低音量反而有別於正常音，更容易被聽眾記得。

安靜無聲最高境界

覺得學生很吵的時候，老師一句話都不要說，不動聲色的站在講台上看著全班，學生就會納悶老師為什麼不說話，感覺到苗頭不對，山雨欲來風滿樓，就突然有默契的讓聲音都凝結了。

我記得剛開始用這一招是因為感冒上課實在吃力，我站在講台前沒有力氣吼叫，只能選擇不說話，學生還是嘰哩呱啦說個不停，他們樂得很，我越發不能忍受這樣的造次，沉下臉，睜大雙眼看著台下，很快的，大家就像收到地震通知一樣，立即採取應變措施，安靜了下來，一次比一次有效率。這樣做既不傷喉嚨，又能讓學生靜下心來聽課，是我最愛的方式。

三個方法創造有利上課品質的氛圍

運用這三個方法，能夠讓老師們有效控制班上秩序，不用跟學生嘔氣，不用被情緒拖著走，能夠順利教學。

一、關鍵字：視學員的組成份子，觀察他們最在意的是什麼，那些就是關鍵字的源頭。「這很重要」適用於每一階段的學生，「考試會考」當然更是。

二、音量轉小：柔能克剛，輕聲細語面帶微笑勝過怒吼狂飆，出奇制勝，反而讓學生自動減少吵鬧的音量。

三、安靜無聲：無聲勝有聲用在這裡最適合不過了，無聲有助於讓學生冷靜，感受老師的情緒，打造良好的教室秩序是師生共同的責任。

老師們經年累月的講課很傷聲帶，應該避免大聲吼叫或提高音量，尤其在吵鬧的環境裡，上述三個方法能夠讓老師們無須大聲說話，也能有效遏止學生吵鬧，期待你跟我分享使用心得喔。

三招就能讓台下安靜。

06

回饋，是感動與進步的正能量超連結

我曾經到一所職校訪視，好幾個學生滔滔不絕：「小玲老師對我們很好，她晚上會在學校陪我們練習技藝競賽的項目，就連假日也會陪我們到晚上十點，幫我們準備點心，怕我們餓肚子。就連老師住院開刀，還傳訊息要我們繼續努力。如果沒有老師，我們不可能得到冠軍。」有個長頭髮的學生講到哽咽，連帶的感染了我。我吸了吸鼻子問，「老師住院期間，你們怎麼表示呢？」學生遲疑了片刻，「沒有耶！我們那時候忙著比賽，真的很忙。」

前述的場景會不會覺得哪裡怪怪的？老師無私的付出，學生卻漠不關心。我認為如何教學生表達，是重要的教育課題。

特別的愛給遠來的你

每學期邀請講者到班上演講，我總想送他們有意義的禮物。我會先向學生預告如何邀請到講者，講者為什麼願意來，微薄的演講費用並不是講者所求。讓講者知道我們聽到了什麼，感受到了什麼，被哪一點觸動，有什麼影響，這些會讓他忘卻準備演講的辛苦，成為他日後的養分，並且能讓他盤點自己，變得更強，更有影響力。每個學生五百字心得回饋講者，八十人加起來就是四萬字，很可觀的心意。

學生理智上了解心得目的，但表情默然，百般無奈，動力不足。以時效強化行動，三天內完成五百字心得。承禧每次都是第一個發文，當天所有人都看得到他的心得，多數學生是在截止前兩小時瘋狂貼文。為了讓更多人得以分享這場演講的精華，我要求學生將心得貼在臉書上，激發出學生的鬥志和潛能，篇篇動人，可讀性很高，有個性，有想法。

從不情不願，為了分數不得不交，到公開發文努力思索，每多寫一次，感謝愈見誠懇，寫心得也寫上祝福。

同儕的愛給勇敢的你

鄒維在學期中到日本自助旅行，出國前我問他回來後跟同學們分享好嗎？「嗯，」他需要考慮，趁他還在想怎麼回絕我。我先發制人，「高中生一個人去日本自助旅行真的很酷耶，你怎麼準備的？計畫怎麼玩？去玩了哪些地方？有什麼收穫？我們班的同學都很優秀，只是有些同學不清楚自己要什麼，你的分享或許能給同學一些啟發，讓他們像你一樣找到願意前行的目標。」他問我需要做簡報嗎？「有簡報，沒簡報都行，你願意分享就好。」

鄒維回國後，做了簡報，簡報有三大重點，一是前提概要，二是景點分享，三是心得感想。他建議同學們，出國前先將住宿詳細資料記錄在手機裡，記得攜帶支黑筆方便在機上填寫入境卡；提醒同學們要記帳，佐以圖片加強真實性；設計提問增加互動，「有人知道進入日本神社參拜之前要先做什麼嗎？」班上三分之一的學生知道要在入口前敬禮，再到淨水池將左右手洗淨和漱口；還有更厲害的思考時間：「日本物價真的有我們想像中的那麼高嗎？給個數值做為參考，在東京吉野家工作時薪一千二百日圓，大夜班一千五百日圓，上張圖中我買了兩瓶飲料、一盒便當、沙拉、冰淇淋、一包糖果和巧克力以及一瓶家用燒肉醬，總共花費一千四百六十四日圓，在日本工作一個小時多就能買這麼多東西。如果想在台灣買一樣的東西，要工作幾個小時呢？」這一題拉近了日本與台灣的距離，讓學生們也想嘗試日本自助行。演講的最後，鄒維面帶笑容拉高音量的說，「試著勇敢踏出自己的舒適圈。當踏出後，你能看見這世界顛覆你的想像。」隻身自助旅行的鄒維讓同儕驚呼不已。

換我上台，我先說鄒維曾經想拒絕，最終還是上台與同學們分享的小故事。我特別印製了有質感、明信片大小的卡片，只有十分鐘的時間回饋鄒維，寫下你印象最深刻的橋段？具體而明確。

一下課，我請鄒維到講台，把卡片送給他，他在

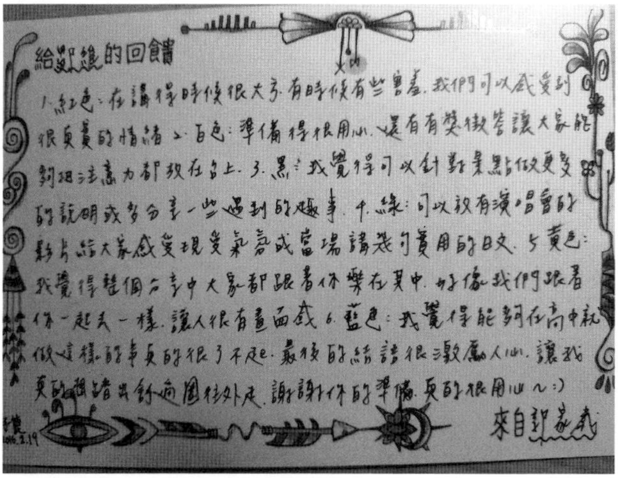
給鄒維的回饋
1.紅色：在講得時候很大方，有時候有些害羞，我們可以感受到很真實的情緒 2.白色：準備得很用心，還有有獎徵答讓大家能夠把注意力都放在台上 3.黑：我覺得可以針對某點做更多的說明或多分享一些遇到的趣事 4.綠：可以放有演唱會的影片給大家感受現場氣氛或當場講幾句實用的日文 5.黃色：我覺得整個分享中大家都跟著你樂在其中，好像我們跟著你一起去一樣，讓人很有畫面感 6.藍色：我覺得能夠在高中就做這樣的事真的很了不起，最後的結語很激勵人心，讓我真的想踏出舒適圈往外走，謝謝你的準備，真的很用心～:)
來自

同學給的回饋，讓鄒維感動不已。

講台前津津有味地翻著每張卡片，一看再看。之後，班上每位學生上台報告，也這麼比照辦理，滿滿的回饋卡讓上台的學生眉開眼笑。

雪中送炭給認真的你

校慶當天，黎明教養院因安致勤資公益信託社會福利基金的牽成，來到我們學校表演。那天我陪女兒安安校外教學，並不在學校。隔兩天，我遇到負責這活動的同事慧貞，她焦慮地說：「那天黎明教養院來，學生的反應很冷淡，怎麼辦？」、「我們可以給他們一些鼓勵嗎？他們真的很認真表演耶。」

國文課，我放了院生到校表演的影片二十秒鐘。學生說，「那一場超棒的，我們都覺得超感動的。」我納悶的是，為什麼師長和院生沒能感受到學生所謂的感動呢？

我問學生三個問題：一、這場演出在什麼時候？學生都回答「校慶當天」。二、這些院童從什麼地方來我們學校演出？學生都知道是「花蓮」。三、為什麼大老遠跑到台北來演出呢？學生回答「希望被看見，希望能有舞台，希望被肯定。」我講了上個月擔任台大SUPER教案獎評審的感想，眾多徵件中只有一份特教教案，卻讓所有評審留下了深刻的印象，獲得極佳的名次。

心智障礙學生的教材相對簡單，卻是執行度最困難的，老師不只得有愛心，更要有無比的耐心。特教老師這麼忙，課餘時間嘔心瀝血記下教學歷程，讓我們知道即使是心智障礙的學生們，也能發展出自發、互動、共好的學習氛圍。我也曾經看過安安的老師在音樂課時，讓所有的學生圍成圈，繞著走，每當音樂間奏，老師喊出「老公公」，彎著身子把手放在下巴，學生們跟著老師做動作；下一段音樂一開始，大家又圍著圈，繞著走。因材施教，是很花心思的。

這次我並沒有發下特製的回饋卡，而是在國文課前，請三一〇的思又和敏瑄，三〇一的家崴和書宇等四位小老師，把對開的雲彩紙裁成了卡片大小，修掉不齊的毛邊，全校性的活動不該只有一個班級的卡片，這些雲彩紙看起來像是來自不同班級。發下雲彩紙前，我先解除學生的疑惑，「不用擔心院生看不懂卡片，老師會用簡易的語言唸給他們聽。這些卡片鼓勵的不只是院生，更是對無止盡付出的老師們致上崇高的敬意。」學生回想當天的感動埋首書寫，弱勢者照見人性的光，我的眼淚又掉下來了。慧貞說學生的卡片讓她很感動，一週後，她親自把這些卡片送到花蓮。感動，不能只在瞬間，卡片是為了讓愛延續。

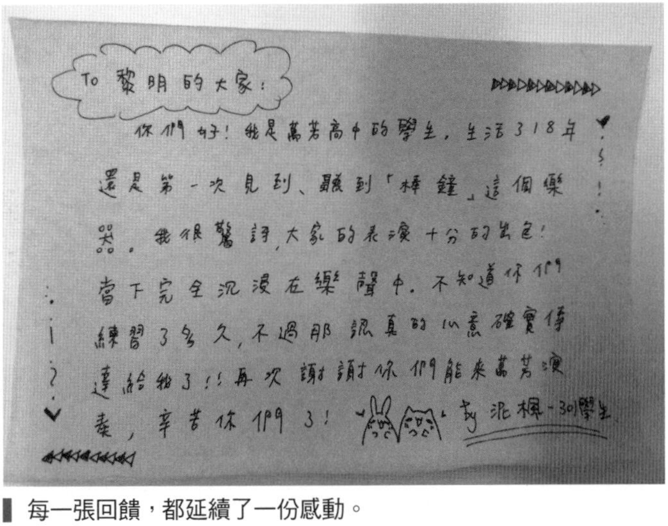

每一張回饋，都延續了一份感動。

感動的回饋給用心的你

二〇一九年五月十八日，湞騰得到了「咖啡廣場二〇一九站出來硬地音樂挑戰賽」學生音樂賽決賽國高中組的第二名。我在臉書上發文慶賀：

「真心覺得能有這樣的比賽很棒，讓有才藝的孩子能有舞台展現自己的長才，被更多人看到，也讓更多的家長看到教育的的確確有無限的可能，跳脫框架，孩子的學習更專注。

「王湞騰，今年高三畢業，這兩年身為他的導師看著他對音樂的投入，自己作詞，作曲，拍MV，經營自己像經營品牌，熱情，有衝勁，有領導力，懂得感恩，讓人打從心底疼愛的孩子。

「恭喜湞騰在這場比賽中得到第二名的殊榮，值得喝采。

「#湞騰說比賽獎金要請我喝大熱拿

「#獎金多到可以喝上百杯大熱拿」

貼文最後，我還附上比賽當日的影片連結。通常發跟學生有關的文章，我的朋友們多是按讚而已，不一樣的是，這天我收到利眾公關董事長嚴曉翠的私訊，「老師教出這麼有禮貌的學生，感動跟激勵了所有工作人員，我們的同事非常謝謝老師您。」曉翠是我素未謀面的臉友，她看到了我的發文，告訴我她們公司承辦了這次的活動，而湞騰於賽後寫了信給主辦單位。

「你好！我是王淯騰！今年是我第一次參加這個活動，我只能說這個活動真的是太棒了，從開始到結束，工作人員都是那麼的細心與用心，用極高效率的回復速度，極為親切的口吻，極為清楚的口條來幫助我們，加上這整體的表演環境與獎金又那麼棒！我想好好的謝謝這一切背後的老大、每一個公關，每一個活動小組的人，每一個工作人員！你們真的完成了一個很棒的活動！謝謝你們！

「加上今天去比決賽的時候，從一開始報到發的個人小卡片（這超讚）與 hashtag 牌我又有一種被重視的感覺，我覺得這就是一個有溫度的活動吧，又一次讓我驚艷，個人卡片真的超棒！謝謝你們咖廣！

「如果可以的話，可以把這封信給你們老大看，我真的很開心。」

淯騰告訴我，「仙女，我覺得主辦單位很用心，你說過要鼓勵他們，所以我寫信給他們。」十七歲的語言，十七歲的貼心，這孩子肯定比別人更能珍視他人的付出。他更附上了報到的卡片在信件中。

「回饋」是種軟實力，不做不會怎樣，做了卻很不一樣。淯騰這封信證明了不論在何處，回饋都是超強的正能量。

重點小提示

透過回饋培養學生感受他人付出的方法

①先讓學生感受師長與講者事前的準備與付出，想想能做些什麼回應對方。

②感動不能只放在心裡，細節的觀察得靠充裕的字數呈現，感謝與收穫盡在其中。

③要求時效性，三天內持續曝光心得，持續散播影響力，感染周遭更多人。

④價值導向的卡片幫助講者找到絕佳優勢，能在活動後被記住的都是強項；強化講者韌性，未來受挫時這些回饋是增強他心理素質的法寶。

⑤大方署名，可以是全名，也可以只簽一個字，不要認為自己力量微小，不要認為沒人認識自己，自我認同為這份回饋劃上完美的句點。

07 從錯誤中培養道德勇氣，做個不鄉愿的人

「比賽前一天，仙女你來看我們排演，這是你第一次來看，你卻擺著一副我們爛透了的表情。隔天，叫我們排了快一整個上午，這感覺真的很不舒服，好像之前所有的努力都是白費。最讓我心痛的是編劇，我不懂為什麼要讓她來負責，這是全班的事，不是嗎？如果仙女對她的安排有所不滿，應該一開始就提出建議，而不是在比賽當天抓一個人來負責……。八班在表演時，他們班導師微微露出笑容，跪在我們班前面幫他們班錄影，好像爸爸在看自己的小孩上台表演，我想八班一定也感受到這份愛了吧！我知道仙女也把我們當自己的小孩看待，但我不覺得在這次比賽中，我們班感受到了。」

這是英文比賽之後，玉婷寫的學習單，我看完之後，無以復加的沮喪，原來，她是這麼看待比賽當天的我，我很受傷。

先了解比賽規則

第一次段考之後，班上的英文說故事比賽緊鑼密鼓地加緊練習，兩週以來都是如此。既然英文老師都這麼賣力了，身為導師的我不定時問問學生練習狀況，學生回答我的不外乎是「段考之後幾乎都沒上英文課，都在練習。」、「我們每一堂都在練習。」、「英文老師都陪我們練習。」一直到比賽前一天的星期四，好幾個學生來找我，問我要不要去看英文說故事比賽第一次全校排練，我們班排在下午四點鐘，希望我給點建議。

我一到現場，先被學生精心製作的道具吸引，其次看到舞台上的學生奮力的唸著台詞，納悶的是聲量就是不夠大。隨後看到好幾個學生在舞台後方拿著手機自拍，嘻笑，聊天，偶爾忘我，笑聲還吵到了前台，我算了算台上只有三十個人，一個四十五人的班級，有十五個學生晾在一旁滑著手機，台上聲嘶力竭對照台下無所事事，更顯諷刺。

我回到辦公室詢問其他英文老師，「比賽不是規定全班上場嗎？往年道具組的學生也會參與演出，為什麼今年卻沒上台？」他們告訴我，簡章上寫的是三十人上台，擔心有的班級總人數過少的規定，但是英文老師們都會要求全班上場，畢竟這是一學期最重大的全班性活動。他們說我們班的英文老師老是在狀況外，要我去了解英文老師的另外一個班級是否也是如此？哪裡知道，英文老師教的八班剛好三十名學生，沒有這個問題。

同事提醒我，「你們班上台的學生覺得沒問題就好，反正也湊到三十人上台。」上台的學生多數是乖乖牌的學生，他們心裡真的欣然接受自已苦練多時，班上有另外一群人在旁邊閒逛許久嗎？我不這麼認為。

我問了幾個學生，「誰是班上說故事比賽的負責人？」好幾個學生說導演統籌，但他們覺得編劇出力更多，希望我找編劇了解狀況。

全班上場參與才有意義

星期四我想了整晚，星期五早自習我把編劇嘉徽找來，班級比賽不能只有三十人上場，全班都要上場，就給場邊那十五人一句台詞，讓他們跟原先勤奮的三十人，全班一起開口。。我再度重申，唯一的要求就是全班上場。我沒有在學生面前多說什麼，也很難去解釋英文老師的狀況，一是我不好在學生面前評斷師長，二是於事無補說了無益。反正這種事到最後就是導師要收尾，我知道的還不算太晚，至少還有轉圜的機會。

比賽當天，我們只得了一個獎——「最佳團體獎」，頒獎現場學生發狂似的認為得到這個獎是理所當然。他們好像忘記了，早上聽到要全班上台時，那一臉的氣憤難耐，無奈委屈。

比賽結束，我在臉書寫下，「英文說故事比賽，口口聲聲說愛，愛得不夠堅持，愛得很有限。」我對於英文老師的排練感到不解，對於班上的向心力也存疑，學生們總是說我們是個團結的班級，在我看來，只是嘴上說得親熱，絲毫沒有行動。

一如以往，週五我還是給了全班學習單，讓大家寫寫這次英文說故事比賽的感想。收回的學習單，對我臨時讓全班上場的批評排山倒海而來，砲火猛烈，玉婷最激烈，其他學生連帶的指責英文老師和批評班上同學，為什麼排練時學生們都無法忍受團體中有人懶散怠惰，卻任由事情繼續惡化呢？

我仔細看了每一份學習單，感受到學生覺得班級崩壞，我想我又該設計解決班風鄉愿的活動了。

以鑑往知來教導學生不傷人的勸諫

前幾天我還在想我們的學生又不當總統，要怎麼上〈諫太宗十思疏〉？魏徵於貞觀十一年（西元六三七年）四月上此疏，當時宇內承平，四夷來朝，太宗志得意滿，逐漸驕傲起來，拒納諫言，一意孤行。太宗曾在群臣面前公開炫耀自己「文武均勝於古」，並改變過去勤儉的作風，生活日趨奢靡。

上疏時間：貞觀十一年（西元六三七年）四月。

上疏內容：提醒十點修身治國的原則。

上疏目的：請太宗居安思危，積其德義，以達久治。

我將這個文本又變成了活動的素材，從曲諫和直諫的角度切入。直諫是單刀直入讓人難堪，直言直語傷人傷己，自私自利，只考慮自己不吐不快，不關心對方的立場與性格，正義性格，語言殺傷立強，發現事實悔不當初。趁機教學生怎麼更有溫度的勸諫，也就是曲諫。

唐太宗的高度是天可汗，魏徵的存在讓這樣的理想能夠成真。二○四的高度在哪裡？全班性的活動要有團隊精神，爭取班級榮譽。

我做了份活動簡報，在班會課播放，先放排練的期程表，十一月二十四日、二十五日段考完，十一月二十六日到十二月十日每天英文課都在練習，十二月十一日我去看，十二月十二日比賽。這些日子到底發生了什麼事？學生學習單可見端倪。

我看過全班學習單後，整理出工作職掌表。為了不讓學生彼此攻訐，我一個字一個字的將學生學習單打在投影片上，沒請學生幫忙打字，以免學生知道哪一張是哪一位同學寫的，節外生枝。

「我一直不明白英文老師是真心的覺得我們好？還是給我們自由，尊重我們的想法，所以對我們的表演提出的缺點很少，我一直希望老師能提出缺點，這樣我們才能進步。」

「既然自告奮勇說要當導演，不會又不問也不肯學，什麼都推給別人，卻一直跟全班說很好，這樣要如何進步？各司其職很重要，找到適合自己的位置才能徹底發揮自身的能力，如果沒有把握又沒有能力和不恥下問的心，就不該拿這種比賽來娛樂大家。」

高二英文說故事比賽

十三	23	24	25	26	27	28	29		25八年級高中職參訪 22-9新加坡學生來訪
		JS Δ	JS Δ						
十四	30	1	2	3	4	5	6	3全校教職員工環境教育研習時數檢核	1校內科展繳件、高中申請轉組開始 3日本高取高校來訪（09:00~12:00） 5國一英語拼字比賽
十五	7	8	9	10	11	12	13	8班級經營工作坊(三) 9與校長有約(高中)	9日本芥川高校來訪（13:00~16:30） 9高一性向測驗（一） 12高二英文說故事競賽 8-12國一二作業抽查

從行事曆看出端倪。

「有些人可能覺得新排進的動作不好，就直接反對對方的想法，卻沒有提出新的看法。休息時間，我聽到一些抱怨的聲音，那時真的很難過。我很欣賞那些願意幫班上話劇想動作的人，那時候覺得就算現在才排動作，大家可能會記不住，但是只要有心練習一定可以練好，為什麼大家一定要這麼直接的看低自己。」

「嘉徽負責寫劇本，但最後最能指揮的是她，坦白說我覺得導演搞不清楚狀況，是嘉徽把混亂的場面撐起來。」

「這一次的表演真的不是理想狀態，而且以後的大型比賽的結局，可能也都這樣了吧！如果沒有人把態度改過來，所有人都得過且過，我們永遠也不可能是仙女最理想的班級。這並不是仙女沒管教造成的，因為如果連自己都放棄了，別人怎麼想拉你一把，也都是徒勞無功。」

「我喜歡我們班的劇，因為跟別班不一樣，感覺很特別。說實話，這件事讓我覺得，二〇四其實不過是個用嘴巴說愛，用表面經營的班級，如果大家真的很愛二〇四，練習時就會自己認真的練。平時也會想到不要拖累大家，主動去打掃，午休和早自習就會不打擾同學。」

「這次的說故事比賽，我們班不是輸在英文能力或是演技，而是輸在愛自己班級的

二〇四的英文比賽工作職掌表。

程度，這次的比賽證明了我們不夠愛二〇四。」

「直到最後一刻，我發現這整段的表演，沒頭沒尾沒重點以外，還出現不少技術上的錯誤，甚至我自己看了都覺得無聊。」

這一天的班會課很沉重，學生們全都點出了問題：缺乏道德勇氣，討好他人，沒有立場，昧於是非，沉積已久的壓力與怨氣全都指向我，因為比賽當天我讓大家上台而成為眾矢之的，成了壓垮駱駝的那一根稻草，學習單上是長期以來對同儕說不出口的指責。

「鄉愿，德之賊也」

看完了所有的學習單，我整理出一份工作職掌表，把「我」列在其中。學生覺得自己可以處理得好，自然無可厚非，如果遇到問題，何妨求教於導師，戴上黃帽子，樂觀的尋求導師協助，多一種處理事情的選擇。

講完最後一張投影片，每一組的學生主動舉起了白板，上面都是他們為這堂課做的結

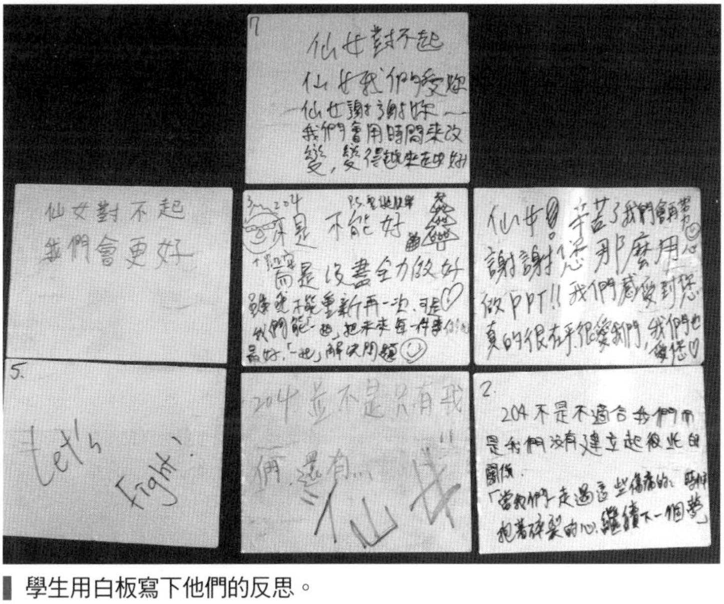

學生用白板寫下他們的反思。

論，我當場不爭氣的流下眼淚，只要老師想解決，有方法，孩子們就會有心想要改變，這就是教育的力量。

隔年，高二下學期的合唱比賽，全班講好了一起上台，同儕嬉鬧時，學生們會用自己的方式掌控秩序，被制止的學生願意接受指正，班上變得主動而且積極，不只音樂課練習，還借了幾次的國文課。當評審公布「第二名是二〇四」，整個活動中心都是我們班的尖叫聲，這是投入之後才有的榮耀，學生紛紛在IG發文慶賀。

班長天晴在IG上寫著：「謝謝二〇四每一個認真可愛的同學，對於這幾天對你們有點機車的要求感到抱歉，謝謝你們所有包容體諒忍耐配合。真的很愛你們。」

詩茵則寫道：「謝謝二〇四的每個人，因為有你們，我們才能有今天的成績，每一次的練習都充滿感動，不斷的重複不斷的重來，練同一首歌，你們卻沒抱怨，也沒不耐煩，常常看你們自己群聚練唱的樣子，覺得你們這次真的很用心。謝謝你們每個人的付出。」

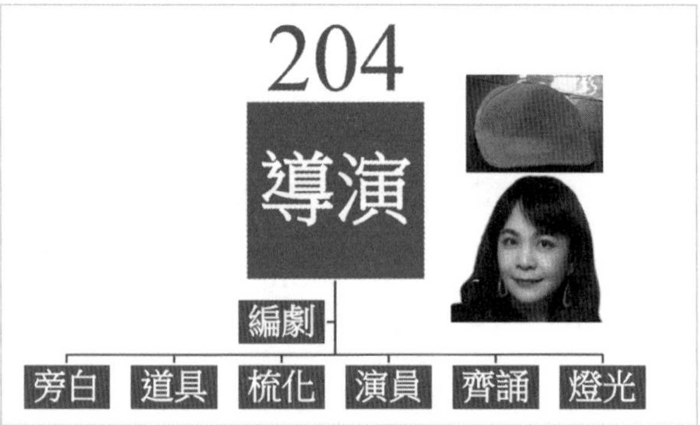

英文比賽戴上「黃帽子」以正向思維看待導師的協助。

如何培養學生道德勇氣，做個不鄉愿的人？

團體活動中，偶有學生不願意配合，或打鬧，或擺爛，滑手機，其他學生只想當好人，保持安靜，睜隻眼閉隻眼，心裡卻又覺得委屈。當扛不住責任或表現成果不如預期，學生更是互看不順眼，倒不如在活動進行期間，讓學生能夠自發性的互相提醒，打造共好的氛圍。

怎麼樣培養學生的道德勇氣呢？以下提供五點建議：

一、領導者表態：班級活動，人人有責。

二、保護靜默者：學習單內容改為打字以保護當事人。

三、讓學生點出問題：透過書寫沉澱想法，浮現問題。

四、從事件中學習：戴上黃帽子，新氣象從危機處理的當下逐漸生成。

五、前事不忘後事之師：在日後的各項比賽中觀察學生是否記得前次教訓。

二〇四在合唱比賽得了獎，拍了全班大合照，他們對著我說「謝謝仙女。」我也要謝謝每一個二〇四的孩子，讓我們看到班級的成長。

這一次，我們愛得很堅持。

08 突破傳統，創新親師生真實交流的學校日

以往，高三學校日，都是冷冷清清的，一個、兩個、三個家長來，就這樣。畢業前三個月，我想為這些孩子再多做一點事，打造一個與眾不同的親師生座談會。很想嘗試看看，討論孩子的事，讓當事人一起參與。有些孩子總覺得老師跟爸媽在一起就是會說他們壞話（**我平常就讓學生覺得我私底下是這樣子的老師嗎？**），不如讓孩子們置身其中，親自感受。

破天荒的，原本學校日晚上總是門可羅雀的教室裡人聲鼎沸。

打造與眾不同的學校日

為了籌備親師生共聚的學校日活動，我做了下列十件事：

一、高二期末，向家長預告高三將以雙向交流的方式進行。

二、發下學校日通知後，在家長群組再說明學校日時間，避免有些孩子沒跟父母說。

三、我花了兩天的時間，親自跟每一位學生說，「要跟爸媽一起來參加喔。」

四、為了這次學校日，為了三〇一學生量身打造的全新內容投影片。

五、桌椅跟國文課一樣排成六組分組的座位，桌上有學生與家長的名字立牌。

六、分組方式是A學生與B家長同組，B學生與C家長同組，每個孩子跟別人的父母同組。（沒讓同家庭同組的原因是問自己小孩問題可能會被翻白眼，或者有的孩子不想回應家長。跟別家孩子同組，彼此說話都是心平氣和，還可以私下問問自己孩子的狀況。）

七、讓家長寫白板，舉白板，體驗分組課程的日常。規則說明之後，如果家長有不明白之處，就讓學生教家長，異地以處，感受著對方的感受。

八、問答題讓學生跟該組家長解釋班級重大事件發生的經過，老師負責總結班級現況。

九、一小時二十分鐘，親師生都能說上話，臉上還帶著笑容。

十、不是家長要說服孩子念什麼校系，要讓孩子說服家長他想念什麼。

完成了學校日活動，看著爸爸媽媽帶著自己的孩子一起回家，我義無反顧的做著喜歡而且應該這麼做的事，心裡很踏實。第一次這麼舉辦親子座談會，還有些需要加強的部分，至少跨出了第一步，就有第二步，第三步。

開場前十分鐘簡報檔案不見了

學校日結束後，我把車開出學校。

八點四十分，將車停在路邊，眼淚一滴一滴的流下來，無聲無息。

九點十一分，逸琦傳了訊息問我，「仙女，為什麼你投影片底色變成黑色？」我打了電話給逸琦：「學校日的投影片沒存檔，不見了！」當下我狂哭了起來。我邊哭邊說我經歷了一場浩劫。

「五點四十分，學校日檔案無法存檔，我想只要不關機就罷了，繼續做投影片。

「做到天都黑了，才發現已經六點十五分，蓋了電腦，下車。六點二十分在辦公室把電腦打開來，螢幕上檔案出現三秒鐘，就不見了。」

我的學校日檔案不見了，不見了，不見了！

距開場只剩十分鐘，哲宇在旁邊問我怎麼辦？只剩下一分鐘之前做的檔案，支離破碎

家長也來體驗一下學生日常上課的分組和寫白板。

的，斷簡殘編。

「仙女，怎麼辦？剩十分鐘就要開始了。」哲宇又問我一次。

我還記得投影片的順序，還記得自己寫的金句，快速調整投影片的順序，大字流打上金句，無法調整的索性刪去，改用口說。

我沒有因為只有十二位家長要來而掉以輕心，我更慎重的看待這些家長，我要在投影片裡讓他們看到孩子的成長。

六點三十分，電腦就緒，我上台誠懇說明這次學校日有別於以往的原因。過程中該舉手，該互動，該暫停，該討論，該分享，該寫白板，該舉白板，流暢明快。一直到出現一張投影片，我忘了調整順序的投影片，唯一的一張，我說出了我檔案不見的事情，我可以不要說，讓大家以為我的行雲流水來自於萬全的準備，反正他們也不知道。

但我說了，因為我想讓爸爸媽媽跟學生們

家長舉白板的氣氛跟學生日常上課一樣熱烈。

知道我在開場前十分鐘有多麼萬念俱灰。

原本的投影片，依照架構分別貼上學生的照片，還特別使用遮罩打上他們的名字。我從行動硬碟裡一個個的檔案夾中找出學生們昔日的照片和影片，一張張挑選表情自然的，不是剛好拍到的閉眼照。投影片內容有：家崴和瑀婕在國教院分享；修玟站在講台上說服我不要上國文課；鄒維上台跟我們分享他去日本自助旅行的經過；恩均打掃時的投入與自律；哲宇上台背〈岳陽樓記〉（哲宇媽媽對於不喜歡國文的哲宇，在家還會拿出國文課本，感到不可思議）；聲美在下課十分鐘如何發揮她的影響力，同學的學習單上寫著聲美的領導力；睿恩一到活動中心四樓指揮若定班上躲避球如何分組與解說規則的影片。書宇爸爸站起來說，「剛才每個孩子的優點，我們家書宇都有。」那時候我很想說我放了書宇跟我的一小段訊息對話。

結果，都不見了。都不見了。都不見了。

這份簡報原本有三〇一每個孩子的獨特，都不見了。

蕩。然。無。存。

我之所以願意表露這一段極大的失誤，「是因為我很喜歡教書，我願意花這麼多的心力投入，如果你們讓孩子選擇他們想要的校系，他們就有機會像我一樣有著猝然臨之而不驚的能力，仍然願意想辦法做到最好。」

講完這些，我紅了眼眶。

開場前一小時，我還在電話中跟一心的爸爸媽媽說，「一心有多麼想念餐飲，她是班上唯一一個知曉米其林名廚江振誠的人。」

我邊哭邊跟逸琦說，嚎啕大哭。

逸琦問我：「你想傳達的傳達了嗎？」

傳達了，但是我沒辦法接受自己竟然犯了這麼大的錯誤。

職業選手不應該犯的錯。

職業選手不應該犯的錯。

職業選手不應該犯的錯。

引以為戒。

十點四十分，我發動車子，回家憑著印象再做一次投影片，記錄這第一次難得的親子學校日。

打破只有親師交流的學校日傳統，讓孩子成為主角，帶著家長走入平日上課的情境，現場感受學習的氛圍，看看孩子在學校裡如何獨當一面，如何團結合作，如何展現自我。當一群孩子聚在一起時，家長們的的確確可以發現自己的孩子是多麼的獨特，閃閃發亮，每個孩子都是我們的驕傲。

一分鐘班級經營術

這是班級福利，每個學生都是獨一無二的。

小老師會提醒我在國文課預留時間讓全班為壽星唱生日快樂歌，一次中文，一次英文。一般來講，第四堂最接近午餐時間，慶生效果最好，氣氛最歡樂，壽星站在講台上接受全班的祝福。歌聲結束，才是壽星個人時間，鎂光燈全投射在他身上，等待他許一個生日願望。

許願的技巧

只要學生說得出口的願望，不違法亂紀，我都盡可能滿足他們，沒有一次例外。

第一型，造福萬民：今天不要唱歌、今天不考試、今天不要寫學習單等，此乃全班福祉，全班鼓掌叫好。

我總笑他們是朝三暮四的猴子，今天不考，明天還是會考；今天不寫學習單，明天還是要寫。只要能自己決定學習的方式，即使只有一次，學生們也樂在其中。

第二型，個別需求：准許補交作業一次，小組成績加一百分……等。生日嘛！前者，學生知道破例不易，日後多半會準時繳交作業；後者，同學也不會抱怨，因為人人都有這一天。

第三型，學期導向：這學期國文不要被當。這個願望涵蓋了五個月的學習，我遲疑之後才會答應。

磨人的願望

答應，可不是馬上允諾期末一定及格。是我得時時留意他的狀況，這挺耗時的。

當他默書第一次不理想時，按兵不動靜靜觀察，不會馬上就關心考差的原因，主要是這很容易造成「迴力鏢」效應，反而讓學生失去讀書的興致。三、四次默書都沒有進展之後，一定要出聲相助，是沒有時間背還是不會背？需要幫忙嗎？學生這時都會笑笑地說不要。接下來那一次一定會考得比較好，證明他是會背書的，之前可能雜務太多或者沒有時間。幾番提醒之後，期望學生能主動背書，默書攸關期末成績。

學習單寫得好極力讚美。寫得差強人意，一定馬上問看不看得懂題目？確定學生具備審題能力，再教該如何立意取材與舉例，拿回去重寫，我再改第二次。以期接下來每一張都能找到書寫的要點與技巧。基本上這樣已經立於不敗之地了。就像在學測與指考中，鮮少非選擇題表現亮眼而成績不佳的人。

分組最容易看出學生課堂表現，翻書的快慢，討論的焦點，見解的呈現，團隊的配合，若存有「搭便車」的心理，也會引導學生融入團體的學習。

經過上述提醒，學生光是學習態度就已及格，期末成績自然不是問題。

天助自助者

可能會有人想問：「怎麼不對每個學生都這樣呢？」

一開始對每個學生絕對都是如此。畢竟都高中生了，學生更有主見，開始參與社團，拓展生活，設法找到自己的天賦與興趣，認識自我才是更重要的事。許願的學生讓我知道他在意這門學科，樂於我隨時點化他，這本來也是老師的責任，我欣然接受。

明天有沒有人過生日呢？其實可以許個特別的願望。

第三部

增能：培養學生的競爭力

01 一帖曼陀羅思考法助你解除各種疑難雜症

「仙女，可以不要分組上課嗎？我想要好好念書。」

高二升高三的暑假，距離學測只剩六個月，天氣熱，學生心浮氣躁，想念書又提不起勁，想堅持又找不到動力，學測成了壓垮分組上課的最後一根稻草，名正言順。

單一思考讓學習走入死胡

我聽到的第一個反應是，分組上課不算好好念書嗎？分組上課對你們一點幫助都沒有？單純聽講才是好好念書？明明高二的時候，班上大多數學生還讚揚國文課是所有課程學習狀況最好的，分組上課培養了團隊默契，全高二最有向心力的就是我們班，怎麼一到了高三，一遇到了升學，學生就忘了「患難見真情」的古訓。

以我長期在教學現場的觀察，單向講述式的授課初始確實會讓學生感覺知識量足夠，筆記抄到手酸，然而三天後，會有一半的學生無法維持高度的專注力，無法將自身長期投入刻苦自勵的氛圍中，反而在課堂上逕自睡覺與滑手機，催眠自己學校沒有學習的環境，回家再念書就好，高三該不該繼續分組？我又該怎麼說服學生？

另一方面，學生們的情緒益發顯露對學測的不知所措，跟我聊天的話題變成：

「總覺得力不從心，又好慌，一直認為自己不會考得太好。」

「書永遠讀不完，沒有一科有把握，感覺念高中是場錯誤。」

「爸媽給的壓力大，他們說考上公立大學就辦流水席，考上私立大學就辦就學貸款，體會還債的痛苦。」

「想念書，又很難靜下心來，放不下手機，沒有手機就跟缺氧一樣讓人難受。」

「只讀我喜歡的科目，數學和自然完全讀不下去。」

「太多科要念，不知道怎麼安排，每天念書，每天考試，還是錯很多。」

不分組上課，學生就不再恐懼學測？學生把學測當作努力的目標，還是逃避的藉口？怎麼讓學生覺得分組跟同儕學習比講述對他們更有助益？

我想到用「曼陀羅思考法」為上述的問題解套。

曼陀羅思考法讓人生柳暗花明

曼陀羅（Mandala）原本是佛教表現教義的一幅圖畫，後來被日本今泉浩晃加以系統化利用之後，成為絕佳幫助腦力思考的一項工具。在九宮格中間寫上主題，另外八格是八種對於主題的詮釋，可以依順時鐘或逆時鐘順序為因果關係，也可以是發散式的思考，怎麼思考都行，針對主題就好。平日多訓練就能擺脫舊有思維，天馬行空，產生無限可能，應用在學習或生活上都能夠協助難題的解決。

我幫學生出了以「人生價值」為主軸的學習單，讓學生以「曼陀羅思考法」寫出他們如何定義人生，九宮格中間是學生的名字，其他八格寫出他們自己期望的人生，試圖讓學生看到自己對於分組上課的迷思。

學生寫得超乎想像的好，真情至性，有著年輕人的熱情與嚮往，他們都想要成為有血有肉的人，都想要成為有影響力的人，都希望能回饋社會，讓我很感動。

	我 ＿＿＿＿＿＿ 的生命	

▌「人生價值」的曼陀羅思考法。

發現自我的獨特性

開學第一週，我讓學生用九宮格介紹自己，中間那一格寫上自己的姓名，旁邊各是專長、興趣、星座、身高、血型、居住地、家庭成員等基本資料。學生像填空題一樣，不假思索的一個蘿蔔一個坑寫入答案，站起來跟全班分享也不尷尬。

三週後，同樣的九宮格，中間那一格仍舊是自己的名字，改採開放式的問法讓學生思考要以哪八種面向向大家介紹自己。這時候需要花多一點時間思考，上窮碧落下黃泉的思索生命歷程中想與大家分享的經歷，想想長篇故事該怎麼濃縮成區區幾個字，放在這一個小小的格子當中，簡短的摘要正是學生對自己的了解。我會先讓學生兩兩互相介紹自己，再向同組其他組員介紹自己，學生更清晰地看到自己的獨特，讓同儕對他們更多一些認識。

學習整理重點建立資料庫

我也經常在國文課堂上運用「曼陀羅思考法」。舉例來說，我會在國文課前，給學生一張蘇軾的九宮格，讓學生假想自己就是蘇軾，以第一人稱自我介紹，一開始有些學生貪圖方便，只挑最簡單的來寫，籍貫、著作、官職、父母姓名；也有些學生把「唐宋八大家」各寫一格，就算完成了蘇軾的九宮格。

有些學生很用心，把唐宋八大家擠在同一格，另一格寫了〈刑賞忠厚之至論〉，這是蘇軾二十歲那年，與弟弟蘇轍一同進京參加會考，當時主試官是歐陽修，蘇軾以〈刑賞忠厚之至論〉的論文得到考官梅堯臣的青睞，並推薦給主試官歐陽修。歐陽修十分讚賞，原本想要拔擢蘇軾為第一，但是又擔心這篇文章是自己的得意門生曾鞏的作品，為了避嫌，把蘇軾列為第二。結果試卷拆封後才發現正取第一的是曾鞏，蘇軾陰錯陽差變成了第二名，弄巧成拙。另外六格是蘇軾的其他篇章。

學生對於蘇軾的認識與詮釋各有不同，來自於他們涉獵的廣度與深度，我會把這樣的問題放在課程之後，讓學生自己建立自己的九宮格資料庫。

釐清難題，絕處逢生

回到高三到底要不要分組上課的問題，學生的九宮格個人特色鮮明。

我在課堂上用投影片播出學生的九宮格，當天的課堂像一股暖流流過，學生們訝異同儕們如此的有溫度。我是這麼跟學生說的，「全班沒有任何一個人在九宮格中填上學測，

▌學生的九宮格風格不一，各有特色。

可見學測只是你人生中的一個停靠站，千萬不要因為這個過程就放棄了為自己人生目標努力的原則。以終為始，繼續長成自己想要的樣子，高三階段同學們共同為學測而努力，結伴同行比獨自前行走得遠，走得久。」

高三開學後的十月，學生們書念得更勤，校園裡還有班級優良學生競選，經由班會討論，班上決定以「移形遁影術」為優良學生助選，忙於考試之際，仍能相互關懷，相互

從一開始的班會討論，有些人應該和我一樣覺得「都已經什麼時候了！還有時間用這些，浪費時間！」但漸漸地，我發現大家的提議愈來愈踴躍；愈來愈多人認真看待這件事；愈來愈多人用心經營這件事，令我想起仙女講過的話「塞翁失馬，焉知非福」、「利他就是自利」，省思一會兒，豁然開朗——我們要當個「有溫度」的人！

但當仙女要求全班要一起做事時，漸漸的就發現，其實高三生不應該只有書本，應該也要為自己的壓力找點樂子吧！在這樣的壓力環境下，就是要有這樣的團結，同學們之間才能互相扶持，一起為這條考試的道路上增添一點美麗的色彩，書本固然重要，但回憶是一輩子的，在未來這些的回憶，也許也是成為「愛的力量」的原因之一吧！在這一次優良學生選舉的活動中，省思到了不少事情，讓我知道「聚沙成塔」的力量和信念，一點一滴的累積了班上的感情，也因為有了這些power才能在讀書上堅持了些，心境上的轉變是面對學測壓力最重要的事，或許301的功課不是最好，但誰知道日後的大老闆是否是個個來自S301呢！我們的活潑、熱情、創意和關心，才是在現實社會上缺乏的素質，運用了各各活動中找到了生活的目的和自己人生的價值，外行人說S301很愛玩，但真正待在S301的我們知道這兩年在這裡學到的是一種態度和人生的高度，我會很驕傲的說一我來自仙女的班S301。

不同的學生都體會到高三不是只有考學測，同儕一起努力的過程讓他們回味無窮。

鼓勵的班級風氣，讓三〇一成為全校唯一全班替班級優良學生助選的班級，我們班優良學生采玲高票當選優良學生第一名，接受市長頒獎。這都得感謝「曼陀羅思考法」讓學生打破框架，了解生活處處都是學習。事實上，馬斯洛的需求層次論早就告訴我們，與同儕良好的互動滿足了愛和隸屬感的需求，有助於學習力的提昇。

善用曼陀羅思考法，跳脫慣有的思考模式，讓腦子升級，想出好點子，讓教學與學習都更有意思。

重點小提示

三面向活用曼陀羅思考法

曼陀羅思考法在課堂上的運用，有以下三個方向：

①錦囊妙計：不知道該怎麼辦的時候用，千頭萬緒的時候用，遇到困境的時候用，路走到了盡頭就畫上九宮格，填上自己的想法。

②源源不絕：想到什麼就寫什麼，不用在意跟別人的答案相同與否，能擦到邊的答案都會是好答案，這個時候最接近真切的自己。

③殊途同歸：公開分享當事人歧路中的思考，引導者回歸主題，找到個人或團隊中的一致性，活化思考，化為日後的行動力。

02 得分巧計鼓勵學生勇於自在發言

無意中看到了佳昕三年前寫給我的訊息。

「昨天是我第一場大學面試，平常個性很開朗的我，只要站在台上或人群前就會變得不敢說話，可是高二進了仙女的班之後，論孟課不上台分享或是不舉手發言都會被當，而我就是那個被當過的人。到了高二下，為了不被當，我舉手發言了。今天推甄時我在教授面前說話不會那麼緊張，謝謝仙女讓我多上台，才能有今天面試的好表現。」

我想起了一〇三年我那群不露鋒芒的學生們，沉默寡言。

你想為自己加幾分？

下課跟學生聊天，會訝異學生點子多，意見多，根本不世出的才子，有內涵，有品味，到了課堂上，才子就變成了啞子：「我還沒準備好啦」、「我會害羞啦」、「我講的這些大家都會啦」。學生沒有表達的習慣，而不是沒有內容，肇因於學生總覺得自己的準備不夠完整，不敢隨意發言。」要學生主動發言比登天還難，一個班級敢講話的學生至多只有十分之一，也就是四十人只有四位。

我將黑板畫分成三部分，由左而右各寫上10分、20分、50分。

我說：「答案都在課本上，如果你坐著回答問題，加10分；你願意站起來說話的，加20分；你覺得自己的答案很棒，很想看著全班說，願意站到講台上講的，加50分，這些分數加總就是學期末的論孟總成績。在高中單一學科要拿到滿分，是非常不容易的，這根本就是光宗耀祖，留名族譜的大事。其次，學校成績輸入系統，〇到九十九分都是輸入數字，只有一百分得輸入*，按下*就會出現一百，實在是太值得為自己驕傲了。這活動會持續一週。

「這堂課的學習目標是願意開口說話就好，答對和答錯都是同樣的分數。」

用加分鼓勵學生主動發言。

學生的桌上有課本，有解釋，有翻譯，隨時可以翻看。

重賞之下必有勇夫

我問：「學而不思是什麼呢？」

課文寫得清楚明白，思妤坐著回答：「罔。」明顯的送分題。

我請思妤到黑板10分的地方寫上她的座號。

我接著問：「罔是什麼意思呢？」

明宜坐著回答：「迷惘困惑。」

我請明宜到黑板10分的地方寫上她的座號。課文下方清清楚楚寫著解釋，這無疑也是送分題。

我接著問：「有沒有人要舉相關的例子呢？」

這樣的提問一下子把難度拉高太多，學生沒有意願舉手，我自己舉了生活上的例子說明。我也擔心學生都不舉手，期末成績上不了檯面，展現誠意的說：「這堂課的學習目標是只要你願意開口說話就好，答對和答錯都是同樣的分數，試試看把手舉起來。」

我問：「思而不學是什麼呢？」

大偉坐著回答：「殆。」又是個送分題。

我請大偉到黑板10分的地方寫上他的座號。

我接著問：「殆是什麼意思呢？」

家蓁問我：「仙女，我到講台上講，真的可以加50分嗎？」

我對她招了招手，鼓勵坐在第五排的她走到台前來。

家蓁：「思而不學則殆的『殆』就是危險的意思。」她拿起粉筆在黑板50分的地方寫上座號「4」，滿臉笑意的走回座位。有些學生不以為然，有些學生羨慕不已，我乘勝追擊的說：「家蓁50分了，她再上台一次，這學期論孟就滿分了。人生有許多的第一次，鼓起勇氣為自己贏得滿分。大家可以多舉手。」

這個場景讓我想到「徙木立信」的成語。商鞅推行變法初期，商鞅怕百姓不信新法，他把一根三丈高的木頭豎立在南門前，然後張貼公告懸賞：如果有人能把這根木頭搬到北門，就賞十金，百姓只覺奇怪，並沒有人敢嘗試。於是，商鞅又下令把賞銀加至五十金，後來果真有人把木頭從南門搬到北門去，商鞅也履行諾言，把五十金賞給此人。這件事一傳十，十傳百，很快就傳遍了整個秦國。老百姓知道商鞅說到做到，都不敢懷疑他頒佈的新法令，商鞅變法也得以順利推行。家蓁回答完之後，觀望的人發現，只要上台就可以「不勞而獲」，紛紛嘗試，屢試不爽。

答題風氣讓危機意識高升

舉手到不舉手的距離很遠，從座位到講台的距離更遠，師生間的距離像南轅北轍的馬車愈拉愈遠。

最後兩天，舉手的人激增，大多繞著10分與20分，50分可望而不可及。滿分的人轉移焦點，致力於鼓勵身邊的同學發言，告訴他們滿分的門檻真的很低，手一舉就能碰到天。

我每堂課不斷重複，「這堂課的學習目標是只要你願意開口說話就好，答對和答錯都是同樣的分數，你可以選擇不要被當。」重複頻率之高，讓我覺得自己像下午巷口賣十元麵包的攤車。

我的小老師說得直白，「大家私底下都說你不會當他們的啦！」

要想破關才願意打怪

學期末，交出成績，十幾人不及格。

寒假期間，很堅持不發言的阿強在臉書上寫著：「X！論孟被當。」

拿到一百分的學生成就感十足；八十、九十分的學生有的喜不自勝；有的懊惱怎麼不大方上台，與滿分失之交臂。

下學期開學，問題的難度提高了，學生翻書和課前準備的工作變多了，發言的學生卻變多了，應該是有一次庭安對著全班說：「你們都敢走上台寫座號，只要再轉身開口就能練習說話，又有分數可拿，為什麼要跟自己過不去呢？」

每年帶新班級，我都會跟學生們提起這個0.5學分的論孟課，不想吃的菜再豐盛也不想舉箸，學習也是。

很多師長問我，高三課業繁重，沒有時間模擬面試，該怎麼辦？我的回答是從日常課堂做起，一次次鍛鍊學生表達肌肉，學生具備表達能力之後，就跟騎車一樣，駕輕就熟，擺脫尷尬，暢所欲言。

重點小提示

增加學生表達意願的方法

新課綱上路之後，已將「溝通互動」列為核心素養，老師們可以採用下列三種方法，掃除學生口語表達怕丟臉、沒自信、怕說蠢話、怕跟人家說得不一樣等心魔，提高發言意願。

①目標強化行動：先以具體的成績強化學生動機，讓學生體會達標的成就感。

②離座啟動行動：離開座位，走到講台寫座號，寫了十次10分，也就練習壯膽上台十次。多一次寫號碼的機會，就多一次告別緊張的壓力。

③風氣帶動行動：在立下規矩的那一刻，打破僥倖者的觀望心態，避免破窗效應，善的循環讓人人意識為自己努力。

03 學生擔任講師展現口語表達超能力

「……我覺得自己很爛，什麼都不好，很沒用。原本有點害怕的輔導課報告卻成了我自信的來源。……直到仙女的那堂輔導課，大大地肯定了我，我真的很開心，甚至之後還給了我當主持人的機會，讓我在輔導課當了五十分鐘的老師。在那堂課中，同學的笑聲和回應都給了我很大的力量。漸漸的，我找回從前那個充滿自信活潑開朗的『郭思儒』，重生的感覺真好。在遇到仙女之前，我是很容易緊張的。現在，我學了很多演講的技巧，深植我心。……」

視為畏途的輔導課

二一〇的輔導課排在週五的第七節課，隔週上一次。

週五下課時，我會給學生下一次上課的主題，讓他們有充裕時間準備下週三分鐘的演講，例如：「我如何身體力行我的『Go愛台灣』行動方案」、「高中印象最深刻的事」等與親身經驗有關的分享。

高二兩個學期下來，學生通常講兩句就一句「然後」，每句話都以「那」開頭，講著講著邊肯定自己的話而猛說「對」，相較之下，於是其中幾個用心準備的學生顯得突出。昀俅從高二上學期就有備而來，思儒則在高二下學期後來居上。

五月中，我一進教室，空位比人多，「噔噔」，全班只剩下十位學生，沒蹺課的才是真愛。與其花時間碎唸蹺課的學生，不如讓在教室裡的學生覺得這堂課是值得留下來的。

我走到靠窗第一排的第二個位置坐下，第一排只有我一個人，我側著身就能看到整間教室裡的所有學生。

「今天人很少，我們改變一下上課方式，平常都是我回饋同學，今天我們找一個主持人回饋大家。有沒有人自願的？」我看了看全班，低頭者有，怯生生者有，面無表情者有，昀俅表現向來優異，但我看著思儒說：「思儒就你了，你上台當主持人好嗎？就像我平常上課的方式就可以了。」

「最不容易找的主持人找到了，其他人就主動上台吧！」我的聲音在空曠的教室裡迴盪著。面面相覷之後，第一個學生站上了講台。

當學生成為講師

主持人思儒接著上台，她問：「有沒有人要回饋？」

學生的回饋大同小異，「聲音太小，聽不清楚。」、「太多『然後』」、「可以不要一直走來走去」。

思儒拿起黑色的白板筆，在白板的最左邊寫下：「一、音量不足。」接著說明：「你的聲音可以再大聲一點，讓觀眾可以聽得清楚你在說什麼。接下來，思儒寫下「二、沒有連結。」並說明：「你剛才講的內容跟同學們有什麼關係呢？你想要呼籲他們跟你一樣做些什麼改變嗎？」她繼續補上：「三、呈現畫面。」再說明：「你可以說說你最有印象的是哪些事情……」平均給予每位學生三點回饋，每一點盡可能為四字摘要，其他以口頭補充。我看著思儒，好像看到我自己在台上授課的樣子，不禁眼眶紅紅的泛著感動。

教口語表達這十年來，第一個在課堂上站滿一整節課，回饋多達十人的學生是思儒。她不只說「不要什麼」，還會建議「要加什麼」。我只在最後兩分鐘上台，思儒最讓我佩服的地方是她能以圖像解說，當她在黑板上畫畫時，不只我，全班都發出了讚嘆聲，因為仙女沒這麼做過。

下課鐘響，昀俅拿點名板給我簽名，我問他：「你當下一次的主持人好嗎？」他呵呵呵的傻笑，點了點頭。其他學生意猶未盡，期待下次上課。

這一堂課之後，沒有人再蹺過課了。

良師與益友

三週後，我拿著昀俅的學習單，問他：「思儒的學習單寫的是上台主持的事，你也是寫她，願意讓她看你的學習單嗎？」他大方同意了，思儒掛著笑容，滿意的看著昀俅對她的形容。

昀俅寫著：「在一次輔導課，思儒成為同學報告結束時負責給他們回饋的『臨時講師』。以平常跟她聊天的情況看來，我以為她應該只是上台搞搞笑，講一些很一般的評語，像『你講得很棒』、『你要多加油喔』，因此，我不是很看好她的主持。

「但是，當她開始回饋同學，我十分驚訝，我驚訝的是她可以用一些簡單易懂的圖像把他們的優缺點整理出來，使大家能輕鬆了解。我體會到『海水不可斗量』的道理，或許思儒在演講這方面特別好，她能以輕鬆簡單的方式回饋給同學，這是我不能達到的。所以，我應該向思儒學習。希望哪一天換成別人向我學習，我也可以成為他人榜樣。」

我假裝生氣的對昀俅表達我的「不滿」，「思儒在學習單上感謝我。而你整張學習單都寫思儒，怎麼沒有謝謝我？」他呵呵的傻笑著說：「對喔！那我下學期記得寫。」這兩個孩子讓教學多了許多的情味，都是同學的榜樣。

這個只有十名學生的表達力課堂，給了我三個啟示：

一、困難的不是上台，而是有沒有上台的意願。

二、棋逢敵手，英雄相惜，自會產生良性競爭。

三、弟子未必不如師，弟子要善用自己的強項。

表達是把自己的見解、情感、意圖，通過語言文字、肢體動作、聲音表情傳達出來，學生們缺乏的是表達的自信，就跟部分英文成績優異的學生看到外國人不敢開口說英文一樣，強化動機，相信與支持會讓學生因為鼓舞而肯定自我，不再害怕上台。

04

登上TED舞台前的表達力練習題

一〇六年五月，段考前三天的上台報告。

劉郭站在講台上：「……這時我的腦海裡閃現出了一句仙女常跟我們說的話，人與人之間最重要的就是什麼？」

全班沒料到他會提問，拖了幾拍才回答：「信任。」

劉郭激動地高舉右手，指向台下：「對！就是信任。就因為這句話，我決定要把一張稿紙寫好寫滿，完完整整的交給仙女。」

全班鋪天蓋地的掌聲，我想起了高一上學期他到導師室交稿紙給我時的一派輕鬆。

話到嘴邊說一半的高一學生

一〇五年十月，稚嫩的小高一正在上〈左忠毅公軼事〉，提問中有這麼一題，「這一課使用了何種寫作手法？」全班六組，每一組經過討論後，推舉一個人發言。我將這堂課剪輯成影片，六個學生各露臉一小段，刪去結巴的部分，每個人加加減減能剪出兩句像樣的發言，唯獨劉郭，他右手扶著桌子，左手按著體育外套拉鍊來回移動，偶爾害羞地兩隻手摸摸頭，又兩手十指交叉放在身體前面，或者兩手壓在胸前，臉部肌肉不甚協調。我反覆聽了十來次，劉郭說話坑坑疤疤地像地面凹洞，不是假裝看不見就能忽略的，公開播放倒像在嘲笑他，那影片最終只出現五個學生。

劉郭何許人也？萬芳高中交通隊。早上七點任勞任怨到學校路口值勤，高一四點放學，他還得留在學校，五點前到路口值勤，待高二、高三學長姐都放學了，才能收崗回家，風雨無阻。這種看起來份量很重的苦差事，少有志願者，而劉郭就是其中一個。像這樣的好孩子，我怎麼忍心將他排除在影片之外呢？

我說：「劉郭，我真的很努力了，不好意思。」

劉郭：「仙女，沒關係，我知道我講得不好。」

我補上了一句，「你多加練習，我以後幫你作一個對照組的影片。現在的弱勢才能突顯你未來的強大。」

劉郭禮貌地牽了牽嘴角。

發言常緊張不已的劉郭，後來卻轉變成大演說家。

素人變身演說家

一○五年十二月，劉郭第一次上台報告，是全班唯一的滿分。「星期五的轟趴」，一群男同學到他家玩，他兩隻手扶著講桌，一邊講，右手不時把眼鏡往上推。口吻生動得像我們全部到他家玩了一趟，甚至還摸了摸他家的狗狗。他說著自己喜歡音樂，琴藝高超，還自比蕭邦、巴哈，深切期許，卻不驕傲。他勝在比其他同學多點準備，心境調適與聚焦內容。雖然緊張，雖然說起話來帶有些許不自在，假以時日，成就感會幫助他克服緊張的障礙。

劉郭打從入班以來，明眼人都看得出來，他跑在全班的最後面，一句話說得又長又久。這一次他一馬當先，全班望著他的謙虛與堅持鼓掌，與其說他講得無懈可擊，實在是他前後的對比讓我們對他異常佩服，龜兔賽跑真真實實地發生在一○六，劉郭是馬拉松型的跑者，他持續往前奔跑。

一○六年三月，劉郭跨班選修和其他班級學生一同由其他老師帶往美國在台協會（AIT）參訪，我收到校長傳給我的訊息：「懷瑾老師：今天下午我們帶一群學生去AIT美國資料中心上Maker課程，同學都很專注，其中有一組表達力特別好，頗受好評，聽說其中有幾位是貴班學生，您平時在培養表達力下得功夫很深，學生表現出來就是不一樣，特別與您分享此訊息，感謝您。」

我問其中最不善表達的劉郭：「聽說你們那一組異常活潑，讓人印象深刻？」

劉郭回答：「我們平常國文課就這樣了，很習慣問問題，很習慣舉手，反正錯了也不會怎樣，這讓我自己也很開心。」

練習才是進步的不二法門

一〇六年五月，劉郭一下台。我趕忙問：「劉郭，你上台前練習過？」

劉郭說：「我練了七、八次。」

我繼續追問：「怎麼練？」

劉郭答道：「我會唸給恩均和承祐聽，他們也會幫我修改。」

我很好奇：「什麼時候練？」

劉郭說：「下課啊！」

我再問：「下課這麼吵，怎麼練？」

劉郭表示：「還是可以練啊！吵歸吵，我練我的，我也很吵。」

我繼續追問：「所以，你有寫稿子囉？」

劉郭點頭說：「嗯。」

一般人背稿一忘詞，努力回想稿子的內容就像船擱淺，劉郭這一次運用肢體讓他的停頓自然生動又有張力，背稿痕跡蕩然無存。

練習，讓大家不再害怕口頭報告。

我帶過這麼多屆學生，說穿了，一般的學生就只在心裡約略想過要說什麼，但一上台，隨著時間將至的鈴聲響起，便快速做結；或者將稿子寫好背好，唸過幾次上台就像在背書，雖然聽得懂，但少了互動少了手勢，就像唸經的小和尚用擴音機唸經如此而已。我彷彿看到劉郭這隻進化的烏龜，再過一段時間，人家應該會以為他本來就是隻靈活聰敏的兔子。

學習金字塔將走過的路串連起來

我任教的班級，段考前每個學生總要針對課文進行一到兩分鐘的口頭報告，學生總會以考試在即勸我收手，甚至會有家長要我深明大義，「段考前怎麼能不考試？」

「學習金字塔」中說得很實在，如果學生能夠立即應用上課內容，或是讓學生有機會當同學的小老師，學習成效高達百分之九十。學生能夠教別人，不只要熟悉內容，將內容轉化為讓其他人能懂的表達方式，同時，也提昇了自己潛在智能的發展。

劉郭站在講台說著：「噹噹噹噹！噹噹噹噹！下課鐘聲一響，我瞬間站了起來，當我走上樓時，我的速度連風都跟不上；當我走到辦公室時，我霸氣的開了那扇門，甩了一下頭髮；我拿了一張稿紙，再甩一次頭髮，頭也不回的就走了。一路往教室走回去，準備開始拼我的稿紙。

「就在即將要上跨班選修前一節下課，我走上去把稿紙交給仙女，看到仙女的笑容，我的心裡感覺到無比的安心，因為我成功的守護了我與仙女之間的信任關係。」

劉郭說出了他曾經遲到，想裝迷糊，想躲過寫稿紙的內心糾葛，這真是一段好故事。他在我心裡一直就是個好孩子。聽完這個故事，我依然這麼認為。

讓表達力更具影響力的公眾表達技巧

很多人問我上 TED 要注意什麼，劉郭在我高一教他的這幾個月裡，學到了公眾表達的三個要點：

一、取材自親身經歷：們每天都在說話，但只要到了大型場合，許多人反而三緘其口，拚命求饒，推託找不到題材，其實生活就是最好的寶庫，大大小小的親身經歷都是絕佳素材，自己講來生動，拉近與觀眾距離，共鳴度高，感染力強，具有說服力，比任何理論更容易停留在觀眾的記憶中。

二、寫稿讓表達更精準：在 TED×Taipei 的會場，現場上百位觀眾，還有錄影與直播，自然不是像平常一樣，在心裡想想要講什麼就可以上台，而是要寫稿。寫稿是我認為上台前第一件準備工作，特別是初學者，字斟句酌，刪掉冗詞贅字，就容易掌握表達的細節，讓演說更有穿透力。

三、力求反覆不斷練習：一場好的演講，大方的儀態會讓觀眾覺得你是做足準備的。因此，上台前必須經過大量的練習，從對著鏡子說話，到找人面對面眼神交流，肢體動作的展現，臉部表情搭配著內容傳遞情緒，這些「非語言溝通模式」帶給觀眾最直觀的感受，唯有不斷地練習、調整與修改，才能讓觀眾對演說留下深刻印象。

TED 演說之所以動人，憑藉的是一萬小時的毅力與態度，我們的學生或許無法付出一萬小時的時間，但只要像劉郭一樣掌握方法，在眾人前侃侃而談絕非難事。

05

以簡報發揮影響力（上）

學習力×簡報力＝影響力

第一節，三〇一一下課，學藝股長靖瑄拿教室日誌給我簽名，我順口問她，「靖瑄，你會不會覺得我這一課都在翻譯，上課很無聊啊！」

「仙女，不會啦！這一課本來就比較需要解釋啊！」

仙女也有卡關的時候

〈與陳伯之書〉，是梁武帝在位時，丘遲受命勸降叛逃到北魏的陳伯之的招降信。以駢文寫成，文句艱澀，典故繁多，要讓學生讀懂或解釋清楚都相當的困難，課本下方的註釋學生根本不想看。

第三節，三一〇下課，趁著小老師思又在計算黑板上的分數，我問她，「思又，你會不會覺得我都在翻譯，上課很無聊啊！」

「仙女怎麼教，我都喜歡。」

學生不覺得有問題，我自己卻是怎麼教，怎麼焦慮。跟以往一樣用問答的方式上課，跟以往一樣讓學生寫白板，一樣課堂上笑聲滿溢，師生互動頻繁，我卻覺得自己只是不停的換句話問學生，不停的用白話文翻譯文言文，學生之於文本，還能學到什麼呢？難道只有翻譯嗎？我自己也很茫然。

讓學生把招降陳伯之變成自己的事

蒙特梭利說：「我聽過了，我就忘了；我看見了，我就記得了；我做過了，我就理解了。」不然，就讓學生「做一件事情」勸降陳伯之吧！

知名企業講師王永福福哥說，「簡報不是為了傳達訊息，而是為了說服聽眾。」乾脆就讓學生以〈與陳伯之書〉為素材，做一份簡報說服陳伯之棄魏投梁好了。

我姑且把簡報粗分為「簡報製作」與「口語表達」兩階段，本文談的是第一階段「簡報製作」。

既然要做簡報，趕緊預約電腦教室嗎？**錯**。

趕緊叫學生打開電腦製作投影片嗎？**錯**。

趕緊把所有能說服陳伯之的理由都做成投影片嗎？**錯**。

做一份好的簡報要先設想下列兩個問題：

一、設定目標對象：擬定題目馬上開始做投影片，肯定無濟於事。得先設定對象是誰？

他想聽什麼？怎麼讓他想聽？

二、要不要使用投影片：文言文單純以口頭簡報，肯定事倍功半，搭配投影片是為了容易理解，在最短的時間裡知道講者在說什麼。

至於需不需要到電腦教室上課根本不是重點，我去上王永福福哥的「專業簡報力」，根本不須打開筆電！

好架構讓簡報不用再三重作

一、擬定架構頁：讓學生從文本中歸納能打動陳伯之的三個論點，做成架構頁。重點太多，陳伯之記不住；重點越少，陳伯之記得牢。（Less is More.）

二、標題提示頁：在論點與論點間插入區隔用的投影片，讓陳伯之知道現在進行到哪個環節，也更能清楚掌

先歸納好三個最能打動人的論點。

說之以利。

握目前簡報的進度。

這兩點都是上乘的簡報技巧。

看著學生們翻著課本相互討論，「北虜僭盜中原，多歷年所，惡積禍盈，理至燋爛。況偽孽昏狡，自相夷戮；部落攜離，酋豪猜貳。」毫不迴避艱澀的文句，學生推敲著能不能作為說服陳伯之的理由，比老師在課堂上翻譯一百次更能存在學生的記憶裡。

方向對了，陳伯之才有可能投降。

視覺重點在於一目了然

讓學生以A4紙做投影片，一張A4紙就是一張投影片。為了讓每組的學生有尊榮感，我準備了有藍、黃、粉、橘、紫、白色等底色。各組統一底色，強調簡報的一致性。

一頁A4紙呈現一個重點，簡報大師王永福福哥說：「投影片愈好，理解速度愈快。」學生要能做出好的投影片，就得深入閱讀文本。這時候做的第一件事反而是重新細看字詞解釋。彤宇、聲美討論，「乘軺建節」的「節是什麼」，書宇在一旁應聲回答：「課本註釋寫符

大家分工合作，一頁只要一個重點。

節」，聲美問：「符節是什麼？」兩個人邊用手機谷歌，邊想著該怎麼詮釋這一句話。

哲宇羞赧的說：「我不會畫畫啦！……我畫得很醜啦！」

我看著哲宇，又說了一次，「投影片越好，理解的時間越少」，「就算是畫火柴人，意思對了，也是很棒的投影片」，哲宇拿起鉛筆，畫出陳伯之昔日「何其壯也」的尊榮顯貴，讓我看到了他的才情。

除了哲宇，我也想讓其他學生明白，投影片設計不需要多厲害的畫工或過多的美編，能夠讓觀眾一眼就攫取你想傳達的重點，就是好的投影片。

「將軍魚游於沸鼎之中」的圖像，簡潔而清楚。

一般人做簡報容易犯了圖片與內容不相符的毛病，雜訊過多，文字過多，整份簡報滿是干擾。也因此，我讓學生每一句課文以「全圖像」或「半圖半文」呈現，做一份簡潔的簡報。

就好像「將軍魚游於沸鼎之中」的投影片，以「全圖像」畫出陳伯之處境危險，像魚在熱水鍋裡游來游去。投影片讓陳伯之秒懂，他才有可能投降。

結尾用金句留下聯絡方式

有沒有可能認真的簡報，陳伯之一句也沒聽進去，等到結尾才恍然大悟，準備鼓掌。這時候如果再用傳統的結尾，「今天我就講到這裡，伯之，你好好想想我跟你說的話，謝謝伯之！」可真是錯失了最後一個好好跟陳伯之搏感情的機會。

簡報結尾要能在陳伯之心裡掀起滔天巨浪，他才有可能叛魏投梁，這時使用金句最適合不過了。金句有記憶點，就像是禮物，在臨走前送給陳伯之作紀念。

國宏反應神速的說：「狼若回頭，不是報恩，就是報仇。」

我回應國宏的舉例，「前面所有的投影片其實都是作者丘遲的話，結尾頁才真正是你們的創意，呼應整份簡報的核心。」

最後一頁，最重要的投影片，我要求學生用「大字流」彰顯出他們最想跟陳伯之說的話。並在角落留下自己的聯絡方式，為什麼呢？萬一，過幾天陳伯之反悔了，還能透過FB、IG或Line聯繫得到他們。

金句打在投影片上，同時也照進了陳伯之的心裡。

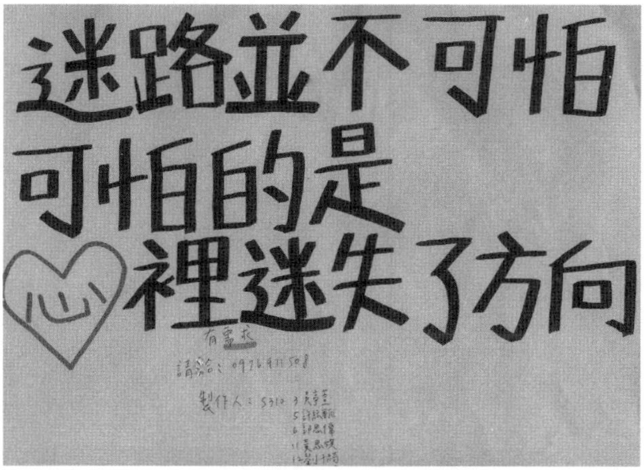

結尾頁的金句，是整份簡報的重點和創意所在。

知名企業講師謝文憲和王永福都曾經說過：「簡報，是職場最不公平的競賽！」在學習的道路上，具備簡報能力就具有影響力，不只能說服陳伯之，還能獨領風騷。

重點小提示

好簡報的條件

如何讓學生具備簡報的能力，必須先了解三件事：

①了解目標對象才能完成一份好的簡報。

②以「全圖像」或「半圖半文」視覺設計。

③以「大字流」烘托獨家金句震撼結尾。

06

以簡報發揮影響力（下）

練習×風格×回饋＝抓得住聽眾的精彩演說

想像一場簡報，講者站在電腦前面或是挨著投影幕，一開場面帶誠懇的說：「我準備了很多的內容，要講快一點才講得完。」轉頭開始朗讀投影片上密密麻麻的文字，不看觀眾，說話匆匆，務求投影片趕緊唸完。結束鈴聲響起，央求主辦單位，「可以再給我五分鐘嗎？」眼看要求無法如願，轉而對觀眾說：「今天因為時間的關係，還有一些沒有講到的，麻煩大家回去看講義。」最後一頁投影片是毫無新意的「感謝聆聽」。

難道我們的學生也要學這樣的簡報？

為了避免上述悲劇發生，接續前面那篇文章，來談談簡報的第二階段，也就是簡報完成後的「口語表達」。簡報時，相對於第一階段「投影片製作」受到簡報者的重視，其實第二階段的「口語表達」才是成功說服的鑰匙，見證奇蹟的關鍵。

大家一起來演練。

演練是王道，架構宜先行

簡報大師福哥說：「用練習克服怯場問題。」練習，練習，再練習是一場好簡報的必要條件。既然要上台，就先讓學生透過練習，蓄積上台的能量。

練習可以分成三段式：

一、組內演練：請各組學生看著簡報，依序一張張明確說出簡報內容，於是，每一組或站或坐，規律的順起了投影片，第四組全組索性站起來演練，淯騰甚至邊背邊轉圈圈幫助記憶。

二、示範演練：我請靖瑄、哲宇帶著投影片和我上台，我示範他們這組的簡報該如何開場，再帶出結尾的金句。兩組兩組相互按照我剛才的示範演練。單數組先扮演講者，雙數組則是觀眾，單數組演練完成，再換雙數組演練。這一回合，我發現多數學生能看著觀眾說出架構頁，不需要看投影片，結尾頁也會看著觀眾說出金句。

三、兩兩演練：找一個剛才沒交手過的同儕，兩兩面對面練習第二回合的內容，手上不用拿投影片。句句課文縈繞整間教室，不絕而耳，學生態度更從容，表情也更自在。

當學生對簡報瞭若指掌，自信隨之而來，也會愛上自己上台的模樣。

我先帶領同學示範演練。

互動是必然，風格大不同

上台簡報的是〈與陳伯之書〉作者丘遲，台下觀眾全部都是叛將陳伯之。簡報過程中，教師宜觀察三個重點：

一、流程順暢：這裡主要檢視三段式練習是否紮實，學生是否能從架構頁入手介紹內容，並帶出最後的金句。流程順暢，觀眾聽簡報不卡關，就連聆聽都能創造聽覺的享受。

二、回歸初衷：「全圖像」和「半圖半文」的投影片，引發觀眾好奇，製造台上台下高頻率的對話，讓觀眾甘於翻書找解答，找出丘遲當年說過的話。

互動最擔心的就是無法回應現場觀眾的問題，要見證講者功力高下，看他回覆觀眾的問題就可以知曉，學生因為事前多次演練，做足了準備，在解說上顯得專業，可以彌補表達技巧的不足。就算技巧稚嫩，也無傷大雅。為什麼呢？還記得做簡報第一要務是設定目標對象嗎？台下都是陳伯之，只要讓他們願意投入，願意了解就是好的簡報。

三、錦上添花：丘遲這篇文章是六朝經典之作，學生還能怎樣表現得更傑出呢？第一組的廷恩在全組演練完成後，神來一筆，加碼演出，秀出他的「愛妾尚在」投影片，陳述他在組內心榆和瑀婕兩大繪畫高手面前，如何的嘔心瀝血，力爭上游，呈現有靈魂的簡報，博得滿堂彩。

清晰的架構讓講者能專注地與觀眾互動與提問，簡報就是個人品牌。

好的簡報讓大家願意翻書找答案。

回饋要具體，驗收要到位

若把簡報者比做植物，練習與互動是土壤，老師的回饋則是養分，愈能在現場讓學生吸收，老師的教學愈成功。

回饋時要特別注意以下三點：

一、三好一建議：每一組報告結束後，教師反饋三～五項優點，一個具體改進的建議，這些都是可以讓後來演練的組別現場模仿與複製的。例如：第一組簡報結束後，我給的其中一項優點是「舉板妹」四處走動，讓陳伯之們能更近距離的看得到簡報，接下來每一組拿簡報都會走到觀眾面前，便於觀看。

二、分數當參考：第四組自願上台，得到一百五十分。之後第一組，由於音量稍小，只得到一百三十分。想當然爾，後面上台的組別隨著我給過的建議，少走許多冤枉路，得分也愈來愈高。

有人說，「先上台的最吃虧。演練完之後，回饋的項目都會被後面的組別學走。這樣不公平。」老師們自己應該先破除分數的迷思，虛幻的分數不切實際，學會的技巧價值連城，與其在意分數，不如想想看為什麼人家能在回饋完之後馬上修正，而我不行。簡報結束後，我幫第四組加了一百分，稱許他們一馬當先為全班做了極佳的示範。這些分數說到底就是開心而已，開心學習神清氣爽。

三、讓改變發生：與其老師說學生學得多好，不如讓學生自己說出改變。簡報結束後，請各組花三分鐘寫下「如何簡報更具影響力」。

接著再把各組白板貼在黑板上。

「舉板妹」受到表揚之後，各組紛紛模仿，這就是一種學習。

第一組寫了「定場」❶。我刻意反問：「報告時誰有『定場』？」可依說：「睿恩定場超久的，他等到大家安靜時才開始說話。」我說，「對。能定場這麼久，是需要膽量的。」接著，睿恩自己說：「每一個上台的人都有定場啊！」班上安靜了一兩秒後，出現了「對啊！大家都有定場。」的迴響，學生們感受到彼此的成長。

第二組寫「圖片解析」。我問，「誰有說明圖片？」應嘉舉手說，「我解釋暮春三月」，我繼續問，「還有誰？」大家異口同聲的指出，「還有恩玄」。這樣的提問有助於學生思考。我接著問：「走位，誰有走位？」又是一片異口同聲，「大家都有走位啊！」於是我下了這樣的結論，「走位不是碎動，而是有意識的移動。」

第三組寫「少廢話」。學生一上台就直接切入正題，不會無關緊要的瞎扯，「我很緊張，不知道要說什麼，這一課真的很難！」這也就是整堂課時間控制得很好的原因。所以，「準時下台」是非常好的觀察。我提出，「為什麼可以『眼神交流』？」有人率先回答，「因為我們把投影片都背起來了，就有時間看觀眾。」我笑咪咪的回應，「投影片只是工具，直視觀眾的眼睛說話，簡報才有溫度。」學生串連起簡報的必要條件。

四、五組寫「個人風格」。「一百八十公分的應嘉舉手說『我很高』」，全班哈哈哈的覺得這是哪門子的風格？我舉了我的好朋友朱為民醫師為例，多數人怎麼介紹一百九十三公分的他呢？「全台灣身高最高的醫師」。笑聲停了下來，學生們感受到外型塑造個人風格。「時

❶ 定場：上台時，先環顧四周，目視觀眾，讓觀眾知道簡報即將開始。

間到了，睿恩會說現實是殘酷的」，我在黑板上寫下「現實是殘酷的，限時是殘酷的」，誇讚睿恩一語雙關，好厲害。

睿恩高興地站起來指著我，「全班只有仙女發現我的用心。」

我繼續回應他，「如果對象是像凱安這樣學習較緩慢的學生，你等他，可以上TED；一般同學答題答不出來是書念不熟，翻書太慢，你每次都等他，課程的節奏會拖拍，節奏一慢，就冷場了。睿恩很有勇氣能這麼要求同學，你們有沒有發現，接下來的題目，大家翻書與答題都加速了。」學生們點頭。

「你們有沒有發現，睿恩最了不起的是他因此創造了金句。」第五組的學生紛紛與睿恩擊掌，慶祝睿恩成為典範。

修玟說：「還有郁晴，她會挑大家的錯字，堅持字要寫好，寫正確。」

我說：「郁晴真的很了不起，『藁街』的藁下面是禾部，有的組別字都沒看清楚就讓對方過關，我真的很想大叫，『是有沒有在看啊！』還好我沒當場吼出來。郁晴將『弔民伐罪』的『弔』大大的寫在黑板上，提醒同學們這個字特別容易寫錯。郁晴不僅讓同學們了解正確寫法，還有堅守原則的執著。」

當老師精準點評，環環相扣，學生就能現學現賣，立即收成。

知名企業講師謝文憲曾說過，「不要花太多心力在投影片的製作上，聽眾真正的焦點是你，不是投影片。千萬不要本末倒置了。」更加印證了簡報是工具，講者與觀眾才是主體。

重點小提示

簡報口語表達注意要點

投影片完成後的口語表達，要著重以下三件事：

①重點項目要反覆演練，例如開場和結尾。

②展現個人風格，簡報是有來有往的互動。

②回饋可於當場驗收，改變讓學生說出來。

國文與簡報相輔相成收穫多

學生在準備簡報的過程中，對於國文的學習頗多。以〈與陳伯之書〉的學習來看，至少就有下列幾點：

一、了解字詞解釋與文意。

二、了解丘遲勸降的切入點。

三、說服的過程大量提取文本。

簡報隔天，我隨機抽問上課最容易恍神的孟霖。

我問：「孟霖，你記得什麼？」

全班觀望著孟霖的表現，孟霖「ㄜ」了一聲，說出「聖朝」兩個字，我心裡想駢文兩兩成對的句子多的是，怎麼會背這樣的句子？他接著說「赦罪責功，棄瑕錄用」。戴著口罩的靖瑄，霎時睜大了眼睛，全班也因為孟霖背書正確無誤，歡天喜地。回想做簡報之初，考慮到「重點太多，陳伯之記不住；重點愈少，陳伯之記得牢。」能留在記憶深處的才是考試寫得出來的。

還有人關心陳伯之是否會返回梁嗎？

《梁書》列傳第十四陳伯之記載，「陳伯之得書，幡然醒悟，在梁武帝天監五年三月，率部眾八千人降梁。兒子陳虎牙被魏人所殺。武帝封陳伯之為驍騎將軍、太中大夫，永新縣侯，食邑千戶。」

這證明了學生們的簡報非常成功。顆顆。

專業簡報力的小技巧

我在福哥的課堂上學到了很棒的「上台的技術」，在此跟大家分享：

一、記流程不看投影片：福哥簡報時是不會回頭看投影片的，因為昂貴的學費讓我下定決心一次到位下苦工的學習。第一次練習超痛苦，不看螢幕連按簡報筆的手都會抖，話愈講愈多，每次練習講的都不一樣，從沒講稿到開始寫逐字稿，逐字稿唸了幾次，我發現，一旦忘記前一句，接下來的兩三句會接不上來，並且反應不過來，一時間無法找到適合的語句承接。最後，我改成寫大綱的關鍵字，就順利克服了背稿的問題。另外，還得簡化動畫的出現，減少語速對不上畫面的窘境。

二、單手握麥克風和簡報筆：我慣用右手握麥克風，左手拿簡報筆，當我要比大幅度的動作時，得把麥克風交給左手，才能匀出一隻手比劃動作。於是我決定效法福哥，把這兩樣東西握在同一隻手上。左右手拿麥克風都還算順手，練習幾次後發現，右手按簡報筆意在筆先，話都講完了筆還沒按，就改採左手控制，右手比劃，腦中想著簡報流程，嘴裡的速度要搭得上簡報的換頁，每一次簡報，每一次這麼練習，習慣成自然。

三、走位流暢不碎步：為了克服走來走去，晃來晃去的壞習慣，我練習站在定點看著觀眾；一個人站在房間拿著麥克風喃喃自語，坐在客廳還是絮語不斷，上了床何需數羊，直接在心裡唸簡報唸到睡著；早上眼睛還沒睜開，腦袋裡早都是一張張簡報，這一週都是被簡報叫醒的。為了不讓自己這麼緊張，我學著看碼錶簡報；為了看到自己的表情，站在穿衣鏡前演練，長久下來，也自在許多。

練到死，才能輕鬆打。我參加比賽的簡報是傳達「關懷特殊生」的班級經營理念，得到了第二屆專業簡報力亞軍，福哥給我的回饋是：「不是這堂課夠不夠硬，而是你的心夠不夠軟」。

07

學會鍛鍊心理肌力，突破挫折的束縛

青少年常會因為生活中的不如意影響情緒，考試考不好，心情不好；同學吵架，心情不好；社團排練不好，心情不好；得不到父母的支持，心情不好。就跟我們大人一樣，生活中坑坑角角，三不五時心裡覺得不舒服，個別聊聊會讓他們心裡舒坦些。但遇到班級大事還是需要集體的療癒，教學生鍛鍊強健的心理肌力，練習消化負向情緒，不被挫折綁架。

同是亞軍，選擇慶祝還是失落？

教書第五年，我帶一一七班，全班都是男生，籃球冠亞軍比賽當天，學生們準備了十幾瓶香檳到籃球場，打算球賽之後慶祝。賽前他們很清楚對手十四班來勢洶洶，對冠軍勢在必得，整場比賽，我們班極少搶到籃板，狂被蓋火鍋，偶爾投進一球，一轉身十四班抄截又得到好幾分。比賽結束，我們班一如意料地得到亞軍，兩隊球員相互擁抱之後，我們班開了香檳在場上胡亂的噴灑，樂得開懷。一旁其他班級問：「一一七得到冠軍？」、「第二名怎麼這麼高興？」相較於冠軍隊十四班迅速背起書包回家，我們班手舞足蹈更像冠軍慶典，狂歡之後，還回到教室拿拖把，將籃球場的地拖乾淨，第二名的完美姿態。

下一屆，同樣打到了冠亞軍賽，班上男生買了香檳，這回他們認為自己肯定能奪得冠軍，對手一路遙遙領先，一直到吹哨終場那一刻，班上才相信無力回天，輸了球，香檳被遺棄在籃球場邊，難過到忘了帶走。翰文的網誌寫著，「籃球冠亞軍爭霸戰，不知是太緊張或是怎樣，班上好手的手感並不是很好，導致輸了這場戰役。原本還在旁高高興興準備慶祝的我們，全都安靜了下來，剩下的水球和香檳顯得格外的礙眼，格外的討厭。」

下午，學生根本無心上課，我花一整節課的時間聽他們訴說著失敗，撫平沒能得到冠軍的落寞，這兩場比賽也讓我了解到，不抱期待得到的名次都是好名次，學生沉浸在喜悅之中；抱著必勝決心而未能達標，往往需要更多的修復與精準的心理建設。

鍛鍊心理肌力，學會與挫折共處

有了兩次籃球比賽的經驗後，從此，我都會預先在段考或比賽後設計引導活動，希望透過集體的儀式增強個人或團體的心理肌力，在困頓中練習跨越障礙，人生放長遠來看，年輕時知道怎麼與挫折共處，未來的路上就算顛簸，也能學會安步當車。

公布學測分數的日子，早就預期班上會有一半以上學生不滿意考試結果，到高三才發憤，挑喜歡的念，不喜歡的索性放棄，自然不可能考得理想。上班途中我都在想怎麼能讓他們化悲憤為力量，找到努力的方向。

事情發生之後，清創傷口是止血的第一步。

讓名人在人生的暗夜中登場

一上課，我拿著手機進教室，按下手機的播放鍵，「請寫出這首歌的歌名？」不過幾秒鐘的前奏，六組學生全舉起白板，答案是「不曾回來過」。

我接著問，「請寫出來這是誰唱的歌？」

學生們再度迅速的舉起白板，「李千那」。

我問，不是「娜」嗎？

韻婷說：「已經改成『那』了，」學生果然比我更了解流行樂壇。

這時候，我已經站在走道的最右邊，靠窗的位置，窗外陽光燦爛。

我問：「二〇一七年李千那以哪一部電視劇獲得第五十二屆金鐘獎『迷你劇集／電視電影女配角獎』？」

《通靈少女》是唯一的答案。

我指了指所在的位置，「我現在站的位置是二〇一七年的李千那。」

往前走到中間，「李千那因《茱麗葉》這部電影表現優異，獲得台灣電影圈最高榮譽金馬獎的哪一項殊榮？」

一直進步，終究能讓人刮目相看。

學生再度high起來，白板上寫著「最佳新人獎」（正確名稱是最佳新演員）。

我指了指所在的位置，「我現在站的位置是二〇一〇年的李千那。」

往前走到走道的最左邊，「李千那參加《超級星光大道》歌唱選秀，獲得第幾名？」

學生再度很有默契的寫上「第十名」。

我指了指所在的位置，「我現在站的位置是二〇〇七年的李千那。」

「李千那在當時歌唱比賽只拿到第十名。」我刻意的在講「只」的時候加了重音，好幾個學生以為我是酸民口吻。

「之後，她轉了彎，在戲劇界表現亮眼，得到殊榮。繁星的同學，你們從高一以來目標很明確，知道自己要什麼，努力不懈，恭喜你們；學測失利的同學，請不要灰心，想想看想要申請哪一些學校，跟繁星的同學一樣只要找到方向，從今天起認真的準備備審資料，我跟繁星的同學會幫你們找到自己的優勢，陪你們一起準備；指考的同學選擇義無反顧地走一條罕見人跡幽靜的路，也請大家給這些同學安靜的環境，讓他們能夠心無旁騖的繼續念書，我們全班一起走完高三最後一段路。」

我走回走道中間，「找到舞台，你就會跟二〇一〇年的李千娜一樣讓人刮目相看。」我往前三步，回到走道右邊，窗外的陽光充滿希望。

「持續在你擅長的領域裡耕耘，未來的你會跟二〇一七年的李千那一樣綻放光芒。」

不只戲劇出色，李千那更在二〇一八年發行了第一張台語專輯《查某囡仔》，星光大道第十名在十年後出了唱片，人生只要持續努力，沒有什麼事是不可能的。

人生放長遠來看，跌倒了，站起來，往前走，人人都可以成為李千那。

我手機裡的李千那唱著：

「再愛的　再疼的　終究會離開
再恨的　再傷的　終究會遺忘
不捨得　捨不得
沒有什麼非誰不可
就讓自己慢慢成長
慢慢放下」

我把音樂開得更大聲了。

下課後，好幾位打算申請的學生圍著我，詢問我備審該如何著手；繁星的學生問我可以怎麼幫忙同學；指考的學生這節課下定決心為自己而戰。班上少了眼淚，多了迎向未來的勇氣，心理肌力強壯了，這是個成功的引導。

沒有經歷過害怕的人，不能深切體會什麼叫做成長。人生必然會遇到挫折與失敗，重點在於教導學生用正確的心態面對。

面對挫折的五個強效藥方

高期待，高失落，學生深陷愁雲慘霧中，老師們可以在事前引導規劃，符合以下五個元素都能有效轉移學生注意力，不被負向情緒困住，轉而將重點放在往後的努力。

一、看似與主題無關的開場：一開口就帶出主題會讓學生覺得老生常談，開啟心理防衛機轉，適得其反。我用流行歌曲啟動了學生的好奇心，〈不曾回來過〉這首歌，學生耳熟能詳，琅琅上口，透過音樂節奏，透過熟悉的歌詞，學生不自主的跟著哼唱，共鳴度高。

二、看得到的經典人物：偉人的故事固然吸引人，但要在短時間內讓學生感受到真實的存在，我建議用當代的人物，而且活躍於當世。高三這年《通靈少女》讓李千那紅透半邊天，學生看過劇，聽過主題曲，處於同一個時空產生強力的情感連結。

三、三段式標舉成敗的時間軸：許多人只在意成果，卻忽略了每一次的失敗都是成功的基底，都是成功的墊腳石，學生跟所有成功人士一樣暫時處於低谷，別停在失意太久，講述成功的案例要帶到走過失敗後的榮景，標舉失敗是走向成功的前哨站。

四、雙主軸號召學生勇於改變：勵志故事會讓學生覺得「然後呢」、「我又做不到」，產生事不關己的感覺。真正能讓學生產生行動是故事主角與學生雙主軸的推演，第一次走位由右到左是李千那的生命經歷；第二次走位由左到右是學生收到學測成績的處境；最後一段行動指引讓班上繁星、申請和指考三股力量合而為一，一起努力。

五、餘韻繞樑的心靈雞湯：音樂具有強大的情緒感染力，將傷痛投射歌曲中，有助於創傷的平復，選取符合主題意境的歌曲，在活動前後播放效果最好。當我按下手機播音鍵放出「不曾回來過」，這幾句歌詞將會隨著旋律停留在學生心上，在他們未來想要放棄的當下，想到成績公布那一天的失意，找回堅持向前的初衷。

塞翁失馬，焉知非福，比起專注追逐成功，坦然面對挫折，反而更重要，在失敗中看到自身的不足，踏實的檢視自我，從中汲取經驗與教訓，反而是「轉敗為勝」的契機。

下一次，學生們遇到挫折時，老師們可以先依照這五點，為學生們預先準備面對挫折的強效藥方，在這淬鍊自我的大好機會中，讓學生思索許多事情的成功都得來不易，跌倒了，爬起來就好了。

08

打造峰終課堂，激發學生全神貫注的鬥志

麗玲才教書一年，最常說的話是，「學生上課實在太不專心了，坐也坐不住，動不動跟旁邊同學聊天，忍不住手機拿出來滑，再不然就是趴著睡覺，都不知道學生心裡在想什麼，口口聲聲說要認真，行動上根本做不到。」要不然就是問我，「仙女，為什麼你的國文課學生這麼忙，這麼累，上課還能這麼專心？」

創造充滿愉悅動能的課堂環境

我在課程設計中運用「峰終定律」，強化學習的驅動力，創造心無旁騖的不分心環境。

諾貝爾經濟學得主丹尼爾．康納曼（Daniel Kahneman）發現人們對體驗的記憶取決於高峰與結束時的感覺，這就是「峰終定律」。康納曼做了一個實驗，他讓兩組受試者戴上耳機，聽超大聲的噪音。兩組聽到的音量一樣，不同的是，第一組聽完之後就結束實驗，第二組還會再聽一段比較弱的噪音。按常理來看，第二組的人聽了比較久的噪音，應該比第一組感覺

更痛苦，但事後調查，願意繼續參加實驗的人，居然是第二組較多。這個實驗告訴我們，如果一段體驗在最高峰或結束時的感受是愉悅的，即使痛苦的總量大於快樂，你也會覺得整段體驗是美好的。

對學生來說，課堂中有許多「無奈」與「麻煩」（詳見〈樹立制度與溫度並行的班級規範〉，頁一七三～一七八），無可避免會帶來負面情緒，尤其分組課程隨著答題失敗或隊友出包都會加重負能量，也因此每隔三分鐘出現一個「高峰」，隔五分鐘再來一個「高峰」，提高學生爽快感，能強化學生腦部，集中精神，目不轉睛，課堂結尾再打造個可喜可賀的「終點」，師生盡歡。

高峰創造個人與團隊成就感

著名心理學家米哈里．契克森米哈伊（Mihaly Csikszentmihalyi）發現，很多科學家以及藝術工作者常常保持高度專注力，廢寢忘食，也就是說當人們在從事為人所稱頌的事情，如同進入了一種「自動運轉」的模式中，這種體驗像是自動流發而來，稱為「心流」，人們在「心流」中擁有最佳的內在感受與滿足。

老師們可以思考課堂中哪些狀態能夠讓學生處於粉紅泡泡的欣喜狀態，幫助學生找到課堂中願意一頭栽進的理由，讓課堂成為學習的幸福時刻，老師授課也可以減少許多不必要的干擾，更加順意發揮。

以下是學生在畢業前夕寫下仙女課堂的「高峰」送給我的畢業禮物，提供老師們參考。

一、課前預習，比別人多一點準備而得到的成就感。
二、預習的同學為數不少，班上形成向學的風氣。
三、答對題目，自己開心，也能夠提振小組士氣。
四、不管如何，只要能加分，都讓人情緒高昂。
五、學習能力強的組員帶動其他組員學習，不會有被遺棄的感覺。
六、老師提問時，翻課本找答案，覺得自己能參與課堂感到開心。
七、答題時，能說出有道理，有觀點的答案，被認同的成就感。
八、課室秩序良好，睡覺或聊天的同學都會被制止，很棒的學習環境。
九、小組討論不會言不及義，大家都想爭取榮譽。
一〇、分組討論眾志成城，群策群力，班級更有向心力。
一一、不用擔心提問會冷場，善用白板讓課室內的回應成為常態。
一二、打破只有成績優異的學生才能發言的慣性，白板讓人人都可以發言。
一三、傳白板讓每個學生都受到團隊重視，被接納，被看見。
一四、不必擔心答案不好被同學否定，沒有標準答案都是好答案。
一五、舉手回答或提問都被受到重視，不用擔心會被斥責或翻白眼。
一六、條列式答題，能寫多少就寫多少，文思泉湧，多多益善。
一七、就算講答案太大聲被扣分，也不用擔心受到組員責備。

一八、找不到答案時，同儕彼此鼓勵，也能感覺到快樂。
一九、分成小組後，不會有人落單，每組都是團體戰。
二〇、聽同學上台分享百聽不厭，很有新鮮感，也知道別人在想什麼。
二一、表演題讓學習氣氛變得有趣，課文突然變得很簡單。
二二、想展現各項才藝都不用擔心被仙女或同學嘲笑，反而會受到鼓勵。
二三、當學習單變成投影片，成為教材，感覺自己的努力受到肯定。
二四、糾正同學還可以加分，不會被「酸」。
二五、用圖畫畫出課文很新奇，同學都很有才。
二六、知道怎麼做簡報，覺得自己擁有超強的技能。
二七、學到的口語表達技巧能夠在課堂上馬上運用。
二八、二維表格整理出課堂筆記，覺得自己是神人。
二九、用黃金圈找到作者的寫作動機，感覺自己很有辦法。
三〇、六頂思考帽讓我們可以隨時調整自己戴的帽子，轉換思維。
三一、收到同學的回饋卡，心情大好，也會認真的寫給同學們。
三二、仙女會教我們教學技巧，讓我們學會規劃課程內容。
三三、仙女總是能講個看似毫無相關的故事開場，冷不防的結合課文。
三四、仙女會一直稱讚我們，讓我們覺得自己是有價值的人。
三五、雖然仙女很兇，但是上課的時候仙女會鼓勵我們，不會生氣。

上述的「高峰」符合學生對於認同感與成就感的期待，妙的是這竟然也是多數課堂所無法滿足學生的，主因還是老師的講述過多，少了讓學生表現與互動的機會。一旦「高峰」增強學習意願，就能夠有層次的拉高問題的難度，更能激發起學生的鬥志，向困難挑戰，並且享受這段全神貫注的時光。

課堂的終點要俐落

宜家家居（IKEA）購物的經典案例給我教學上很大的啟發，買一顆燈泡要花上大把時間在賣場裡繞來繞去，購物過程沒有快速通道，耗費許多時間與體力，卻還是有這麼多人趨之若鶩，很少

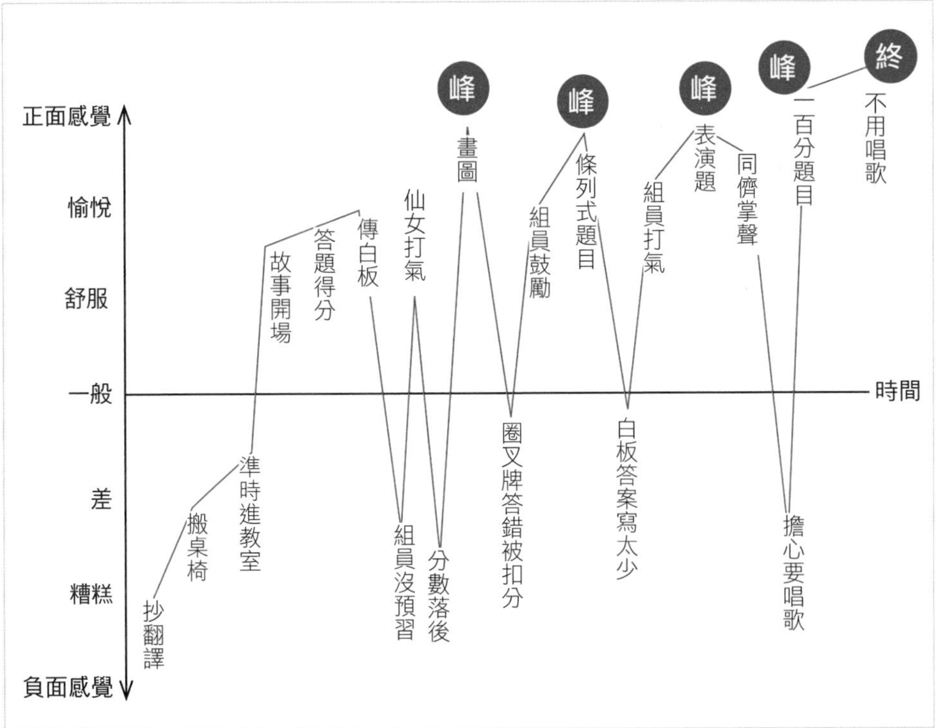

▌善用峰終定律，學生堂堂課都會高度集中注意力。

出現負面情緒，甚至覺得很開心，下次還要再來。其實 IKEA 也是用「峰終定律」擄獲消費者的心。在賣場裡購物的「高峰」，是那些具設計感又物超所值的商品與溫暖明亮的展示空間，「終點」則是出口賣的十元霜淇淋。由於消費者在「峰」、「終」的愉悅感，遠遠超過「長途跋涉」的痛苦，購物經驗就變成正面的了。

同樣的道理放在課程上，「高峰」之後緊接而來的「終點」，讓學生的熱情得以延續，我通常透過下列三點打造「終點」，讓學生以為置身在歡樂的國文課堂。

一、警醒時間的流逝：看著時鐘，提醒學生「把握下課前十分鐘，人生總在轉折處翻身」，再度進入警備狀態，學生間會相互提醒，努力搶分，避免失分，再掀起一波高潮。老師若趁勝複習與釐清今日課堂重要觀念，能更加深學生印象，高效學習。

二、分數節節高昇：最後三題，難度加深，內容加廣，與文本前呼後應，一題一百分，刻意拉大與先前分數的差距，強化學生放手一搏的拚勁。分數一題比一題高，腎上線素大量分泌讓學生隨時可能再創高峰，隨時可能告別最後一名。

三、放大絕壓軸登場：課堂尾聲進入白熱化階段，不管戰況多激烈，比數差距多大，課程講個哪一個段落，鐘聲一響，只要說出「今天不唱歌」，全班如釋重負，臉上全是喜悅。準時下課又不用上台就像置身仙境，學生喊起「謝謝仙女」多了幾分感情呢！

我經常聽到學生喊著「怎麼這麼快就下課了」，這得力於「峰終定律」的應用，讓學生在專注中忘記看手機，忘記時間的流逝，彷彿天地宇宙間只記得寫白板，要答題，翻課本，搶得分，學生對課程滿意度激增，會自動守護課堂，讓班級成為他們喜愛的樣貌，達到更好的學習成效，我從不擔心學生無法集中精神。您也可以打造自己的峰終課堂，提高學生專注力喔！

重點小提示

峰終定律三大地雷

運用峰終定律有三點要極力避免：

①不可本末倒置，為求峰終，破壞制度。可以不唱歌，但不能不預習。

②錯置峰終，殘局一發不可收拾。一上課就說今天不唱歌，學生立馬怠惰。

③重點是學習內容，而不是一味峰終。有趣之餘，帶動學習氛圍才是目的。

09 揮灑創意的學習單成為備審資料亮點

天還濛濛亮，順手按了手機，瞥見昨夜媛辰捎來的訊息，我的世界亮了起來，寤寐不再。

「親愛的仙女，在忙亂之中做備審擔心沒東西放的時候，突然看到以前的學習單就覺得好愛你哦。」

媛辰是我高一的學生，我也好愛她，謝謝她讓我一早活力滿滿。

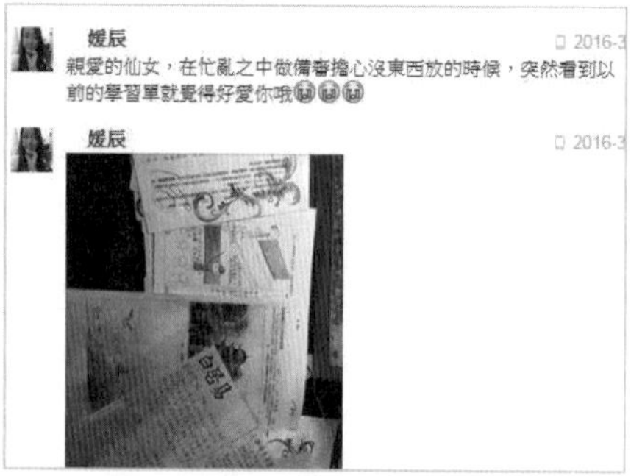
媛辰
2016-3
親愛的仙女，在忙亂之中做備審擔心沒東西放的時候，突然看到以前的學習單就覺得好愛你哦
媛辰
2016-3

媛辰的訊息讓我的世界瞬間亮了起來。

備審資料著重個人特色與學習成長

每天忙著改學生大學申請入學備審資料是高三下學期重頭戲。自傳與讀書計畫不難解決，網路上有一大堆資料可供參考，改名換姓後儼然變成個人的豐功偉業，只可惜相似度太高，不夠獨特。個人特色與學習歷程中的成長與改變最難造假，必須有實際的佐證資料才能

說服評審。每到推甄季，學生進進出出辦公室，最常問兩個問題：

一、「仙女，我可以跟你拿我的學習單嗎？」

二、「仙女，你那邊掃描好的學習單檔案，可以給我嗎？」

社區高中的學生，很平凡，沒有對外比賽經驗，校內比賽也乏善可陳。到底有哪些成果可以權做備審資料？我的學生們將高中三年嘔心瀝血完成的學習單編輯成冊，躍升為大學教授眼中的亮點。

學習單將創意化為實際行動

高二上學期，佳昕多次缺繳學習單，國文需要補考。我溫和的對她說：「就算我把你當掉，我還是愛你的。」高二下學期，她不曾缺交作業。每一次展示佳作，她總名列其中，像參加障礙賽超越前一次的自己，鮮明的個性，文如其人的天真爛漫。她在自傳的學習歷程中，寫下了從拖拖拉拉、為了分數不得不寫，轉變為心之所至意到筆隨的學習單演進過程，真實的剖析內在的衝突與糾葛，找到學習的意義與價值。

佳昕寫著：「在這期間我們國文老師出的功課是我的一大難關。一般的國文老師都是出跟考試有關的回家作業給學生，偏偏我們老師喜歡出課文與生活相結合的學習單，而收作業的標準不像一般老師，沒有把整張學習單寫滿或是沒有切合主題寫都會被退貨，不是用先求有再求好的做事準則，而是一次都要通通到位的打分數方式。同樣一開始也是很不適應，因為我屬於交功課會拖來拖去的類型，可是到了後來，我交學習單的態度愈來愈有熱情，畢竟能把我腦子裡有的創意點子化成實際行動是很有成就感的事情。在高中我學習到很多也改變很多，因為我想成為一個努力完成夢想的追夢者。」

從知道到做到，克服懶散，佳昕的轉變讓我佩服她的自覺與行動力。

佳昕要申請觀光系，這張「四十歲的我」學習單足以說明她目標明確，教授們看到這張學習單應該跟我一樣眼睛為之一亮，感受得到她強烈的申請動機，更想聽她分享為什麼四十歲的藍圖是這麼勾勒的。

面試過了幾天的夜晚，她傳了訊息給我：「原本在星期三的時候好像知道妳哭了，可是不知道原因，直到最近妳在臉書po文才知道是因為妳又被檢舉了，因為妳的教學方式。真的想跟仙女分享一件事，前幾天我不是剛面試完嗎？其實突然感觸很多，真的，以前妳出的學習單我真的覺得很花時間很煩。但是，面試完要返回火車站坐在計程車上，突然發現我手上拿著的是以前努力完成、覺得麻煩的學習單，剛剛面試口中的故事是踏入仙女班才會發生的事，人生真的很奇妙，妳不會知道在未來妳曾經做過的事會對

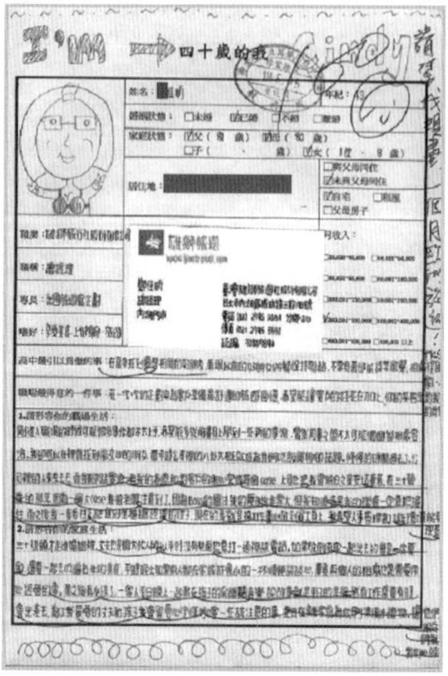

佳昕的追夢目標。

眼前的事有那麼大的幫助。

「碰到仙女，我曾經覺得不幸，可是現在我更多的是覺得幸運，我想要說一聲謝謝，還有，仙女，希望我的故事能成為妳的堅持。」

婕伊的學習單寫著：「高二對我來說是一個大大的轉捩點！重新分班後，我被分到了傳聞中很可怕的一個老師的導師班上。在傳聞中，有人說她很喜歡當掉人；有人說他的課很可怕；更多的人說『她很特別』。她是余懷瑾，但我們更熟悉的稱呼是『仙女』。

「上她的課從來不會感到無聊，翻轉教室更不是說說而已。每當鐘聲響起，每個同學就像是聽見戰鼓響起的戰士，暗濤洶湧、蓄勢待發。沒有一刻冷場，我們用更加深刻和多元的方式了解課文的內容，而不只是片面的背背解析和註釋。

「而下課並不代表結束，每個禮拜我們都有一張A4的學習單。寫滿的學習單！（原本這是仙女的要求，但不知不覺間我們也都養成了這樣的習慣。）有時寫著生活感想；有時寫的課後心得。每一張都是老師精心設計題目。如：用六頂思考帽解釋蘇軾〈赤壁賦〉、用六頂思考帽呈現高中三

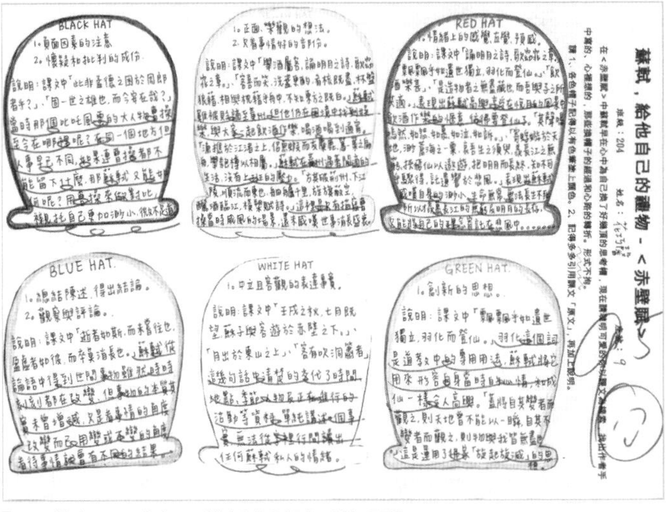

▌以「六頂思考帽」賞析赤壁賦／花巧馨。

年的學習、詩與歌的交集（學會做QR code）、顧炎武與廉恥等……。」

婕伊話少，瘦瘦的，不太笑，喜歡看書和聽音樂。

她在自傳中寫了許多關於國文課的事，這是她相當重要的學習經驗，我也是看了自傳，才知道她心裡仙女的形象。學會了「六頂思考帽」不只能剖析蘇東坡的〈赤壁賦〉，也能檢視高中三年的學習成果。婕伊高中三年的綠帽子就是認識了仙女，我很喜歡她這麼解讀我！如果我是大學教授，我想問她怎麼用「六頂思考帽」看待這次的面試，她肯定能不加思索的巧妙回答。

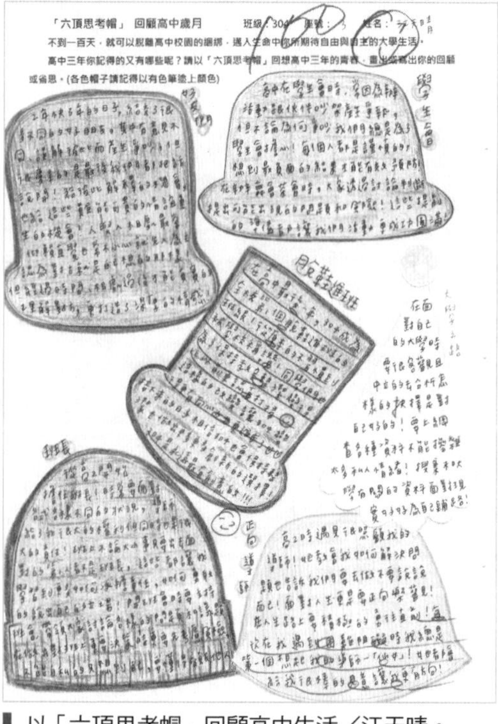

以「六頂思考帽」回顧高中生活／江天晴。

高中學習單成為甄試的墊腳石

學習單將學生的學習歷程具象化，這些資料會讓在學校沒得過獎，成績不夠優異，看似不起眼的孩子，因為對特定領域的學習熱情及成果，有了更明確介紹自己的方向，提昇對自我的認識與自信，找出優勢與他人的區隔，老師們可以用以下三種方法幫助學生打造自我品牌。

一、為學生的學習態度背書：學習單上批閱的一百分或是評語，是現在的老師向未來的老師誠摯推薦在校表現優秀的學生，品質保證。

二、發揮專長展現特質：尊重學生學習自主權，無論是透過文字、影音、繪畫展現興趣專長都是學生適性探索的結晶，獨特是勝出的理由。

三、知識化為能力與素養：在作品中將知識靈活運用才是學習的最高境界，也是這些學習單設計之初最傲人的地方，學生證明自己才是學習的主人。

高中畢業後，課本會賣掉，知識會忘掉，學習單捨不得丟掉。就像媛辰會想到我們一起共度的國文課，一張張奮力書寫的學習單，還有仙女。

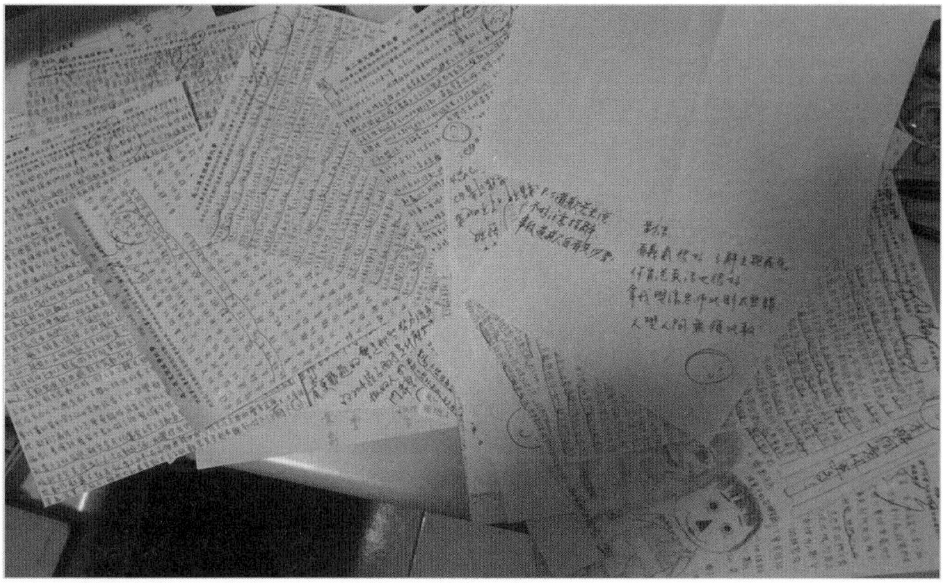

一張張的學習單，就是學生和我的國文課回憶見證。

10 六格漫畫表情達意超展開

「六格漫畫」指的是對同一件事情用六張圖像表達看法，頗有深意，讓人會心一笑，在網路上深受大家喜愛。例如「老師」的六格漫畫，「上班族眼中的老師」翹著腳在海邊曬日光浴，象徵老師生活的閒適；「學生眼中的老師」就像軍官對著大頭兵咆哮，這張圖讓我想起教室裡的秩序管理；「老師覺得自己在做的事」就像摩西分紅海，帶領著猶太人逃離埃及般震懾人心；「老師認為自己實際上」則是穿戴馴獸師服裝拿著指揮棒對著老虎揮舞。這些圖示反差大，反映了不同身份的人對於同一事物不同的認知。

六格漫畫屬於直線思考法的一種，直線思考就是思考一件事情直覺的想法，我的建議是輕鬆看待，不必過於嚴肅，也不用執意辯解，反而更能了解思考者的思考脈絡。

高一挑最常見的題目試水溫

高中階段的學習相較於國中，老師們提供更多自主空間給學生，希望學生能學習自律，我想了解學生們對老師的想法，出了一張以「老師」為題的「六格漫畫」。上面三格我設定了「小學的我認為老師……」、「國中的我認為老師……」、「高中的我認為老師……」，前面兩格我想了解學生舊經驗與老師的連結；後面一格我想知道學生對於新老師的期望標準；下面三格則讓學生自由想像，我對這份作業充滿期待。

收回八十份作業後，學生千篇一律的用了「師大的校徽」、「坐在辦公室改作業的老師」、「一群小朋友圍著老師」、「戴著眼鏡的資深老師站在寫著三民主義的黑板前面」、「面色凝重的典獄長」，

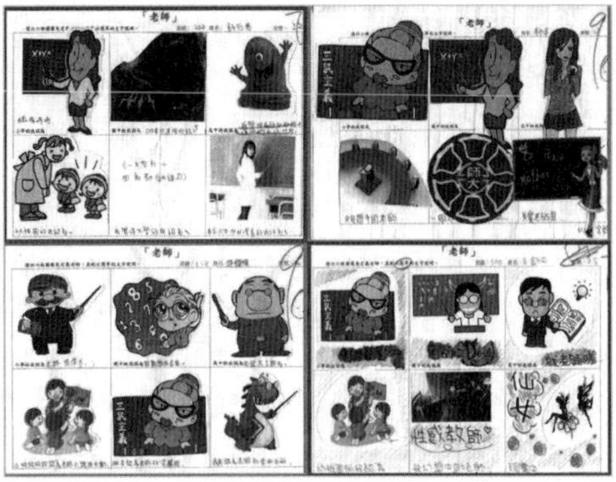

學生的六格漫畫作業，缺乏新意。

小學的我認為老師	國中的我認為老師	高中的我認為老師

高一的「老師」六格漫畫題目。

沒有獨特性，缺乏生命力，了無新意。

我挑出兩張不落俗套的作品讓學生觀摩。

「老師就像樂透彩，好的老師給你一切，不好的老師讓你一無所有。」將師生相遇形容成開獎，好老師像頭彩，多麼振奮人心啊！

「我認為老師就像大同電鍋，從小到大陪我們一起成長。」大同電鍋樸實無華象徵老師任勞任怨，這孩子真是觀察入微。

「老師認為自己只是在認真教書」，圖片是老師唸著課文，學生面無表情低著頭，這答案令人拍案叫絕。老師覺得自己認真教書之餘，是否思考過把書教完，學生真的學會了嗎？學生意有所指的點出值得深思的問題。

為什麼學生們的作品同質性過高，乏善可陳？或許學生對「老師」沒有感覺；或許學生不敢表達真實的想法；或許學生擔心創意影響得分，當學生表現不如教師預期，不用一味的指責學生，「示範」是最好的教學方式。

寫實又有哏的「六格漫畫」

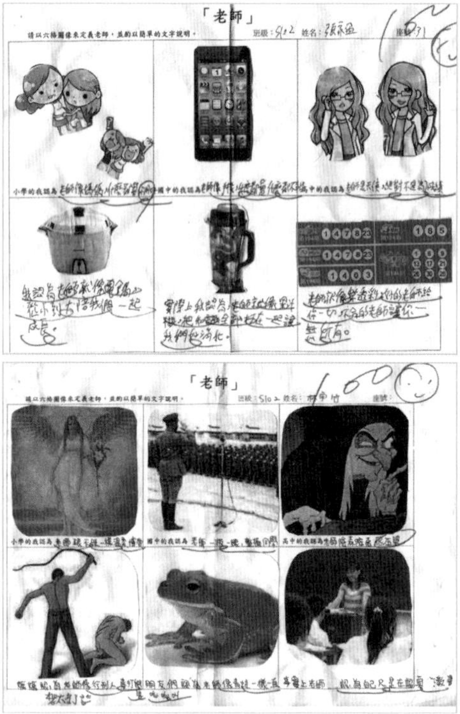

▌優異的六格漫畫作業，創意滿滿。

「老師」這張六格漫畫，我打算做成自我介紹，向學生介紹我自己（如下表）。

我思索該向大家展示的是哪一些面向的我？一定有比「一群學生圍繞」、「站在黑板前」、「我的照片」等更適切的圖片，訴說著我的特點。

當我自我介紹時，學生躍躍欲試，想要完全猜中我所埋的圖片哏。第一張「剛認識我的學生覺得我是？」學生猜獅子、老虎、麥克風、很兇、霸氣、嗓門大，當「金正恩」圖片一出現，教室裡哄堂大笑，特別的是，我刻意挑了一張「畫有腮紅」的金正恩顯露出我的女性特質。

第二張「我的家人朋友覺得我是？」從小看我長大的家人與朋友比任何人了解我，他們眼皮底下看到的我點子多，愛搞笑，在我心裡，誰是這方面的代表人物呢？周星馳，當之無愧的喜劇之王。

第三張「我的同事覺得我是？」第二張放了周星馳，學生會猜想第三張應該是林志玲之類的大明星，其實不然，穿著光鮮亮麗幾乎是所有人對我的外在印象，

剛認識我的學生覺得我是	我的家人朋友覺得我是	我的同事覺得我是
備課的我是	下課的我是	只要記得我是

我的自我介紹六格漫畫。

是不是明星並不重要。

第二排則是教學現場的我，流浪漢手裡打著電腦，身邊一團亂，象徵備課的無暇他顧；上課精采絕倫，下課後的我經常在用餐之際打盹，縱使前面五格都如過眼雲煙，只要記得最後一格「我是仙女」，這六格漫畫的目的就達到了，自我介紹收尾在最後一格「我是仙女」。

下課後，有個學生興沖沖的來找我：「老師，我們作業寫什麼你都可以接受嗎？我指的是萬一不是你想看的，你會不會生氣？」我笑著跟他說：「當然不會，你以為仙女是叫假的嗎？」

我的自我介紹六格漫畫。

新舊轉換階段的統整與期許

愛因斯坦說過：「想像力比知識重要，因為知識是有限的，而想像力則涵蓋了整個世界」。愛因斯坦還說過，「真正有價值的是直覺。在探索的道路上，智力無甚用處。」因此，重視直覺的「六格漫畫」最適合用來進行轉換環境之後的班級經營。

選擇類組是高中生校園生活面對的第一個重大選擇，該選一、二、三哪一個類組，高一升高二分班後，學生會重新面臨適應新環境的問題。導師如何能在開學初期有效掌握班級學生對於新班級的適應狀況，我們可以運用六格漫畫，將表格分成上下兩部分，上半部是高一

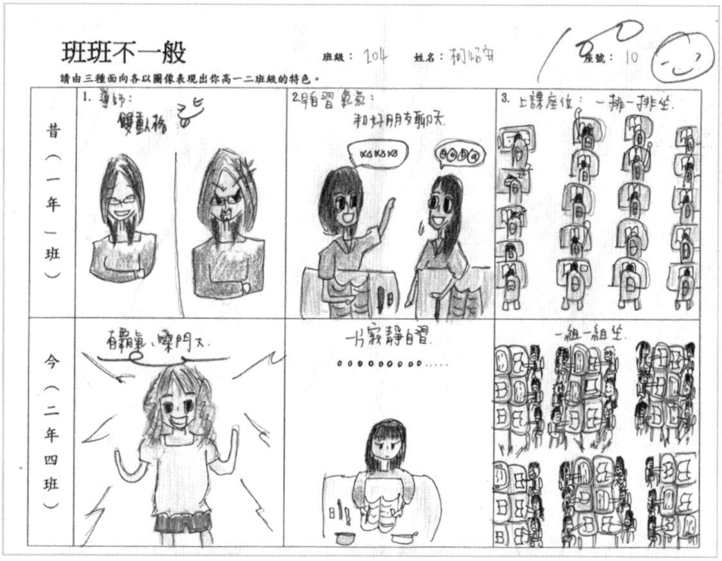

用六格漫畫回顧班級特色。

班級，下半部是高二班級，上下對應同一個子議題，來了解學生如何定義新舊班級，哪些面向是他們關注與在意的。

作業中，學生搜尋記憶資料庫，透過班級整潔、導師風格、上課氛圍、人際互動等來比較前後班級的變化。高一班級呈現的是永誌不忘的三點印象，高二班級則是三個深刻的第一印象，都在這圖表中一覽無遺。看人所不能看，將細微處放大，創造出作品的價值，我的班級在學生眼中有了嶄新的風貌。

不同年段的銜接，轉換環境的初期，都是學生展現觀察力，洞悉周遭環境的大好機會。六格漫畫能在初期幫助老師看穿學生的心思，找到學生沒說出口卻在意的部分。

高一至高三都能多元應用

「六格漫畫」可分三階段，高一創意延伸的想像訓練；高二班級經營的直覺對比；高三推薦面試的認識自我，了解天賦和興趣所在，以此作為未來選擇校系的依據。當家長質疑孩子對於類組或校系的選擇，這六格漫畫是絕佳的佐證，有助於判斷與下決定。

每回擔任評審，看著桌上厚厚一疊應試者的書面資料，很難在短短的五分鐘面試時間裡閱讀與消化，學生若在推薦甄試時善用「六格漫畫」，能在視覺效果上攫取評審的目光，點燃評審的好奇心，接著問學生：「你怎麼會想要這麼表現自己？」嘔心瀝血的作品對答如流，加深評審印象，口試無往不利，評審也能飛快地接收到學生的亮點，以此脫穎而出，易如反掌。

當老師們批閱六格漫畫作業時，只要掌握五個要點，就能讓學生學習產生更大的動能。

一、扣緊主題：六張圖片視為一組直覺的連環畫。

二、圖片埋哏：體現作者巧思，新意，自帶笑點。

三、簡要說明：每一幅圖片加上簡單的視角敘述。

四、分享轉傳：創作需要鼓舞，經當事人同意擴大影響力。

五、輕鬆看待：正面看待學生的作品，珍惜作品中透漏的訊息。

六格漫畫在喧囂熱鬧的背後，拍案叫絕的掌聲中，更蘊藏著學生的蠢動、迷茫和不安，很多的情緒與壓力獲得釋放，得到宣洩，值得教學者認真對待。

重點小提示

用六格漫畫培養創意

六格漫畫也可以用來培養學生的創意，用以下這三個簡易方法可收到高度的成效。

①**鼓勵跟別人不一樣的答案**：創意來自於個人的觀察與體驗，不是憑空而來的，能夠想到別人沒想到的，還願意表現出來，就值得肯定。很多人即使想到別人沒想到的，害怕錯誤，害怕批評，也沒有勇氣說出來。出現不一樣的答案時，當眾嘉許，會讓學生為自己感到自豪，也讓其他裹足不前的學生願意嘗試，與眾不同才能成為常態。

②**高分之下必有勇夫**：學生敢講不敢寫，很大的原因是分數侷限了心態，心態矮化了視野，教師何妨將計就計，在學生展現創意的時候，以分數拉高學生的眼界，教師給分愈大方，學生就更願意嘗試。當學習單的一百分出現在投影片上，其他學生知道老師言出必行，自然願意敞開心房展現創意，高分會使學習單像百花齊放，萬紫千紅。

③**先求有再求好**：創意要能貼近生活，是經過不斷翻新與調整的，有了前面兩項「保證」後，讓學生更有意願投入更多的就是第三點。「有」不是指有交作業，以這六格為例，「有」指的是只要有一格讓人眼睛為之一亮，就可以稱得上佳作，這一格能幫助學生找到方向，找到信心，總比原地踏步好。學習是一段長途的旅行，「有」只要持續累積，就能愈來愈「好」。

親愛的老師們，新學期開始，您可以根據上述的要點，先試做一張關於自己的六格漫畫讓學生對您留下深刻的印象喔！

11 問題導向學習訓練學生解決問題的實力

每學期末，我會在班上舉辦「期末感恩回饋」，活動尾聲讓學生寫下對「班上的人」的感謝，寫多少人都行，也有些學生會寫給我，這讓我格外的感動，因為我也是「班上的人」。有一屆讓我印象深刻，第一張是毅哥寫給阿明（化名），「一開始我真的他媽的想殺了他全家，怎麼會有人如此的白目。亂開玩笑、亂丟垃圾、嗆老師、罵同學，亂翻我東西，把我學生證拿走，隔天出現在數學課本裡。相處下來，我發現我不討厭他，至少他是好人。」

毅哥稱許阿明，比起其他明知不當為而為的同儕，「至少他是好人」，道出了毅哥的個人判斷。

另一張是阿明寫給我的，字裡行間令我啼笑皆非，卻也有說不出的感動。

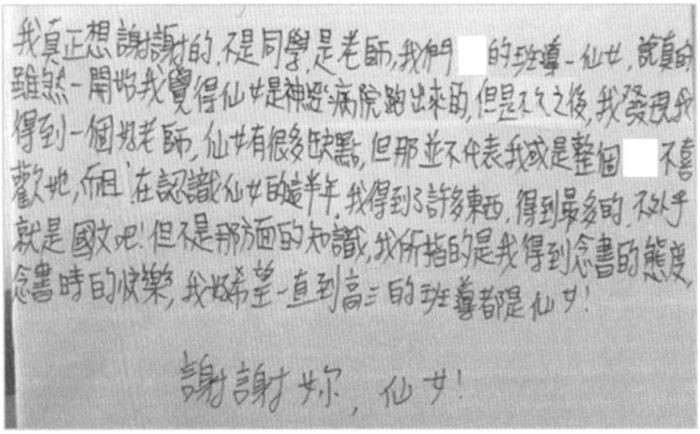

我真正想謝謝的，不是同學是老師，我們　的班導－仙女，說真的雖然一開始我覺得仙女是神經病院跑出來的，但是久久之後，我發現我得到一個好老師，仙女有很多缺點，但那並不代表我或是整個　不喜歡她，而且在認識仙女的這半年，我得到了許多東西，得到最多的，不外乎就是國文吧！但不是那方面的知識，我所指的是我得到念書的態度，念書時的快樂，我好希望一直到高三的班導都是仙女！

謝謝妳，仙女！

學生的回饋讓我感動不已。

阿明是「注意力不足過動症」的學生，課堂會不時走動，發出怪聲等行為，顧及學生隱私，搭著教韓愈《師說》的便車，我設計了「從師問學 PBL 計畫」，希望他在團體中被接納，被善待，這兩張回饋單見證了「見賢思齊」與「從師問學」的學習歷程。

PBL 即「問題導向學習」（Problem-based learning），緣於一九六〇年代中期由加拿大的醫學教育學者霍華德．巴魯斯（Howard Barrows）發展使用，藉由真實或虛擬的臨床個案，透過小組討論，讓學生主動而積極學習，從發現問題、分析問題、臨床決策、溝通表達、自我學習和解決問題的能力。

依真實情境設計驅動問題

給予學生感受得到的情境，或是曾經擁有過的經驗，引起學生注意，學習動力相對增加，不設定標準答案，沒有固定解法，依據情境設計問題，稱為驅動問題（Driving Question）。

為了讓學生了解無動力學習的狀態，「從師問學 PBL 計畫」的驅動問題是這麼設計的：

「蔡老師教書十年，覺得學生對學習沒有興趣，上課偷玩手機，甚至倒頭就睡。她希望學生能主動發言，學生多半回答不知道，卻常藉著她寫黑板的時候，跟隔壁的同學聊得起勁。這樣的教學環境讓蔡老師相當頭痛。

「二班的阿勇在週記上寫著：『高二國文課，非常地無聊，老師講課像機關槍一樣，她講出口的話，就跟真的砲彈一樣會把人打成蜂窩。而且她雖年輕，卻瘦如柴骨，臉頰還是陷下去的，大家都叫她『幽靈蔡』，沒有顏值，聲音沒有想像空間，根本沒有人想要聽課。

「每星期一的第一節，難熬的國文課又來了，阿盛把A漫的封面換成國文課本的封面，看得津津有味，而且他還不只這一本『課本』，地瓜跟長腳兩人在底下連線玩GAME BOY，總之，除了紅中之外，幾乎沒人在聽課。而我……在睡覺。

「『幽靈蔡』很討厭人家睡覺，可是她的課實在太無聊了，我的基因裡面就是遇到無聊的東西，大腦就會下指令要我睡覺，這沒辦法，我也不想。

「因為大家都不聽課，她終於在這星期五爆衝，狂飆我們班。『你們以為在台上講課很容易嗎？不喜歡我講沒關係。』她拿起點名簿，一個個點名，『我找同學上來講給你們聽，不講我就當掉。』

「本班同學被挑選為台北市學生代表，私下觀察與詢問深入地了解學生普遍在課堂學習提不起勁的種種原因，與尋求解決之道。這個研究案的成果，須完成書面記錄，並以六到八分鐘的口頭報告呈現，提供校方與師長作為未來課程規劃的參考。」

有情境，有人物，有對話，學生對這切身的議題躍躍欲試。組織團隊，尋找主題，切磋交流，希望能為這個現實棘手的問題開出最好的解藥。

提供參考指標做為觀察標的

驅動問題設定後，接續提供學生參考指標。「從師問學 PBL 計畫」的參考指標如下：

一、傳說中的課堂樣貌——媒體篇：查詢學生缺乏學習動機、學習成就低落、課堂師生互動等相關報導，並附上資料出處，並與下列二、三、四題呼應。

二、真實的課堂樣貌——自身篇：以「摹寫」呈現班上同學願意聽課與不願意聽課的兩個科目的課堂情境。

三、真實的課堂樣貌——比較篇：請自行以六個面向，分析上題兩種課堂的差別。

四、真實的課堂樣貌——採訪篇：訪問其他學生（至少十位）在任何一個學科，課堂中的學習狀況。

五、真實的課堂樣貌——××篇：回想上述課堂中的樣貌還少了什麼，自行發揮，並加以整理。

六、真實的課堂樣貌——經營篇：如何能達到「從師問學」的學習目的。

PBL 在老師部分，常見的問題是老師過度熱心，大量提供教學資源與方法，學生少了多方嘗試的試錯機會。在此建議老師們採取雙向引導策略：第一、設定特定任務，訂出大方向，讓學生按圖索驥，不至於偏離正軌；第二、設定留白任務，給予學生彈性空間，發揮觀察力，在報告中展現巧思。

這一階段考驗老師「放手」的程度，就像放風箏，感覺到學生有動力就放線，動力不足就收緊，在題目規範上多點提示，以增大風箏的迎風面。老師收放自如，學生學習自我修正並實際解決問題。

「從師問學 PBL 計畫」作業舉例：

• 真實課堂樣貌——自身篇

學生願意上課（國文課）

國文課一上課，大家就會趕快回到教室，絕不會在外面逗留玩耍。大家會把桌子併成小組座位，然後坐在教室後面的同學會發下白板、白板筆和板擦給每一組。大家會安靜乖乖地坐在位子上，等仙女來上課。

仙女一站在講台上，「第一題！」仙女大聲的說。每一個人會用很專注的眼神、認真的聽仙女的問題，仔細思考問題的答案。寫板的同學會用他那眼明手快的速度，把板子寫好並舉起來。在這段不到三十秒的過程中，有些人會因為找不到答案而和隔壁同學交頭接耳、互相討論；有些人會偷偷瞄別組的答案，然後再像做賊心虛的小偷一樣，偷偷摸摸的把「別人」的答案寫在自己這組；有些人會因為很快就寫出答案，而神氣自滿，臉上帶著一點點驕傲的笑容。

「駒，你喝水！」仙女用可愛的聲音大叫，每個人既興奮又激動的大聲咆哮：「扣一百！扣一百！」有人笑得合不攏嘴；有人火上加油地說「趕快扣一百！」大家的笑聲圍繞在整個教室，甚至整條走廊，甚至到隔壁棟高三的班上。

有的時候林X竹會被仙女抽到籤，然後大家會盡可能地踴躍發言，讓他沒有機會回答問題，因為這樣他就要上台唱歌；有的時候梁X豪會因為講答案超級超級大聲，然後被仙女扣一百分。有時，大家也會因為仙女出太難的題目，而陷入困難，有人會大聲嘆氣、自怨自艾口中念念有詞；有人會抓耳撓腮、額頭上的汗珠像黃豆般一樣大的一滴一滴落下來；有人臉上會皺眉頭，然後撐著自己的下巴，沉思著問題的答案；有人會完全進入放空狀態，眼神呆滯的凝望著自己的隊員，什麼話也不說。大家為了爭取分數，全隊的人發揮強大的團隊精神，在一、兩秒的時間內互相討論，贏過其他人。

國文課全班哄堂大笑，氛圍超級歡樂，比起其他課，國文課動腦的機會遠遠超過其他課。大家在這一堂國文課不斷的動腦、互相幫助、團結合作，腎上腺素急速增高，所有同學都非常願意也非常喜歡上國文課。總之，大家上國文都笑聲連連，非常愉悅。

學生不願意上課（數學課）

數學課一上課，大家慢慢的從走廊上走進教室裡。教室鬧哄哄，因為林X竹和梁X豪會用鋁棒互相戳對方的屁股，然後在教室裡追逐兩圈，再到走廊上翻滾打鬥；有時候梁X豪會在教室裡噴一大堆playboy體香噴劑。大家會趁數學老師還沒來的時候，大聲喧嘩、聊天、大笑，直到「數學老師來了，安靜！安靜！」林X竹大聲的告訴全班，原本人聲鼎沸的教室突然變成鴉雀無聲、萬籟俱寂。

數學老師臉上皺著眉頭，十分不高興地站在門口，等大家安靜後，才緩緩走上講台，開始告訴我們許多道理，然後才上課。這時有些人會趴下來和周公下棋去呢！每次教官經過，同學就要快速的把那些睡覺的同學叫醒，不然教官就會在我們教室外面不走，一直徘徊。有些人手會去撐著下巴，然後不知不覺就開始點頭、打起瞌睡來；有些人睡著了還會翻白眼。有些人會寫別科的作業；有些人會和隔壁同學竊竊私語、交頭接耳、小小聲的偷笑；有些人還會看著黑板，進入完全放空模式，就這樣浪費一節課的時間。

但，還是有些人會認真地聽數學老師上課，有些人會勤奮的做數學課本上的應用練習；也有些人會舉手問數學老師問題。雖然大部分的同學對於上數學課的意願並不高，至少這堂課是安靜的，只有聽到數學老師上課的聲音，和粉筆「ㄍㄧㄍㄧㄍㄚㄍㄚ」的聲音，迴盪在教室裡，不想聽課和睡覺的同學，並沒有打擾或影響到要上課的同學。

我們班最奇怪的就是，每當數學老師說下課，原本睡覺的人就會陸續起床，活潑亂跳、生龍活虎。這應該就是不想上數學課會有的情況和行為舉止吧。

▌課堂的真實樣貌。

• 真實的課堂樣貌——比較篇

項目	國文課	數學課
授課內容	不知是因為學生學習熱誠增加，還是老師本身課程安排的問題，總是會補充許許多多的課外知識，例如：為何孔子那個朝代百官以鳥為名，像這種課外題，為我們的國文課增添了許多趣味。	數學課比較專注於課本上的內容，雖然不斷強調課本上的，某種程度上來說可以增強學生印象，這樣卻也造成了學生因為聽過好幾遍，進而覺得課程乏味與內容枯燥等問題。
教師教法	國文老師上課的方法，使人絕對睡不著。縱使已經睡著了，不用老師動手，同組組員也非得把你挖起來不可，因為國文課採分組制，同一組成員就像被綁在同一條船上，他人的一舉一動牽連著自己的命運。	數學是典型的上課方式，老師拿課本、講習題，完全照本宣科，配合著那幾乎是一模一樣的聲調跟有氣無力的嗓音，使學生聽著聽著都快當場登入「周公 online」❶跟周公姬旦探討數學的奧妙了。
學習態度	因上述的上課方式，所以同學們每次上課肯定是抱持著認真賣力，且提起十二萬分精神，就是為了不要在國文課上栽了個大跟斗。	同學們既然有膽在上課時間登入周公 online，可以說是心中已沒有一分一毫尊師重道的精神，故不會有所謂的學習態度可言。
教師讓學生感覺到的用心程度	除了高潮迭起的上課方式，國文課令同學們參與踴躍的另一項原因，就是仙女對於同學們的關照，對同學十足的了解，準備了許多有趣的上課方式，這一點足見仙女的用心。	除了課本、習題，似乎沒有其他東西，當然不能因此說老師沒有用心，他上課還是很賣力地講。但是，面對登入周公 online 的人，講得再激烈再用心他也不會知道……
師生互動	極高，從問、答、對話寫白板等刺激的上課方式可以得知，仙女與我們互動良好。	從學生周公 online 練到快要可以滿等這點，可以得知他幾乎沒與同學互動……
教導學生的成效	好。可惜的是同學們回家不念書，無法在成績上有很大的體現。只能說學生還不夠努力，所以下次要加油。	不好。但有人該科成績有很驚人的分數，儘管如此，也不會有人相信那分數是拜老師所賜……。

▌國文課與數學課的課堂樣貌比較表。

❶ 周公 online，一種虛構線上遊戲，登入方式為深度睡眠三分鐘。

如下表。

評分參酌學生觀察

為了便於讓老師了解小組討論的狀況，也避免學生抓不到方向，可以讓小組成員交互貼身觀察，重在「觀察」，而不是「監視」。方法有以下三種：

一、**蒐集討論記錄**：小組成員將討論與溝通的資訊或細節，以文字、截圖或拍照等方式記錄合作學習的歷程。

二、**觀察小組成員天賦**：運用《發現我的天才：打開34個天賦的禮物》一書提供的三十四個天賦，組員相互觀察彼此最擅長的部分，善用「專屬特質」，讓優點更加的突出。多數學生並不清楚的自己的優勢，藉由組員的從旁觀察，更加認識自我。

三、**繪製戰力分析圖**：了解這組以什麼標準作為

學生沒興趣的課堂，通常是不拿手或不喜歡的科目，對於不喜歡的科目可以用催眠法，例如數學，只要每次數學課，心裡默唸：「數學，從今天開始，我要喜歡你啦！可愛的數學，我要對你產生興趣了。」我們相信不久後，就會喜歡數學，上課時，也會更有興趣。而不拿手的科目其實只是自己沒有自信罷了，拿破崙說過：「我的字典裡沒有『不可能』這個詞。」正是有這個詞使他南征北戰，横掃歐洲大陸。因此，我們心裡可以想著：「想像自己曾獲得成功的事情，努力回味那種成就感，以獲得對學習的興趣。」

經營課堂的方法。

[redacted]
你們對於國文課和數學課的學習態度為何不一樣
收回讚 · 留言 · 取消追蹤 · 約 1 小時前在 Taipei 附近
你和[redacted]都說讚。 ✔ 2人已看過
[redacted] 國文課仙女上課方式有趣，所以會想上課，覺得能學習到的東西會很多；但數學課老師講話平淡，所以會想睡覺，自然而然就不想上課阿。
約 1 小時前 · 讚 · 1
[redacted] 甚麼地方有趣? 可以具體一點嗎0.0
約 1 小時前 · 讚
[redacted] 小組討論的方式阿，而且還有唱歌這種懲罰，真的很好笑呢
約 1 小時前 · 讚 · 1
[redacted] 像是上次[redacted]被我反陷害那次就很有趣對吧!!!
約 1 小時前 · 讚
[redacted] 不然你覺得有什麼不一樣嗎??????
約 1 小時前 · 讚 · 1
[redacted] 我覺得跟喜不喜歡那堂課的老師有關，假如我今天數學很強很喜歡數學以後想進台大數學系但是遇到我不喜歡的老師我就不想聽她上課
約 1 小時前 · 讚

小組成員一起在臉書上討論。

觀察指標，也更加了解每位組員的優勢，探索自我是PBL報告的另一大收穫。

PBL在學生部分，學生在意的第一個問題是評分是否公允，上述第一點蒐集討論記錄能夠幫助老師了解學生討論的過程。第二個問題則是討論過程有些學生太沉默，有些太強勢，上述第二、三點，透過學生彼此間的觀察與分析，團隊中截長補短能夠讓學生各自展現長才，讓整體計畫更為完善。

	組　員	例　　　　證
領導力	梁晉豪	上課時總是全神貫注，等不及老師念完題目，就急著念出答案，雖然有時候不小心答案念太大聲，而且，有時候會知道一些超難題目的答案，眼睛總是如鷹眼般，抓到別組小小的瑕疵，並陷害別組的組員，使我們這一組獲得大量的分數，多虧了他，我們這一組到目前為止，都表現良好，有時候更是第一名，果然多了一年的經驗就是不一樣，而且交友廣泛，常常聯手別組的人來陷害別人，是個狠角色啊，但其實總是帶領全組團結一致，並獲得分數,是個具有領導力特質的人!!

認識小組成員的天賦與才能。

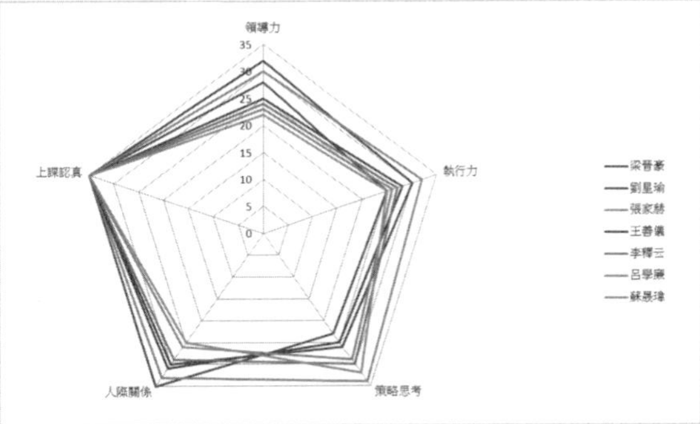

戰力分析圖有助於了解每位組員的優勢。

PBL把焦點放在學生的學習

《擊破各個教學關卡，設計師生共享的教案》（頁三一～三七）那篇文章強調的是老師設計教案從發想到授課結束該注意的細項，而PBL的施行會更聚焦於學生在學習歷程中的發揮與收穫，以下提供六個在PBL課程中須留意的細節。

一、為了讓學生有更豐富的學習歷程，驅動問題的情境設計首重真實，真的會發生，真的能經驗，切莫勉強詮釋以偏概全，好的情境會是很棒的學習素材。

二、讓學生以合作互動的模式，透過小組討論，集思廣益，培養諸多面對未來的能力，老師定位在教練（coach）或促進者（facilitator）的角色，引導為主。

三、為了讓學生能充分利用知識解答問題，形成觀念，增進問題解決的能力，教師活動指示與提示語必須明確，讓學生手握藏寶圖在迷途中仍能找出寶藏。

四、時代變遷下，學生接收的訊息瞬息萬變，用已知的各式方法了解未知的世界。因此，教師在評量上宜採取多元的方式因應學生面對真實世界的反應。

五、將學生的互動與討論，納入評分機制，觀察提問的精準，試錯的次數，創意的發想，天賦的才能等，而不僅僅就書面和口頭報告給予齊頭式平等的成績。

六、PBL是小組集體成果，口頭報告有助於學生了解其他組別的思考脈絡與解決問題的方法，創造同儕間交流的舞台，各自綻放，相互激勵。❶

PBL對學生來說，初始極為煎熬，即使擁有上網查詢、舉證、自學的能力，還得面對與組員磨合的不舒適感，直到書面報告完成那一刻，壓力才漸漸放下，口頭發表才是開花結果的時刻，一趟與同儕共學的知性之旅，回味無窮。

---

❶ 上台簡報前的準備工作與口頭報告的注意事項，簡報請參考〈以簡報發揮影響力〉（頁二四八～二六五），口語表達請參考〈學生擔任講師展現口語表達超能力〉（頁二三五～二三九）。

12
訓練學生點評能力，自利利他同步升級

「我覺得你講得很好。」

「你的態度很自然。」

「如果可以再大聲一點就更好。」

「我不太會形容，可是你講得超精彩。」

六年前，台上學生報告結束，我邀請在座學生點評，接收到多半是空洞虛應的答案，對報告者的實質助益不大。我想倘若台下學生具有鑑賞能力，內行看門道，透過不斷的循環調整與練習，同樣的學習成本，廣納意見，成效更好。

年度驗收見真章

高三下學期，學測已考完，學生心態比以往更加悠哉，我會將更多學習權交給學生。全班學生分成若干組，四至五人一組，讓各組學生認領課文，每週一組針對文本進行五十分鐘的「微課程教學」，從〈學生活用知識解決問題，比成績更能彰顯教學成果〉（頁一〇八～一一四），教師可以在分數之外檢視學生的學習成果，但「微課程教學」更側重學生現場點評的能力，從接收訊息到反饋給予。

家崴在「微課程教學」的備課讓我看到他們的用心，「當初我們填〈過秦論〉，只是因為它在第二次段考之後，我們備了課，還能順便準備段考範圍的其中一課，完全沒有想過它是一個怎麼樣的課文。開始準備時，真的非常確定自己選錯課了，哈哈！十多頁的課文全部都是文言文，身為學生的我完全不知道該從哪開始讀，我的隊友彤宇跟書宇也是。我一直在思考『如果我都讀不下去我要怎麼教大家？他們又怎麼可能會想學？』我那時候突然想到一個辦法，我上了YouTube找了〈過秦論〉的動畫，沒想到短短五分鐘，我就了解整課課文大概的意思了，我馬上傳影片到群組，看完影片，再看文本後，整個變得很順，有時候還會覺得文字有聲音。」

點評需要三個面向的觀察：

一、課前準備，包括分析教材、進行教學設計、老師課前討論與演練。

二、教學進行包括佈置教學情境、善用教學方法、提問技巧運用、簡報技巧與設計。

三、教學評量是否使用多元評量？如何給予同儕評量結果的回饋。

學習不能單單仰賴老師，訓練學生拳拳到肉的點評，讓同儕成為提供營養素的來源，幫助報告者成長，發揮「同學」的價值。

初階訓練從空泛到聚焦

萬事起頭難，剛開始讓學生上台報告，結束後，我會抽問學生，「請給台上同學一些回饋，你覺得他剛才哪裡講得好。」

學生甲說：「我覺得講得很好。」

我問：「好在哪？」

學生甲回答：「聲音很大聲。」

我再問：「聲音很大聲哪裡好？」

學生甲答道：「聽得比較清楚。」

我說：「請坐下。」

有了具體答案，學生就能夠坐下，這時對學生來說，屁股坐在椅子上上課是最幸福的。

我說：「請再給一些回饋，剛才講過的內容就不要再講了。」

學生乙指出：「他都有講到重點。」

我追問：「哪個重點讓你印象深刻？」

學生乙回答：「他說屈原是憂鬱症的始祖。」

我接著問：「為什麼你覺得屈原跟憂鬱症有關？」

學生乙答道：「憂鬱症狀態是對日常生活失去興趣、疲勞或失去活力，就像屈原『顏色憔悴，形容枯槁』。」

我說：「請坐下。」

接下來由我歸納學生們的回饋。「剛才同學們給威宇的回饋，第一點是音量夠大，讓最後一排的同學也能夠聽得清楚；第二點是屈原接近憂鬱症患者的狀態，推想屈原是憂鬱症的始祖。」

藉由學生站著回答，成為全班目光焦點，感受到壓力，期望趕緊坐下，往往直觀地道出台下觀眾的普遍想法。抽問學生，老師歸納，建立點評資料庫，列為學生下次觀察的著眼點。

進階訓練從說到寫

當學生的點評資料庫內容逐步增加後，讓學生用書寫的方式進行自評，篇幅須要求字數，文字有長度，一旦學生覺得篇幅過短，字數不足時，就能從點評資料庫中選取適合的材料運用。

家崴在自評中寫到：「我們這組很早就決定要用現在非常流行的手遊『極速領域』當作主題，原因就是班上大概有三分之二的人都在玩，比較會有共鳴，而且多數人都可以幫忙沒玩過的人。我印象最深刻的是孟霖說：『太強了吧！是賽車欸，那我一定要贏。』其實我跟孟霖同組過很多次，我知道要激起他學習國文的慾望是一件非常困難的事，所以當我聽到他這樣說的時候，我覺得所有的付出都值得了。」我百分之百的能夠感受到家歲的快意，孟霖也是我課堂自評滿意度的觀察對象。家歲由點評資料庫中以必勝的動機、昔日課堂表現、今日參與度篩選出孟霖為重要的觀察對象，點評中肯，具有現實意義。

此外，初階訓練中，點名學生與教師歸納十分鐘通常只能完成三個學生。到了進階訓練，同樣的時間，讓全班一起參與點評，教師只需要發下回饋卡，讓學生寫下對同儕的觀察，搜尋點評資料庫，就能找出別人的亮點，看出自己的難點，變成講評的內容。學生點評還有一大優勢，用學生間的語言詮釋，現場有種擊掌共鳴的暢快，那種「你懂我」的心心相印。（回饋卡細節請參考：〈回饋，是感動與進步的正能量超連結〉，頁一九五～二〇二。）

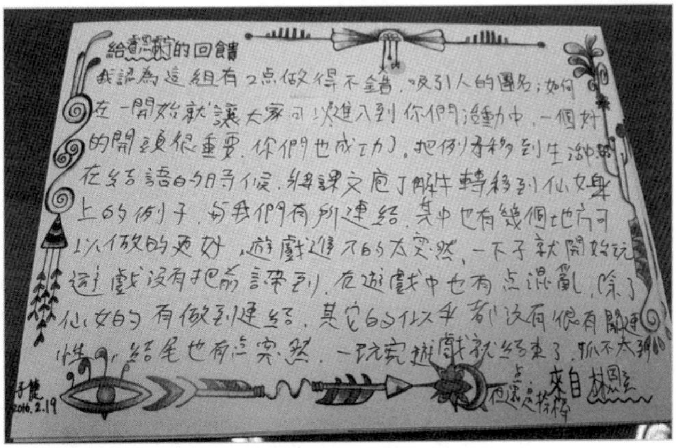

先說優點，再給建議，帶到課文連結，回饋深入人心。

循序漸進累積點評能力

累積學生點評的功力，不落入浮誇、空泛的講評，靠的是以下七點：

一、抽象到具體：學生初學習點評，只能說出籠統概念，例如「講得很好」、「很有條理」，教師可以在這樣的說法之後，針對核心概念繼續提問，引導學生釐清所謂的「很好」、

「條理」真正的意涵。此時，學生需要的是多一點時間思考，慢慢理出頭緒，教師無須催促，也無須暗示，讓學生清楚說出想法即可。

二、文字秀精華：「我覺得他很誠懇，因為他看著我說話」，教師將具體化的回答，摘要成四至六個字寫在黑板上，例如：「眼神看著對方」，讓聽覺與視覺的學習相互作用，便於記憶。初期一次只講三個重點，學生就能在下次回饋時套用這三個觀察點，逐步教授。一次三重點，勝過一次講十個重點，學生學得更多更好。

三、優點哪裡好：以認同與肯定的態度，看見同儕的亮點。冠融的收穫是：「這趟微課程教學，我真的受益良多，看見可依在回饋卡上寫下我的轉變，從容易感到緊張，到能夠主持

濃縮精華，寫在黑板上，一次三重點。

hold住全場，對於我而言是莫大的肯定，也讓我覺得這一切的準備全是值得的。」抱著為對方報告加分的心態說出優點，人人都可以成為同儕的伯樂。

四、條列式表達：點評短短的幾分鐘時間，要將諸多雜亂的想法濃縮成精華，有效的把重點拋出來讓對方接收到，需要條列式的整理。可使以下句型：「我觀察到○個重點，第一點是○○，第二點是○○。」例如：「我觀察到兩點，第一點是我認為你的表情讓我感受到那天你的悲傷，第二點是你的簡報很有設計感，尤其動畫會在你問完問題之後出現，我覺得很酷。」點評列點，套用公式加速學習。

五、「21天效應」發酵：在心理學上有個說法，養成一個新習慣、接受一個新觀念，需要21天的時間。也就是說，只要持續做同一件事超過21天，就能成為習慣。點評初期，學生不適應，多所排斥，這是必然的，教師需要不斷提醒自己與學生點評的好處是師生都能成長，一旦習慣之後，自然而然成為潛意識，處處點評，處處精彩。

六、建議與示範：這是回饋中最困難的部分，考驗學生的底蘊，展現點評者功力。一般的回饋是「你的簡報用黑底紅字看不清楚」、「你剛才說話的語速太快了，可以再慢一點」……只給意見，只是看到問題，報告者需要的是如何解決困境。可以這麼說，「簡報用黑底紅字看不清楚，可以用黑底黃字，後面的觀眾能夠看得清楚。」、「你剛才說話的語速太快了，『慢慢來，我等你』這六個字可以說得慢一點。」說到「慢慢來，我等你」這六個字時語速刻意的放慢，讓報告者當場感受對比，建議與示範讓學習效果加乘。

七、從說出到寫出：一個人回答的好處是全班都聽得到，當學生在課堂的點評已經能夠給予具體建議，就該讓每位學生進行個人的鑑賞，評鑑，發揮獨到的見解，同儕間的觀察有時是老師所不易覺察的，例如準備時如何克服緊張的情緒、下課時找同學演練、在群組間的討論，這些都能讓點評更貼近報告者，更接地氣。

初階點評靠引領，進階點評須條列。高中三年經常練習，學生人人具有自評與他評人的能力，時時為學習「把脈」。

「讓各組投擲吸盤球來進行課程活動。我們想達到標新立異的效果，不願只單純的複製貼上仙女的授課模式，因此我們決定使用丟擲題目號碼的方式，讓同學們隨機回答我們設計的題目，這也使得活動增加了運氣的成分，更提昇了趣味。」當我在冠融的報告中看到這段話，很開心學生們不是「複製貼上」我的教學模式，而是別開生面，另闢蹊徑，這就是學生自我點評之後帶來的後座力。

13 將優勢累積成骨牌效應，讓天賦持續發光

淯騰作曲遇到瓶頸，他問我：「仙女，你以前怎麼樣從不被別人看好的教學方法而堅持下去？」他認為現在年輕人聽的音樂都是年長者做的，希望能創作出更多屬於年輕人的音樂，用音樂訴說青春。

我還沒來得及回答，他又問我第二個問題，「仙女，你怎麼知道你做對了？沒有走錯路？」

盤點現有優勢

我上網把淯騰校慶歌唱比賽的影片找了出來，分析出他演唱的十大優點。

一、預告互動：在演唱前讓觀眾知道什麼時候要跟著起舞。

二、動作示範：讓觀眾知道互動時自己能做什麼。

三、高舉雙手：大幅度的肢體動作觀眾看得清，學習得快又好。

四、直視台下：眼神與觀眾對焦就能看進觀眾的心裡。

五、舞感律動：身體對音樂瞭若指掌，隨節奏舞動帶來視覺上的享受。

六、表情變化：臉部表情豐富時而喜悅時而閉眼時而用力時而沉靜。

七、斜槓加分：具備唱腔變化、吉他彈唱、口條流暢等堅強的硬實力。

八、互動提醒：呼告「大家一起來」，觀眾的掌聲隨之而來。

九、影片增溫：在表演結束後，上傳影片，利於長存記憶之中。

十、溫度加持：淯騰的演出充滿熱情與生命力，源自於他平日對人的關懷。他在學校與師長親暱而不踰矩，對同學及時伸出援手，站上愈大的舞台，他愈能展現這樣的細膩，也讓他的表演更上層樓。

我想讓淯騰明白，這十大優點，無異於巨星演唱會。他投入大量的時間與力氣，做的是喜歡的事，現有資源豐沛，只要持續練習，成功指日可待，不必急於一時。

尋找骨牌效應

哪裡知道淯騰繼續追問，「仙女，你講的這些我都知道啊！可是有沒有更簡單的方法可以讓我感覺到現在的自己是有未來的？就像以前的你一樣，你怎麼知道你的教法會被學生和家長接受？」原來淯騰清楚自己的優勢，他渴望的是有一面望向未來的明鏡。

我問淯騰有沒有玩過骨牌？一講到骨牌，班上的男生你一言，我一語的爭著說話。

「骨牌距離太遠，碰不到下一個骨牌，就不會倒。」
「骨牌距離太近，很容易被卡住，玩不下去了。」
「骨牌角度很難喬，碰不到下一個骨牌，就悲劇了。」
「轉彎的角度決定這個骨牌能不能順利進行下去。」
「每張骨牌倒下時的動能，都比前一張骨牌大，前面骨牌累增的力量，可以推倒後面更大的骨牌。還沒成功的時候，姑且先忽略反對的聲音，這個時候要找到你的骨牌，他們會幫助你看到第一次的成功，第二次，第三次，躍昇成為你的個人基調。」等學生七嘴八舌把想講的都講完之後，我下了這樣的結論。

厲害的骨牌推一次就倒了，有目標的孩子需要的是找到骨牌。

沒有天賦的孩子怎麼辦？

像淯騰這樣了解自己優勢的孩子，又能得到家長支持，在我任教的班級中屈指可數。無怪乎，親職講座中，我最常被問到的問題是，「仙女老師，怎麼樣可以讓我的小孩喜歡念書？」

如果這是個有心解決學習問題的學生提問，答案肯定有解。若問問題的是家長，孩子對於學習不感興趣，典型皇帝不急，急死太監。不過，家長也不用太絕望，先了解孩子的需求，書不只有課本而已，閱讀電子書和紙本書都是選項，電影、戲劇、旅行與交友也都能打開視野，增進學習。

二〇一八年，日本療癒系手遊「旅行青蛙」爆紅，「佛系」成了熱門用詞。「旅蛙」每一次出走，都是隨心所欲，玩家只能被動地接收消息。幸運的話，會盼到牠結束旅程歸來。遊戲沒有所謂輸贏，玩家無須為爭個戰力強弱，耗費大量時光練功；也無須和其他網友連線溝通，加強一同抗敵的團隊默契。回來就好，沒回來也無所謂，不計較太多，不汲汲營營。

這種隨遇而安的態度讓網路上瘋傳許多「佛系」系列的圖文，「佛系脫魯」、「佛系閱讀」、「佛系賺錢」……等，共通點是無欲無求，看淡一切的態度。例如：「佛系賺錢」是「不動腦筋，不做正事，不花力氣，不鳥主管。整天都在打電動，逛網拍，發廢文，自然錢就入帳了。」雲淡風輕的生活態度。

我為學生設計了一張「佛系」學習單，讓學生從三個角度思考自己如何「佛系學習」。第一項是「國文」，了解學生對於國文學科的學習狀況，思考還能給予他們怎麼樣的協助；第二項是生活教育；第三項是興趣嗜好。這是個說反話的練習，用「不要……，自然……」的句型做出結論，前者用「不要」說出「必要」的作法；後者用「自然」顯現「真誠專一的累積，努力持久的實踐，深造有得的自然而然。」「佛系」的舉證能夠幫助學生看到內在思維的核心價值。

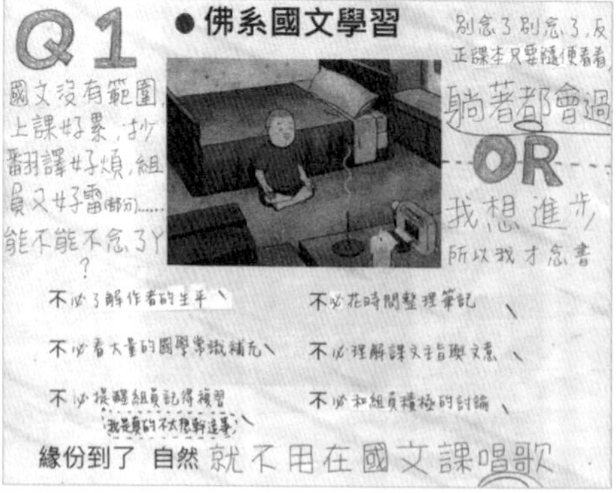

佛系國文學習單，幫助了解國文科的學習／陳靖瑄。

統整「佛系」學習單，不難看出在學生心目中的十大學習要點：

一、孩子願意寫出來的，就是他最關切和最有興趣的。

二、學習反覆練習的歷程雖然無聊，卻是必須的。

三、每一種學習都需要付出，就連手遊和追星也是。

四、分數不是學習唯一的成果，成就感才是。

五、提高學習的視野，學習不侷限於考試科目。

六、放大孩子的優點自會降低父母的憂慮。

七、孩子願意主動努力，家長才能端坐如佛。

八、找到孩子的天賦，協助孩子跨界（科）學習。

九、「佛系」後，孩子就能找到自己的核心價值與核心能力。

十、「緣份到了，自然就會……」是目標，有目標就會有相對應的策略。

回應家長的問題，孩子不念書怎麼辦？要幫助孩子找到學習動力，讓孩子發揮天賦，家長和老師可以做三件事：

一、了解孩子熱情所在：孩子願意花時間寫出來的，代

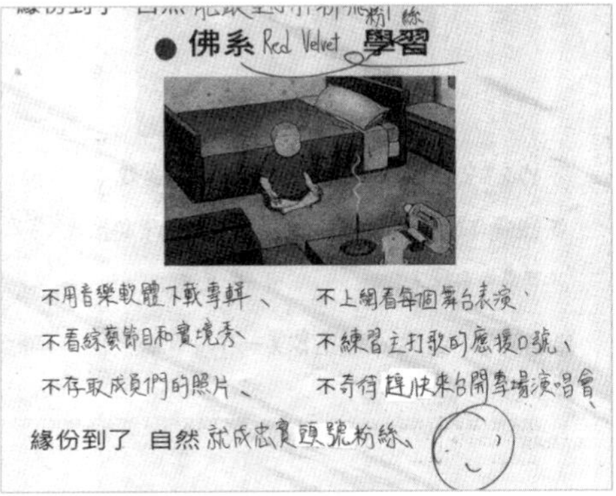

佛系學習單，找出學生真正在意的學習要點／陳睿恩。

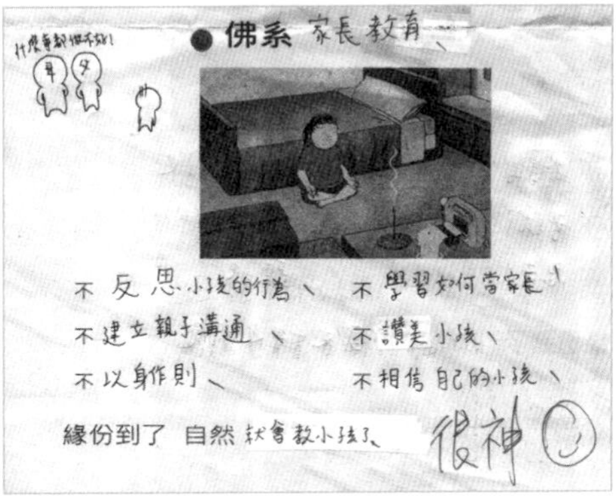

佛系教育學習單，反思教育的內在思維／李承祐。

表他希望被同理、被接納，這一點非常重要。有的孩子喜歡打籃球，一整天也不會膩，坐在課堂上十五分鐘坐立難安。興趣是最好的老師，它會培養學生自學與面對挑戰的能力。

二、放大孩子的優點：每個孩子各有優點，師長看到孩子在群體中何其耀眼，在眾人中何其出色，一而再，再而三放大孩子的優點，讚美與尊重孩子特有的價值，擺脫世俗價值觀，孩子才有自信面對自己。

三、幫助孩子大量產出：找到興趣固然值得開心，但如何證明興趣的價值呢？這時候作品的產出就變得很重要了。作品看得到精益求精的軌跡。產出有助於找尋同好，擴大同溫層，自我定位，成為「強勢獨家」。

找到天賦的孩子，就能像淯騰一樣樂在學習，樂在付出，有遠大的目標，處處學習。

小成功到大成功的三個細節

我以自己實施分組教學不被看好的過往經驗回答淯騰，我是怎麼找到我的骨牌的。

一、找笑容：高一學生因為不知道高中國文課是什麼模樣，所以我的要求他們都能照單全收，樂不可支。到了高二，選類組重新分班的前幾週，學生的臉色凝重，覺得我規矩太多，上課要預習，課前課後有學習單，學生刻意不配合，臭著一張臉上課。由於是分組上課，合作氣氛強烈，戰況激烈時，學生反而會笑，傳白板也會笑，我只要讓這樣的感受多一點，持之以恆，就能減少不適應感。笑容是情緒的反射，既細微又明顯的變化，喜歡就是喜歡，藏不住的。

二、看互動：人在不熟悉的環境中，多半先觀望，或者等待對方出手再來接招，互動一多，防衛機轉就會減少。很多時候，我抛出一個問題，學生們會跟進提出下一個想法，這都是很棒的回應。我自己參加校外研習，只要是一整天的演講，我下午幾乎完全無法集中精神，而且覺得疲累不堪，設計互動是為了更好的學習效果，是同理貼心的安排，學生擺脫聽課無法參與的酷刑，與同儕與老師互動，有來有往，兩相情願，這些往往都是印象最深刻的部份。

三、享成就：我的學生在表達能力上明顯優於一般學生，那是因為在班級內就已經不害怕發言，自在說話，不管答案對錯與否，勇氣與日俱增。尤其高三推薦面試，學生到大學面試回來，開心的跟我分享，團體面試一片靜默，好多次都是他們開口說第一句話。高中時期，他們只是隱約覺得自己比較善於表達；升上大學，上台機會增多，他們更能感受到精準表達帶來的好處。學生長時間重複練習就會變成反射性回應，而誤以為天生能言善道。教學成就感讓我的挫折感化為烏有。

協助學生作到以下六件事，您也會跟我一樣欣賞學生，對他們讚譽有加。

一、熱情所在，花時間，花力氣，自動自發。

二、放大優點，讚美與尊重幫助孩子找到自信，肯定自我。

三、大量產出，持續累積，用作品證明「獨家」的價值。

四、找笑容，直覺反應，愉悅享受氛圍，滿意現有狀態。

五、看互動，有問有答，交流時刻，溫度傳遞，興致盎然。

六、享成就，從不適應的痛苦中翻越崇山峻嶺後的欣喜若狂。

善用優勢，盤點現有資源，就能擁有小成功，一連串的小成功就能邁向大成功。千萬不要好高騖遠，只希望從外部贏得掌聲，而不在日常中耕耘，踏踏實實的由內而外，由身邊的人感受我們的美好開始。

〈結語〉

用母親的心情做老師的事情

當了母親之後，我不再迷戀：「仙女人很好」、「仙女其實人很好」這種只流於表面的稱許。前者是本來就欣賞我的學生說的，後者是了解我的學生所言，兩者對我的態度有時間差。最後的結果是佳話才有影響力。

我的女兒平平安安從小就是班級中的弱勢學生，每次一換老師，我無不期待能遇到看見他們獨特的老師，培養他們面對未來的能力，「與其看到缺點，不如找到亮點」。我用帶自己孩子的心情來教學生，我懂天下父母心，老師比父母中立，老師比父母堅持，老師比父母更容易看到每個孩子的優勢，不慌亂，不迷惘，老師助攻，協助家長，在校園中內化，在生活中深化，孩子們踏出校園擁有的是帶得走的能力。

學生自評仙女的學生能帶走的十個能力

培養能力從日常做起，早自習、午休、國文課、班會課、所有可能機會教育的時間都是重要的起點。誠如前面的篇章所述，課堂設計的目標，可從老師與同儕的角度看到學習的轉變與進步。然而，如何讓學生統整學習成果，也是我相當在意的課題。

高三下學期初，我出了一張學習單，「將近兩年，身為仙女的學生你比別人幸運，也比別人付出更多，更比別人多了許多不同的學習經驗。請用任何圖形（戰力分析、圓形圖……等）分析你比其他高中生多出了哪些能力，並逐一舉例說明。因為你是仙女的學生。」讓學生們分析自我寫下：「仙女學生帶得走的十個能力」，讓他們與自己對話，覺察這三年的改變。萬芳高中會以這些孩子為榮，他們會微笑地說：「我們是仙女的學生。」

以下展示幾名學生的學習單，從學生的回饋中，我看到了他們對自己更加的認識，也讓我更明白自己曾經給了他們什麼樣的養分，教學相長。

詩茵：正面積極，做事全力以赴。

她是我的小老師，從上課前到辦公室問我當日課程進度、反應同學心聲到給予課程建議，倘若白板筆汰換頻率過高，她也會提醒同學應該省著點用。她曾經說過，「仙女，畫畫對我來說太難了」，為了將這份作業作為推薦面試的履歷，她改以手作和剪貼的方

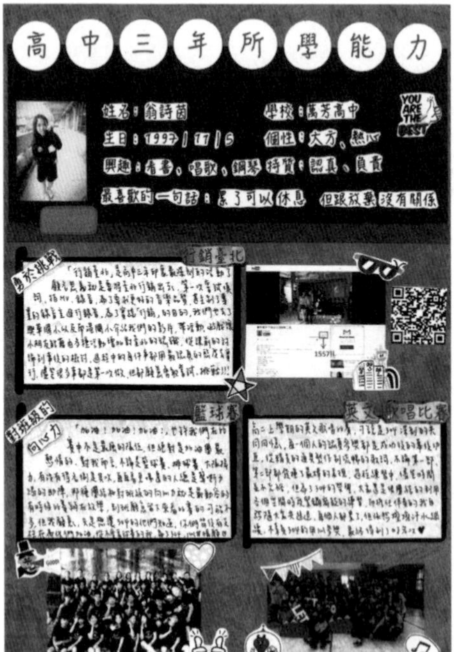

圖文並茂，值得珍藏的學習單／翁詩茵。

式製作，挑戰不可能的任務，一如她對自己的認識。

巧馨：是大家公認的好學生，文靜乖巧，待人客氣、上課專心、從不缺交作業、課業名列前茅，從她的圖中看出她高中的青春歲月大半時間奉獻給學習單。改學習單改得煩躁與疲累時，巧馨的用心是支撐我的力量，寫好寫滿是日積月累的苦工夫，自我要求也是成功者必備的能力，巧馨做得很好。

昱翎：做了個比較表，比較仙女的學生與其他班級學生的不同。她對人客客氣氣，保持著距離，不嘻笑怒罵。有一回，她在自己的採買清單上寫著要買給班上同學使用的文具，用自己的錢買文具給同學用，善良的她心裡想的是同學經常向她借筆，不妨隨時準備妥當，讓同學借用。至於考試次

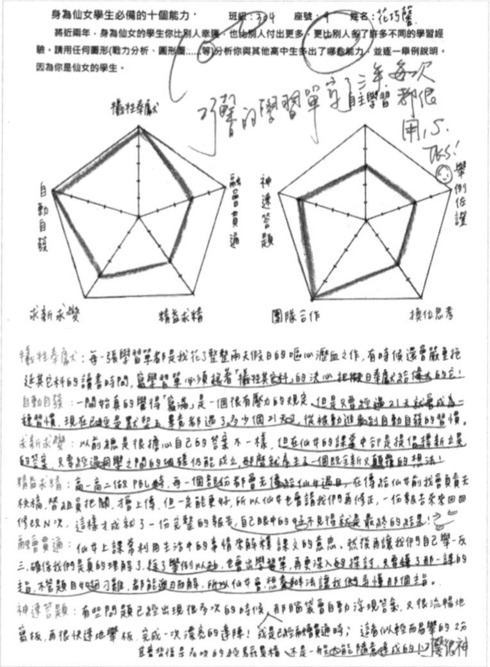

用戰力分析圖了解自己的學習優勢／花巧馨。

將學習單做成履歷，象徵邁向下一個人生旅程／翁詩茵。

數，我們班高二、高三不曾買過廠商印製的考卷，她仍能次次保持全校第一名，足見她對於「繁星」❶的追尋絲毫不懈怠。

子翰：高二時，相當排斥學習單，行距與字距大得驚人。漸漸地，他找到自己書寫的方式，畫個插圖，加上解說，過人之處神似近代散文家豐子愷的漫畫，造形簡約，畫風樸實，饒富童趣。他在國文課課堂上從面無表情到舉手回答，找出錯處提出看法，直率地跟我說如果怎麼做可以更好。我和子翰的互動在於他的轉念，轉念正是成長必備的能力。

鈺淇：把她的十個能力藉由立體的圖像表現出來，每一個能力翻開來都有兩項內容：一是她與其他高中生的直線比較圖；二是她的文字說明，重要處再標記螢光筆。鈺淇是天

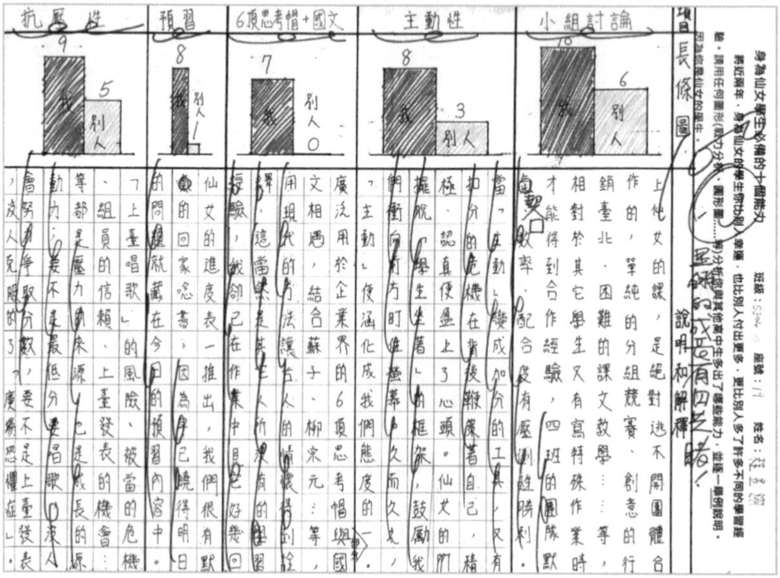

以班級特質呈現學習心得／程昱翊。

❶「繁星推薦」只比較學生在校前兩年的學業成績與學測成績，沒有第二階段口試（醫學系除外），也不比較其他在學活動記錄，因此，適合在校名列前茅的學生。

使，笑口常開，也是未來的小學老師，她期望能到偏鄉任教，我為台灣的教育欣喜，也對於這兩年鈺淇的成長給予肯定，教出能表達想法的孩子比順從更可貴。

嘉徽：將她的十個能力化為人形，最大的部分是同理心，她沒寫，我還真不知道以前的她是怎麼樣的人。平日的她一如她所寫的善待特殊生，主動關心班上的高關懷學生。主動詢問輔導老師有什麼她可以幫忙的地方，這是輔導老師私下告訴我的。能夠對人多一點關心，就能在文學作品中為生命找到出口，嘉徽如願考上了她熱愛的中文系。

馨禾：他的人形腦袋是創意，這是他獲得最多的能力嗎？每一

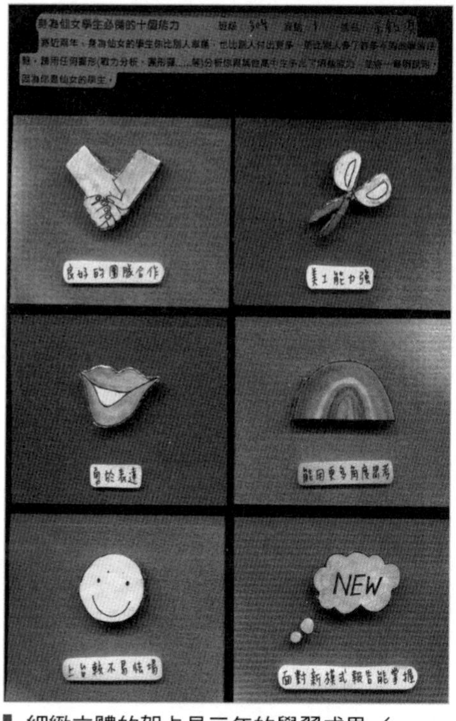

細緻立體的賀卡是三年的學習成果／王鈺淇。

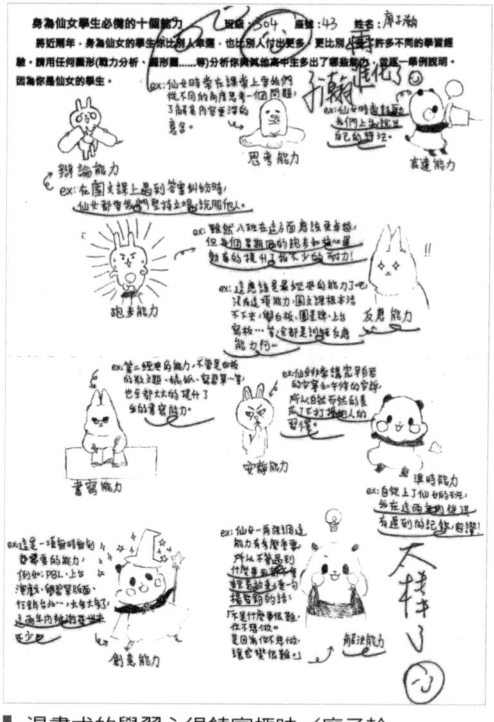

漫畫式的學習心得饒富趣味／廖子翰。

個細項間，各自標記了二至一萬顆星，足見星數愈多的才是他真正想表達的。馨禾是個溫暖的孩子，他能夠看出班上誰需要協助，會發自內心的為對方多做一點，這樣的孩子在班上會起帶頭作用，成為自己想成為的有溫度的人。

鈺雯：當了四個學期的副班長，早自習鐘聲響起，她就得登記遲到名單，也難怪她把「守時」、「不鄉愿」放在前面，學生可能不了解不確實點名，萬一出了事，後果沒有人可以承擔，尤其班上高關懷學生不在教室，很容易牽動所有老師的神經，鈺雯讓我不致過於緊繃，她會在最短的時間裡讓我知道發生了什麼事。此外，她願意在班上重大活動時號召全班，善用她甜

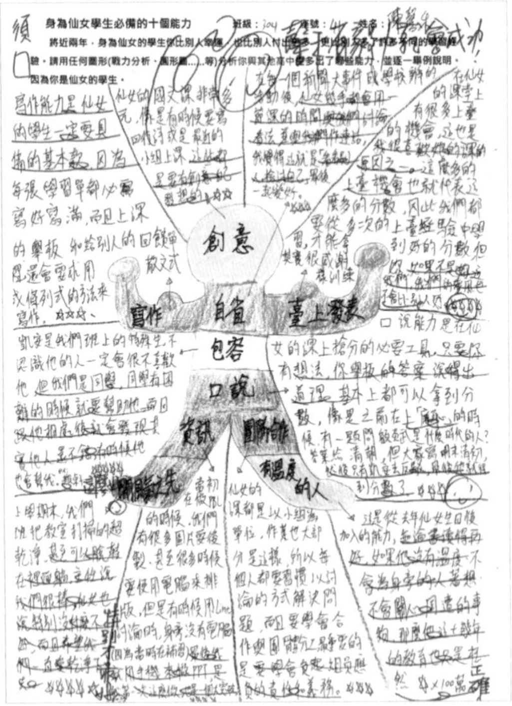

言行展現身而為人的溫度的學習單／陳馨禾。

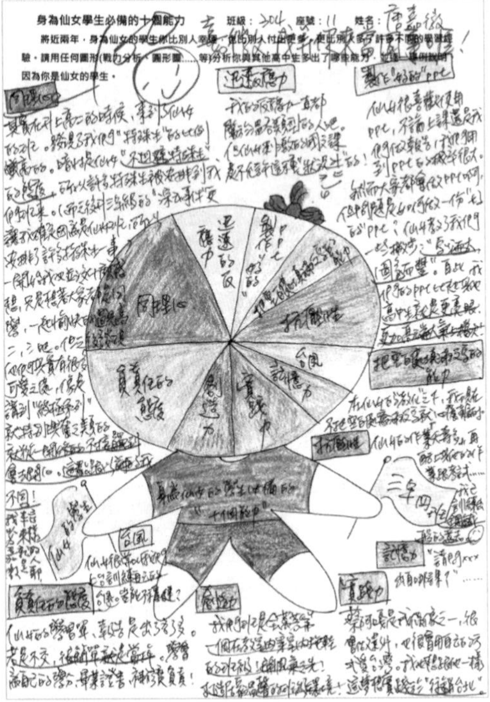

同理心讓學習單的設計更符合閱讀者的期待／唐嘉徽。

美的笑容讓全班做同一件事，希望她坐上主播台的那一天也能發揮這樣的影響力。

霽恩：「我想知道你到底具備哪十個能力，好好寫，讓我知道。」霽恩是唯一一個我當面表達希望能看到他這張學習單的學生，因為他對於作業是能少寫絕對不會多寫，對於籃球能打多久是多久。他是個好命的小孩，嘻嘻哈哈的，煩惱都在大人的臉上。

他設計了十個能力的起點是「抗壓性」，我還記得他的第一張學習單把仙女的嘴化成血盆大口，可見我在他心裡有多麼的恐怖，而他在終點前寫了個「耶」，我想應該是不用再寫學習單了吧！他知道我很在意他。

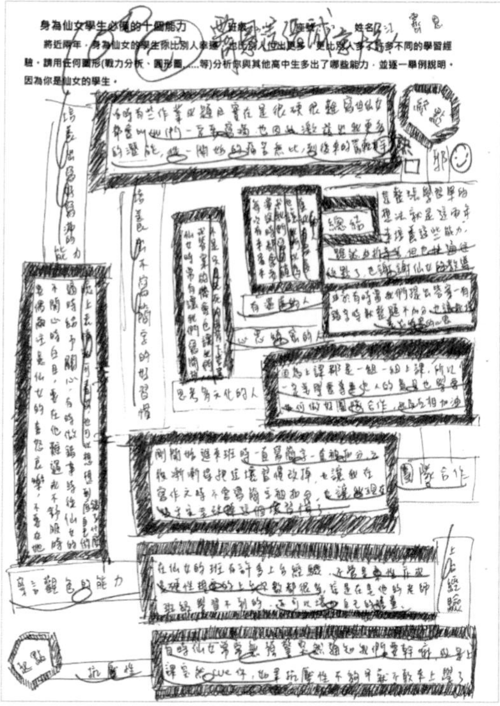

▌親手書寫見證自己改變的歷程／江霽恩。

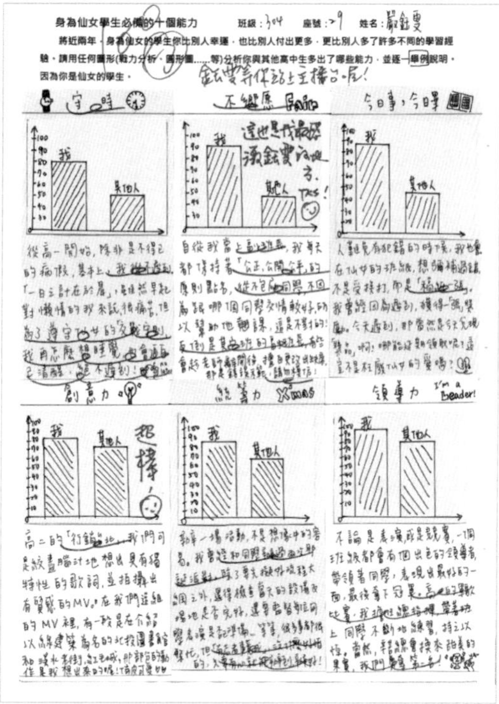

▌學習單中展現副班長的當責特質／嚴鈺雯。

教學相長啟發多

「仙女學生帶得走的十個能力」，給了我教學生涯很大的啟發，我歸納成以下十點：

一、學生本人認證的能力指標。
二、能力占比不同，學生胸中有數。
三、練習機會愈多，學生能力愈顯著。
四、沒有困難就不會成長，能力在脫困後快速積累。
五、無論是心態或是態度的轉變，貴在當事人自知。
六、每位學生學習目標不同，各自培養出不同的能力。
七、從無意識失誤到有意識修正，從他律走向自我規範。
八、列舉例證，一步一腳印記錄曾經歷過的煎熬與轉折。
九、對於方法論和軟實力的有感程度多於知識面的傳授。
十、教師給予學生的視野與刺激決定了學生學習的方向。

這份學生畢業前夕送給自己的禮物，讓我看到這些主人翁檢視自己離校後的能力，來自於他們對自我的觀察與反思，面對未來，他們願意多傾聽內在的聲音，上述十點會成為他們人生的助力。對我來說，教學最有價值的不是比賽得獎，不是學生成績優異，而是幫助學生自主成長，找到自信，發展天賦，這些年輕人會讓台灣在世界發光，我以身為他們的老師為榮。

附錄 1

以學生的創意與心意為核心，舉辦賓主盡歡的講座

二〇一六年四月，教育部社教公益獎得主何蕙萍老師到我任教的兩個班級演講。很多人問我一樣的問題，「仙女，你怎麼會認識何蕙萍老師？」、「何老師在『翻閱高牆的信』的訪談好精采耶！你怎麼請得到她，你跟她很熟嗎？」

學生的心得喚起我的行動

這得從當年三月份說起，高三的映辰拿著備審資料請我幫忙修改，想就讀法律系的她，希望未來能成為少年保護官或法院觀護人，我建議她可以上網搜尋擔任聯華電子科技文教基金會主任管理師的何蕙萍老師在誠正中學做的事情，能夠幫助她更了解迷航的孩子們。

隔天，她熱切的跟我說，「仙女，我真的覺得學校應該請何蕙萍老師對全校老師演講耶。讓不認真的老師有熱情，認真的老師堅持下去。……我還寫了影片心得給何蕙萍老師。」我

相信映辰被蕙萍老師的演講打動了。

晚上，映辰又傳了訊息給我，「仙女，我這次寫心得給何蕙萍老師是自發性的，沒有分數的壓迫，可是字字句句都是真心的，『成為一位有溫度的人』，是您一直教導我們的，我想讓蕙萍老師感受到她帶給我的溫暖，也想把她給我的溫度分享給她，我終於知道您為什麼看完什麼都要打心得的心情，因為真的有很多話想說。我不是在故意拍您馬屁，但是三年了，今天我很深的體會您的教學，打心得分享給蕙萍老師的當下，我感到很榮幸能夠成為您的學生，您讓我覺得跟不認識的人講話，不是一件困難的事。仙女謝謝您告訴我何老師，也謝謝您平常所教導我們不一樣的事！」

我是映辰高中三年的國文老師兼導師，她在家裡頭是個不會讀書的孩子，親戚們對堂哥和小她兩歲的妹妹讚不絕口，映辰在家族中就像談話的句點。我很想為她做點事，回到辦公室，我主動與何蕙萍老師聯繫，她感動著映辰的感動，答應從新竹來到萬芳高中為我們班演講。

例行公事沒溫度

在學校裡，朝會時間會安排例行性的演講，生命教育、交通安全、性別平等等宣導，數百名學生在台下排排坐，滑手機的滑手機，撐著頭補眠，跟兩旁同學打打鬧鬧，各種姿態應有盡有。人多，場子亂，缺乏互動，講述過多，再好的內容也進不了學生的心。與其如此，索性自辦講座，請學有專精，又具備演講技巧的講者，增加互動的次數，演講內容就能為學生們帶來新的視野。

為了讓學生了解辦理活動的規劃流程，讓學生多點參與，才會珍惜這得來不易的資源。天下沒有白吃的午餐，要講者大老遠跑這一趟，辛苦準備講稿，學生們也得慎重其事才行，學生們得先做些什麼，學著付出與感恩，才能吸取演講豐富的滋味。

十個步驟打造內涵與回饋兼具的班級講座

辦理演講和辦理班級活動有固定的 SOP，目的都是讓學生能學習更多，依序是以下十個步驟：

一、開放搜尋：讓學生用手機上網搜尋講者，了解他們長期投入的領域與行動力，再讓各組學生將查到的資訊寫在白板上，上台分享。學生會選擇自己有興趣或者印象深刻的人選，藉由學生們的介紹行銷講者，更增加了三分親切感，也能在演講前拉近學生與講者的距離。例如前太陽馬戲團團員，現任星合有限公司創辦人陳星合，學生看到網路影片，驚訝於水晶球在星合指尖的流轉。當我宣布星合要來班上演講的消息，全班不可置信曾在 TED 演講的星合會從 YouTube 走出來，告訴我們他自己的故事，他如何追星克服恐懼，展開了美夢成真的人生。

當天一下課，小愉臉書寫著，「仙女說：『很多人很驚訝星合不是只講全校性的演講嗎？怎麼會只對我們班演講呢？』聽說星合很貴，我不知道仙女用了什麼方法請到他？星合說：『當你真心想要做一件事時，全世界都會幫你的。我想，仙女就是這種人吧！』今天看完 TED 的演講後，我更期待十二月二十九日（二）星合本人的演講。」

在課堂上，給學生三分鐘時間搜尋與討論，上台分享，再帶入邀請的目的，與學生連結，效果更佳。

二、組建團隊：三個臭皮匠勝過一個諸葛亮，當學生們知道講者要來，我會找一個負責人，可能是班長、國文小老師或自願者，負責後續的美宣事宜，事前讓愈多學生參與，演講當天學生就像校外教學一樣期待演講的到來。

知名企業講師王永福（福哥）要來演講，我讓班長恩玄負責，他告訴我，「我回到家後，開始思考要怎麼做，才能讓我們的表現方式不只是很形式化，而是真的能傳達我們的心意。我上網查找了關於福哥的許多資料，想起之前仙女對我說過的話，團隊的重要，我找了羿廷、怡君、麗文組了一個團隊，一起想到了可以每一組畫一張海報給福哥。」很有趣的是，跟恩玄稱兄道弟征戰球場的男生們不是演講團隊主力成員，他倚仗的是擅長美工的隊友。

打算邀請福哥的前兩個月，我去國教院上課而請了公假，請恩玄安排讓全班製作邀請福哥的海報，細節讓恩玄全權作主。老師不在的課堂會是什麼樣子呢？（當時有代課老師。）恩玄是這麼記錄的，「鐘聲響起，平時手機不離身的同學放下了各自的手機，開始自動自發的開始做起了海報，沒有多餘的噪音，只有滿腔的熱忱，每組發揮自己的特色，畫出了他們心目中的福哥，我們心中渴望學到的知識，在台上的我，看到了同學們認真的神

學生為福哥演講所準備的海報。

情，井然有序的分工，期望真的能邀請到福哥的神情。下午我把海報拿給了仙女，很緊張也很興奮，怕做得不夠好，看到海報攤開時仙女的笑容，一顆心才放了下去。」

讓學生成為團隊的領導人物，學生才會把演講當回事，全力以赴。

三、美宣製作：學生們美宣的能力超乎老師們的想像，他們會利用在學校的零碎時間，一群群的分工做平面海報、立體卡片、歡迎板與感謝狀，這時候最能看出我們的學生有多麼的多才多藝，腦中的想法全部化為具體的成品，教室裡儼然成了文創園區。輔大食品營養科學系副教授劉沁瑜每天都在IG上發便當文，學生便做了張「吃出『營』響力」的海報；福哥的海報，是學生找出福哥臉書最重要的事件做成IG簡報；成大醫院骨科戴大為醫師將禮物的蓋子打開來，才發現是立體紙盒，紙盒蓋約A4大小，翻過來是感謝狀，上面還寫著「刻『骨』銘心」；陳星合的禮物也很妙，當時班上有位學生叫「陳馨禾」，就誕生了與兩位諧音主角相關的創作；我們送給何蕙萍「高牆裡的閱讀課」海報，放在她的辦公室裱了框，我在二〇一七年到聯華電子科技文教基金會演講，蕙萍還親自帶我去看她有多麼珍視學生們的心意。

除了海報製作，還有卡片設計，全班寫的卡片，只有學生簽名的卡片並不值錢，值錢的是，他們將邀請講者的用心和期待寫在上頭，成為支持講者的力量。兩個班級，兩套海報，兩套卡片，各自展現才華，各自綻放光芒，共同讓演講增光。

為講者打造一張獨一無二的禮物，最有誠意的就是做足功課，專屬，手做。

▍蕙萍十分珍視學生們當時為她製作的海報，將它裱框保存在辦公室中。

四、合宜場地：我們學校最適合容納兩個班級的場地是會議室，八十個學生坐起來看起來寬敞舒適，講者能看到最後方的學生。至於活動中心和閱覽室，空間太大，不利對話，學生注意力很容易分散，對於講者也是不友善的演講環境。擠得滿滿的會議室絕對比空曠的視聽教室容易交流與互動。

五、演講前提醒：提醒學生準時到達，攜帶紙筆，白板，該笑的時候可以微笑，可以大笑，該鼓掌就鼓掌，適切的給予講者回應；該安靜的時候也能保持尊重，不要睡覺，不要滑手機，就像平常國文課上課的樣子。將重要事項寫在黑板上，學生會拍照，會自我提醒，會放在群組，會放在心上，而不只是講過而已，左耳進，右耳出。

六、隨手筆記：讓學生攜帶紙筆，記錄下演講當中想摘要的精華，便於課後整理心得。學生聽演講有事可做，就不容易分心滑手機和聊天，在思考哪裡值得記錄或抄寫，比單純聽講多了用腦的機會。這還有個附加價值，學生手拿紙筆專心聽演講，拍照出來的畫面是所有講師所期望的境界，學生目光炯炯有神。

七、營造共好氛圍：講師做足準備到會場，學生們也得做足課堂回應的準備。講師提問時，有勇氣的就舉手回應；不敢個人舉手，就寫在白板上。雙和醫院老劉醫師演講中想到了傷心的過往，哽咽了起來，就在他背朝學生拭淚時，學生在白板上寫著「不哭，不哭，眼淚是珍珠」，還有「慢慢來我等你」，我將燈光調暗，教室裡只剩下投影幕投射出來的光，緩和了氣氛。師生補位，讓講者感受到我們的溫度，演講氛圍人人有責。

八、拍照合影：讓學生能近距離的接近講者，親口對講者說出感謝或回饋，合影是很棒的記錄，每一張照

學生給演講者的白板訊息，讓演講者十分動容。

片都代表緣份的聚合，一次弱連結會不會在日後成為強連結，端看日後是否能看照片說故事說出今天的學習與成長。

九、心得撰寫：每位講者最期待的應該就是了解學生們印象最深刻的是什麼？有些講者是我自掏腰包，有些是講者基於好友情誼義氣相挺，我們師生能回饋的就是讓講者知道我們得到了多少，除了現場的良好互動和氛圍營造之外，三天內完成，五百字以上長文心得，有長度，才有內容。

沉澱之後，用敏銳的觀察力為講者找出特色，看出差異，讓講者能更上層樓影響更多的人。

十、讓學生擔任主持人：我會擔任開場主持人，說明為什麼邀請這個講者，我與講者相識的過程。講者講完之後，會由學生上台總結。平常課堂上教的口語表達，在此時提供學生實戰舞台。第一次我會先私下邀請擅長表達或勇氣十足的學生上台，有了第一次的同儕示範，接下來每一次都會有學生自願報名。現場聽講，現場總結，超酷的，學生也會很有成就感。

邀請講者經費固然重要，我們想盡辦法跳脫一小時二千元演講費的窠臼，讓學生看到自己潛力無窮的創意與心意。事前宣導，演講中互動，後續滿溢的心得都能成就一場賓主盡歡有所得的演講。

小型講座如此用心，大型講座比照辦理，拋磚引玉就會一場接一場，假以時日，嘉賓也會將到班上演講視為取得成就的目標之一。

附錄2

跨領域教學讓學習視野更立體又開闊

一〇四學年度我到歐洲參訪，有兩堂課讓我印象深刻。第一堂是維也納的WMS/RG/ORG Anton-Krieger-Gasse（簡稱AKG）[1]國中部的英文課，兩位老師同在課堂上，一位是英文老師，另一位是輔導老師，這所學校協同教學的文化已長達四十年，資深教師會帶著新進老師一起進行跨領域備課與教學。

第二堂是在維也納的商業暨聯邦貿易學院（Commercial Academy and the Federal Trade School）的「多元文化的探討課程」，兩位老師合作已超過十年，最初是各自授課，直接教知識或概念，漸漸地體悟到應該協助學生發現與探索，進而協同教學。

跨領域教學幫助學生整合各學科知識，使學習更為全面，更為豐富，而獲得較高層次的概念學習。這次的參訪在我心裡種下一顆種子，期望有朝一日也能跨學科教學。

---

[1] AKG，是奧地利最大的普通教育中學之一。

跨領域教學讓教師增加斜槓

教郁永河《北投硫穴記》時，我會想帶學生到北投現場感受課文描述的「白氣縷縷」、「地熱如炙」，文本躍然紙上，肯定學習更加有感。但是，國文老師具備了多少帶領學生到北投硫穴探勘的背景知識呢？「剝蝕如粉」若能由地科老師解說；「草木不生」讓生物老師解析，設計走出教室的課程，結合其他學科專業知識，又能賦予文本新的生命力，這是我最初設計跨領域課程的想法。

教學瓶頸產生教學動能。於是，我找了志同道合的同事，在沒有任何經費及單位協助下，組成了跨領域的教學團隊，經過多次開會討論與擬訂教學目標，著手進行課程規劃與活動設計，透過科技產品進行行動學習：由國文科提供文本了解郁永河當年來台的背景；地理科以 google earth 製作考察路線飛覽影片進行行前說明；地科帶入高一基礎地球科學教材火成岩部分，以期了解龍鳳谷之特殊地景；生物科以生態學角度評析文本；公民科則以溫泉法規來審視北投當地的溫泉亂象。期望透過不同領域老師間的合作，讓學生以「實察」為核心，前往北投一探當初郁永河來台的現場，串連知識與生活，落實鄉土意識，培養學生合作討論、獨立探索、解決問題等能力。

教師結義強強聯手

教師間有共同目標時，就跟學生分組一樣，目標導向會加速課程設計的完成度。很多老師問我如何尋找跨領域的夥伴？用「結義」的精神來找，符合下列三點的就是理想人選：

一、夠熟悉：夠熟悉才能夠說想說的話，才不至於在會後還得找熟識的人吐苦水傾訴，對與會人士造成不必要的誤會。

二、好溝通：好溝通才能夠提出自己的疑惑，爭論與批判，當場解決。才不至於產生心結與疙瘩，表面參與會議，心裡罵聲不斷。

三、不計較：團隊合作很難作到分工平均，不計較誰做得多，誰做得少，有時間的人多做一點，有想法的人多做一點，有能力的人多做一點，課程就會往理想前進多一點。

當團隊合作在個人心裡出現天平，在意付出的多寡，天平一失衡，人事問題蓋過討論主題，很多不愉快就沒完沒了，像蒲公英四散飛，落地生根。教師合作，成就團隊，成就彼此，成就學生。

學科整合有方法

《北投硫穴記》由國文、地理、生物、地科、公民共十位教師進行腦力激盪，分享各自對文本的解讀，深入分析，共同研擬教學活動，經過反覆討論、修正，最後形成具體的教學活動。

一、文本結合課綱：教案以現行課文為基礎，緊扣課綱，提供學生先備知識，開發跨領域教案。例如：資訊教師在資訊課教授學生擴增實境的使用；地科教師為學生講授地質相關知識。課程執行率高，可複製，可轉移，亦利於傳承。

二、老師實地探勘：教師群利用寒假期間，前往北投龍鳳谷、硫磺谷等地區探勘，先行體驗學生可能遇到的狀況，相互以領域專長解惑，選定交通便利且安全的龍鳳谷，作為學生自行考察的最佳景點。有別於教師帶隊，常因人數眾多，淪為類似「郊遊」或「觀光」蜻蜓點水的活動。

三、編撰課程指引：印製「手記探險指引」，標示實察應注意的重點與觀察項目。於高一朝會舉辦「北投硫穴探險王」說明會，各科教師說明探勘要點與重申安全為重，並發活動通知書給家長，告知活動目的與內容。

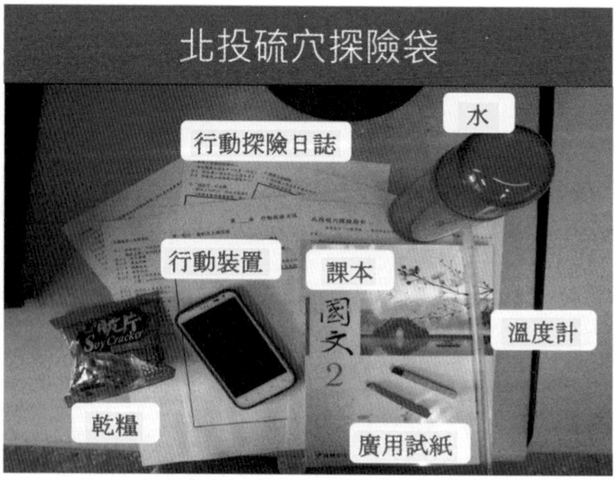

硫穴探險袋的內容。

四、課程內容跨領域分析：各科教師評估學生能由這次活動運用哪些相關知識，先行表列給學生，讓學生自學或儲存手機備用，方便讀取。探勘過程中各科習得的能力與共通能力也一併完成目標設定，才能進行細部的活動設計。

學科整合有助於抽象概念與實際現象結合，增加學生學習意願及擴大知識領域；情意方面，增加對土地的認同，培養學習合作互助精神；技能層面，學生運用調查工具，如測量儀器或地圖等以探索新知。

學生合作團結力量大

藝珂集團（Adecco）在二〇一七年發布〈未來的領導者〉報告，調查優秀領導者所需的特質，調查指出團隊合作、人際關係、溝通能力等「軟實力」，比職場技能或學歷等「硬實力」更重要。「團隊合作與關係管理」更被視為領導者最重要的本事，工作本質在科技浪潮下改變，無論任何行業都得跟資訊科技結合，跨部門合作日趨重要。也因此，溝通與合作是求學時代重要的學習課題，「北投硫穴探險王」

學科	知識	能力	共通能力
國文	郁永河來台始末 郁永河如何書寫北投硫穴之景物	閱讀寫作能力 口語表達能力	團隊合作 溝通協調 評論判斷 影片製作 科學探究
地科	〈北投硫穴記〉的地質環境形成 理化因子測量	辨識地質能力 檢測操作能力	
地理	「北投硫穴」的地理環境、地名典故 自導式考察的要點	地景觀察能力 動線規劃能力	
生物	硫穴周遭的植物分布 生物與環境的關係	自然觀察能力 分析辨識能力	
公民	溫泉規劃對環境的影響與相關法律的分析	分析與批判思考能力	
資訊	擴增實境（AR） 感測器（GPS）	行動科技操作能力 資料庫建置能力	

▌跨領域內容分析表。

讓學生展現一加一大於二的團隊成果。

一、課前分組：為避免部分學生落單，最後組成的團隊往往會是被迫接受命安排的一組，依照課堂現有分組是個不錯的選項。「北投硫穴探險王」說明會後組內分派任務，安排探勘期程，規劃探勘路線等為完成任務的事前種種準備與事後報告的撰寫。

二、課中交流：在課堂上透過學生建立的擴增實境資料庫與文本相互驗證，由同學上傳的照片與影片，請學生發表探勘的看法，並觀摩他組作品相互交流。

三、課後成果展：舉辦成果發表會，展現學生影片特輯與各式學習單，並頒發獎狀以資鼓勵。所有參與課程的學生，皆須線上回答教師所建立的課後訪談問卷，回答時間不受時空限制，教師容易統計評量，作為檢討本次活動與下次活動參考的依據。

由學生的作品和問卷調查的分析得知，百分之九十五的學生體驗到團隊合作的助益；與對合作相關的溝通協調能力，也有百分之六十二的學生覺得這部分有所提昇。團隊合作從以前「最好有」（good to have），到了今日，變成「必須有」（must have）的真實呈現。

北投硫穴探險王探勘地點

A-惇敘工商公車站牌

B-龍鳳谷小型硫氣孔

C-龍鳳谷健福橋

D-龍鳳谷遊憩區服務中心

E-「郁永河」紀念碑

活動探勘地點說明。

能力整合自我肯定

傳統單一學科授課，學生的學習較為片面，跨領域課程培養學生整合能力，打造競爭力和後植實力。教師團隊根據課程設計不同的教學活動與學習單，學生帶著知識到戶外判斷、評論、甚至創作文本和手繪地圖等統整性的學習，行萬里路驗證萬卷書。

一、問題導向學習（PBL）：培養學生主動學習、批判思考和問題解決的能力。主要是幫助學生「學會學習」的教學活動。學生在小組中共同找尋真實世界問題的解決

學生繪出對硫穴探勘觀察／莊有原。

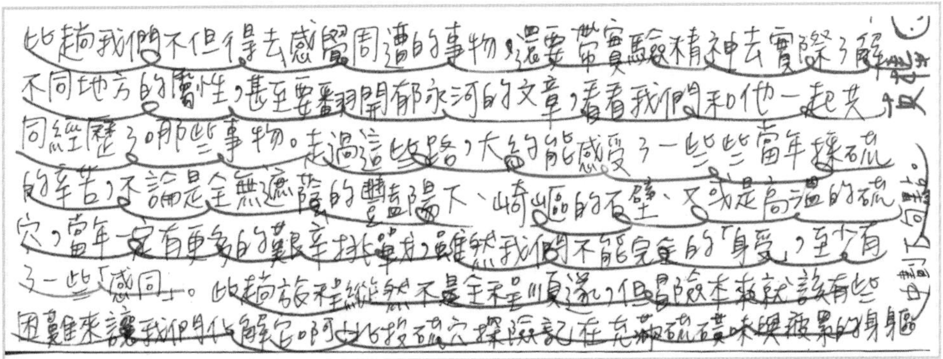

學生感受郁永河當年採硫的艱辛／莊有原。

方案，更重要的是發展學生成為自我引導學習者的能力。

二、行動學習：行動學習是將運算科技應用到學習上，本次行動學習使用的裝置以智慧型手機為主，它結合了手機通訊、上網與應用程式短巧、便利等優勢，可減少一些資料準備上的紙本浪費及攜帶的不便，順應時代趨勢。

三、自我探索：普遍來說，學生對自己沒有自信，是因為對於自我探索不夠深入，藉由這次課程給予學生許多前所未有的挑戰，不論喜歡與否，盡可能發揮專長，看見自己的可能，深入了解自我。

跨領域教學要節省備課時間成本，我建議以「教師結義」、「學科整合」、「學生合作」、「整合能力」上述四大面向設計課程，讓學生「反客為主」為自己而學習。

跨領域教學需求

以下提供跨領域教學的八項需求，供有志的老師們參考：

一、備課時間需充裕：一堂五節課的文本，少則三個月，多則需半年做足準備，且多數時間花在教師間尋求共識，找到交集。

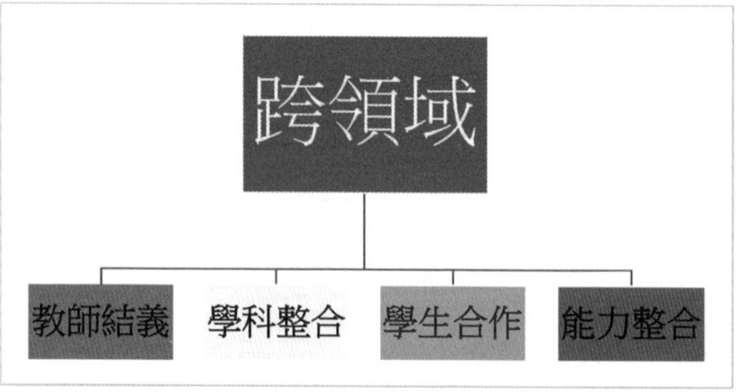

跨領域教學課程設計四大方向。

二、排課需事前規劃：各社群老師宜於排課之初，向教學組提出排定共同備課時間的申請，數位教師齊聚一堂以利課程發想與討論。

三、合作對象需磨合：教師間擦撞磨合的過程是快樂、有趣且新奇的，每一次討論都像挖到寶一樣充滿期待，讚嘆我的同事們是如此的有才，能夠相互溝通與信任的夥伴才能孕育出有效的教學活動。

四、學科整合需密切：整合各學科課綱與教學目標，以學生習得本單元的核心能力為依歸，實踐跨領域解決現實生活問題的立意。

五、校內資源需鬆綁：學校需將願意嘗試「跨領域教學」的老師視為能量種子，盡力提供行政支援，例如教具製作與校外聯絡事宜等，教師方能如虎添翼。

六、學生學習需進化：培養學生知識與能力讓他們足以面對未來複雜的生活，教學過程中讓學生能檢視自己的成長，覺察自己的改變。

七、家長觀念需教育：讓教學回歸專業，開放觀課，消解家長疑慮，家長配合度提昇對學生的學習是另一種助力，親師生攜手必是三贏。

八、事後活動需整理：課程結束，所有老師都已人仰馬翻，了了一樁心事。請切記，教學活動應該被記錄，也值得被記錄，再忙再累也要整理出具體的收穫與亟待改進處，作為來日活動設計的參考。（可參考：〈揮灑創意的學習單成為備審資料亮點〉〔頁二八〇～二八五〕與〈回饋，是感動與進步的正能量超連結〉〔頁一九五～二〇二〕。）

我從奧地利跨領域課堂得到很重要的啟發：「一個人能堅持靠的是熱情，一群人能堅持靠的是制度。」相關的配套到位，省卻繁雜的行政程序，教師能更加專注發展課程，很多時候，校本課程就是這麼水到渠成建立起來的呢！

國家圖書館出版品預行編目資料

仙女老師的有溫度課堂 / 余懷瑾著. -- 初版. -- 臺北市：商周出版：家庭傳媒城邦分公司發行, 2019.11
面； 公分. -- (商周教育館；32)
ISBN 978-986-477-747-1(平裝)

1.教學設計 2.課程規劃設計 3.中小學教育

523.3 108016665

商周教育館 32

仙女老師的有溫度課堂：

讓學生不想下課的教學和班級經營心法

作　　者／余懷瑾
插　　畫／沈晉瑄
企畫選書／黃靖卉
責任編輯／黃靖卉
編輯協力／楊孟芬

版　　權／吳亭儀、江欣瑜
行銷業務／周佑潔、黃崇華、賴玉嵐
總 編 輯／黃靖卉
總 經 理／彭之琬
事業群總經理／黃淑貞
發 行 人／何飛鵬
法律顧問／元禾法律事務所王子文律師
出　　版／商周出版
台北市104民生東路二段141號9樓
電話：(02) 25007008　傳真：(02)25007759
E-mail：bwp.service@cite.com.tw　Blog：http://bwp25007008.pixnet.net/blog
發　　行／英屬蓋曼群島商家庭傳媒股份有限公司城邦分公司
台北市中山區民生東路二段141號2樓
書虫客服服務專線：02-25007718；25007719
24小時傳真專線：02-25001990；25001991
服務時間：週一至週五上午09:30-12:00；下午13:30-17:00
劃撥帳號：19863813；戶名：書虫股份有限公司
讀者服務信箱：service@readingclub.com.tw
城邦讀書花園 www.cite.com.tw
香港發行所／城邦（香港）出版集團
香港灣仔駱克道193號東超商業中心1樓_ E-mail : hkcite@biznetvigator.com
電話：(852) 25086231　傳真：(852) 25789337
馬新發行所／城邦（馬新）出版集團【Cite (M) Sdn Bhd】
41, Jalan Radin Anum, Bandar Baru Sri Petaling, 57000 Kuala Lumpur, Malaysia.
電話：(603) 90578822　傳真：(603) 90576622

封面設計／徐璽設計工作室
版面設計與排版／林曉涵
印　　刷／中原造像股份有限公司

■2019年11月28日初版一刷
■2023年 4 月21日初版4.8刷
定價480元

Printed in Taiwan

城邦讀書花園
www.cite.com.tw
 ISBN 978-986-477-747-1

線上版讀者回函卡

商周出版

廣　告　回　函
北區郵政管理登記證
北臺字第000791號
郵資已付，免貼郵票

104　台北市民生東路二段141號2樓

英屬蓋曼群島商家庭傳媒股份有限公司城邦分公司　收

請沿虛線對摺，謝謝！

商周出版

書號：BUE032	書名：仙女老師的有溫度課堂	編碼：

請於此處用膠水黏貼

商周出版

讀者回函卡

感謝您購買我們出版的書籍！請費心填寫此回函卡，我們將不定期寄上城邦集團最新的出版訊息。

不定期好禮相贈！
立即加入：商周出版
Facebook 粉絲團

姓名：________________________ 性別：□男 □女

生日：西元__________年__________月__________日

地址：______________________________

聯絡電話：________________ 傳真：________________

E-mail：

學歷：□ 1. 小學 □ 2. 國中 □ 3. 高中 □ 4. 大學 □ 5. 研究所以上

職業：□ 1. 學生 □ 2. 軍公教 □ 3. 服務 □ 4. 金融 □ 5. 製造 □ 6. 資訊
□ 7. 傳播 □ 8. 自由業 □ 9. 農漁牧 □ 10. 家管 □ 11. 退休
□ 12. 其他____________________

您從何種方式得知本書消息？

□ 1. 書店 □ 2. 網路 □ 3. 報紙 □ 4. 雜誌 □ 5. 廣播 □ 6. 電視
□ 7. 親友推薦 □ 8. 其他________________

您通常以何種方式購書？

□ 1. 書店 □ 2. 網路 □ 3. 傳真訂購 □ 4. 郵局劃撥 □ 5. 其他______

您喜歡閱讀那些類別的書籍？

□ 1. 財經商業 □ 2. 自然科學 □ 3. 歷史 □ 4. 法律 □ 5. 文學
□ 6. 休閒旅遊 □ 7. 小說 □ 8. 人物傳記 □ 9. 生活、勵志 □ 10. 其他

對我們的建議：______________________________

請於此處用膠水黏貼